『股票实战技巧经典作品系列』修订版

沪深股市专业投资原理

百战成精

修订版

花荣 著

经济管理出版社

ECONOMY & MANAGEMENT PUBLISHING HOUSE

图书在版编目（CIP）数据

百战成精——沪深股市专业投资原理/花荣著. —修订本. —北京：经济管理出版社，2019.5（2021.10重印）

ISBN 978-7-5096-6494-0

Ⅰ.①百… Ⅱ.①花… Ⅲ.①股票投资—基本知识—中国 Ⅳ.①F832.51

中国版本图书馆 CIP 数据核字（2019）第 058282 号

组稿编辑：陈　力
责任编辑：杜羽茜
责任印制：黄章平
责任校对：赵天宇

出版发行：经济管理出版社
　　　　　（北京市海淀区北蜂窝 8 号中雅大厦 A 座 11 层　100038）
网　　址：www.E-mp.com.cn
电　　话：（010）51915602
印　　刷：唐山昊达印刷有限公司
经　　销：新华书店
开　　本：720mm×1000mm/16
印　　张：22.75
字　　数：372 千字
版　　次：2019 年 6 月第 1 版　2021 年 10 月第 2 次印刷
书　　号：ISBN 978-7-5096-6494-0
定　　价：68.00 元

职业股民的七大使命

（代修订版序）

来股市的目的要明确。是来理财的，不是来赌博的；是来把你的优秀兑现成现金的，不是来当傻瓜还晚上睡不着觉的；是来改变命运实现财富自由的，不是一不小心扑通掉到井底有苦说不出的；是来让生活更美好像毒邪西毒那样的，不是来当柯镇恶大侠谁都打个过还谁都个服气的。

总而言之，来到股市，股民有下列七大使命，一条不能少，条条要做到。

一、在熊市跌势中保住本金

1. 牛市顶部的暴跌一定规避掉，这种暴跌最容易让人万劫不复

行为措施：在嫌疑指数位，要短线思维，要控制仓位，要注意进出的灵便性，要注意对冲措施，要设立最后防线。

2. 熊市过程中，必有阶段性的大跌，每隔一段时间就会来一次，这种大跌不仅会损失你的金钱，还会让你成为智商植物人

行为措施：在熊市过程中，要控制仓位，放弃常规化的技术分析、基本面分析，只做无风险套利和暴跌短线反弹，要防止老手死在反弹，出小错后赶紧清零，千万别被小错拖成大错。

3. 可能归零的交易品种不能碰，那些有小诱惑的可能归零品种更坏，常在悬崖边走，一定会掉崖

行为措施：可能归零的品种坚决不碰，短线也不行，小仓位也不行，另外在牛市顶部、熊市过程中，可能长时间停牌的股、进出困难的股也要万分警惕。

4. 加杠杆遇上暴跌，无论如何不能让自己遇到这种情况，尤其是对现状满意的人，杠杆最容易毁灭聪明人和已成功者

行为措施：不逆势上杠杆，杠杆只做顺势的短线，不做商品期货的重仓投机。

二、在大底部时做好准备

1. 要准备好备选品种

行为措施：选好绩优金融小盘股、借壳上市大概率股、低估的小盘次股、新高效率的转债。

2. 对时机有心理准备

行为措施：好的时机是，底部暴跌的指标股，底部放量的点火股，重要消息出台的利好股，成名机构有实力大股东的基本面稳健股。

3. 咬定无风险品种

行为措施：要注意效率，要分批定投，要坚持到底。

4. 耐心与灵活兼备

行为措施：持仓结合短线，股外结合股票，手段组合结合重点品种。

三、在一轮牛市中要发大财

1. 牛市一定不能辜负

行为措施：要根据上升到原理中线波段+短线爆破点，主流热点要参与。

2. 要适当的上短线杠杆

行为措施：要适当的短线用杠杆，要适当的运用社会资源。

3. 短线暴跌敢抄底

行为措施：主要是射击线强势股和前热点强势的暴跌股。

4. 跟上主流指数

行为措施：这部分的指数期货和指数基金也是很好的工具。

四、在牛市顶部要保住胜利果实

1. 一定要保住胜利果实

行为措施：控制仓位、短线操作、设立防范线、进出灵便、注意对冲，实在不行提前退场也可以。

2. 适当把握反向机会

行为措施：要注意反向品种的操作，要避免与救市措施对抗。

3. 做反弹一定细致

行为措施：做反弹一定要看准、耐心、分批，千万不能提前，提前了跟没逃顶一样会毁人的，不做反弹不算错。

4. 不要迷信消息或者其它因素

行为措施：只信止损防范线，其他的一概不信，他们斗不过熊，熊最大。

五、要有全天候获稳利的手段

1. 固定收益

行为措施：货币基金、逆回购。

2. 顺势做空收益

行为措施：股指期货只做顺势，只做波段爆破点。

3. 牛市要有效率

行为措施：牛市中要注意时间和效率。

4. 机构大户俱乐部

行为措施：不能闭关锁国，别人有优势资源的要借势。

六、要有异于业余股民的特殊合法手段

1. 交易手段

行为措施：要有合格机构投资者的交易权限。

2. 网下渠道

行为措施：网下渠道不能忽视，特别是好的定向增发、银行低价拍卖。

3. 信息渠道

行为措施：要会应用政府部门的网上审批平台。

4. 无成本杠杆

行为措施：无成本的杠杆要适当的拥有。

七、要活的比其他行业人有意思

1. 身体要比别人健康

行为措施：乒乓球、羽毛球、爬山要坚持到老。

2. 追求精神境界

行为措施：不断地设立一些新目标，为新目标努力。

3. 花钱买幸福

行为措施：别小气，花出去的钱才是自己的。

4. 不故步自封

行为措施：活到老，学到老，有新知识不惜代价要学会弄懂，不能落伍于时代。

《百战成精》《千炼成妖》出版后，深受读者欢迎，常销畅销。为了使得这两本书的质量更精益求精，本次对这俩本书的内容做了一次修订，以此文为修订版的序。

花　荣

2019 年 4 月

序言1 修身，投机，助人，玩天下

证券投资是个伟大的职业，也是个异常毁人的职业，如果你是股市投资者，一定会对此感受颇深。

现代社会，每个人都有事业和财富的梦想；相对来讲，男人、年轻人，更需要一份责任，你一生一世的成功与否，将决定着一个家庭的生活质量。如果你没有一个有钱的父亲，也没有遇上一位家财万贯的公主，那你别无选择，只有想办法让你自己成为那个有钱的父亲，让你的女儿成为那个骄傲的公主。

这样，"修身，投机，助人，玩天下"就成了现代人的人生必要过程和最终目标！

无疑，我们生活在一个充满不可预见的社会和一个意外之财随时会发生的时代，没有人能无视"财富非常道"这一事实。要想获得人生中的这种非常财富，希望自己幸运的人必须学会新的生存方式，及时顺应社会发展的新变化。

我们目睹了新世纪的快速发展，20世纪80年代，"万元户"是令人羡慕的一个称号，而现在一万元早已不是个新奇的数字，许多人一个星期就可能轻松挣到。在瞬息万变的社会环境下，死守着一份打工薪水是不够的，必须想办法获得第二份或者其他更快捷一些的收入。

股市则给稳健者提供了第二份工作，给聪明人提供了更快捷的收入可能。

大多数中国人更注重传统知识的学习，而忽视胆识的积累。而"修身，投机，助人，玩天下"正是胆识积累和精彩人生的四步骤。

作为中国第一代职业操盘人士，长久以来一直想写一部中国股市专业投资原理的技术书籍，精研理论和亲身经历都是人们积累胆识、运气和提高技能不可或缺的途径。

如果你爱他，送他去股市，那里是天堂；如果你恨他，送他去股市，那里是地狱！

在纷繁的股市秘闻中，精英投资高手是最变幻莫测、最引人入胜的人物。人们对于这些处于股市食物链最顶端的猎食者又爱又恨，职业操盘手的命运在中国股市中有很强的传奇性和神秘性，一般人很难接触到，而本书总结的正是他们炒股的独到思想和纪律原则。

没有品尝过牛市浓浓的烈酒，没有经历过熊市漫漫的长夜，就很难说对资本市场有充分全面的了解。

淘尽黄沙始见金，股市交易史正如一条不息的河流。江面的波澜与涟漪，或许更能吸引眼球，但真正负重致远，却还在深层厚处。

股海中的高手，莫不是从无数的激烈战斗中成长起来的。在股海中翻过风起过浪，也被风刮过、被浪冲过的人都知道，股海其实是一条惨金色的大道，看上去全部是金银珠宝，上了阵却需流血拼杀。

股海中风云诡谲，只要谁能有一套听风观浪的绝技，谁就可以在这股海中捞上几笔。股海自有黄金屋，股海自有颜如玉，但是如果没有正确的理论指导，没有上乘武功的研习，恐怕股海就不那么温柔了，美人鱼会变成大鳄鱼的。

本书是作者多年炒股心得的浓缩总结，希望有缘、有慧根的人读完本书后，在"修身，投机，助人，玩天下"的途中少走些弯路，在股海中让自己少流些血，多钓几条给自己带来自由的大金鱼。

为了生活的精彩、家庭的幸福，把你的潜能多贡献出来一些吧！

百战成精，百战成精之前最起码要做到百看不糊涂吧？

休闲工程师

花　荣

序言2　股市投机是美好的职业

一位财经记者问股海"大鳄"安德烈·科斯托拉尼："您希望您的儿子做股市投机者吗?"

回答是：如果我只有一个儿子，他将成为音乐家。第二个儿子我将把他培养成画家。第三个儿子培养成作家或记者。而第四个儿子一定要做投机者。因为总要有一个人要养活他的三个穷哥哥。

股市投机者，是多么高贵的职业啊！他可以超越尘世的喧嚣，置身于自己的独立意志之中，他可以随身带着他的赚钱工具：一台看行情下买卖单的电脑，也许还有一份操盘手册《百战成精》，他没有老板也没有雇员，可以干一切自己想干的事，吃、喝、玩、乐、游、秀、骂都行。他可以随心所欲地支配自己的时间，高兴的时候也可以用钱支配其他任何事物，比如说"鬼推磨"。

人不一定要富有，但一定要独立，但是富有也是很重要的。所以要做股市投机者，就要做一个成功的股市投机者。要成为一个成功的股市投机者，就必须学会"自我造钱"的本领。把你的金钱种子投在神奇的股市里，然后很快地收回更多的钱。这样的生活多么值得人们去追求，许多人也会因此羡慕你、效仿你、帮助你、嫉妒你。

投机者是一个美好的职业，但是追求任何美好的东西都是要付出代价的，做个股市投机者也是这样。要想做一个合格的股市投机者，就必须学会孙悟空那样的七十二变，会腾云驾雾，会耍金箍棒，也就是说，要当人间神仙，就得先修成神仙的武功。股市投机者武功的最高境界是"超级系统""盲点套利""热点投机""人生赌注股""凌波微步"。

有缘人即将阅读的是一本专门讲述关于股市投机者修炼武功的技术读本。与其他讲解股市投资技术的书籍不一样，这是一本涉及股市最优投机技术的理论。其中的主要内容代表了中国股市投机技术的"少数人"的水平。其核心思想是许多先驱付出了难以想象的代价铸成的。有缘的读者如果能够在这些高级投机技术上多下些功夫，同时清醒地认识自我，可能会有意想不到的收获。

好书改变命运，智慧创造人生！投机岁月，快乐着一点儿也不痛，但是如果武功不到家，有时也会很痛。

事实已经证明，读有用书，需要多读多理解多琢磨；练成某项高级武功，也需要一些时间的反复磨砺。这种努力是值得的，也是成为股市"斗战胜佛"的必经之路。

美妙的未来等着我们！下面就让我们跟随着老投机侠客们的最优投资思维，踏上一条崭新的、神奇的、充满诱惑的投机之路吧！

来吧，伙计，不要客气！

股市投资者

花　荣

目　录

上篇　独门技

第一章　超级系统 / 003

超级系统 01　怎样做一个合格的股市操盘手 / 003

超级系统 02　我最敬重的三个顶尖高手 / 006

超级系统 03　交易赚钱的必要前提条件 / 008

超级系统 04　花狐狸股市操作系统说明书 / 010

超级系统 05　超级系统的另一种表述 / 015

超级系统 06　职业投机客的实战细节 / 018

超级系统 07　机构大户的常规工作 / 022

超级系统 08　花狐狸专业套利原理精要 / 027

超级系统 09　实战循环规律总结 / 032

超级系统 10　大数定理与中国股市 / 034

超级系统 11　职业操盘常见行为习惯 / 037

超级系统 12　中国股票市场经典机会综述 / 040

超级系统 13 怎样做个股市"花样顽男" / 043

股市加油站 / 045

第二章 盲点套利 / 047

盲点套利 01 盲点套利系统技术综述 / 047

盲点套利 02 现金选择权的套利技术 / 050

盲点套利 03 公开增发股的套利技术 / 055

盲点套利 04 定向增发股的套利技术 / 057

盲点套利 05 可转债及正股的套利技术 / 059

盲点套利 06 权证及正股的套利技术 / 062

盲点套利 07 证券投资基金的套利技术 / 071

盲点套利 08 股指期货的套利技术 / 073

盲点套利 09 闲置资金国债逆回购技术 / 088

盲点套利 10 个人外汇买卖的套利技术 / 091

盲点套利 11 机构大户的特殊工具 / 097

盲点套利 12 常见潜规则投机技巧 / 102

盲点套利 13 股市高手到底是什么样的 / 106

股市加油站 / 108

第三章 短线法宝 / 109

短线法宝 01 股市量价投机基本逻辑 / 109

短线法宝 02 日波动细节要点 / 112

短线法宝 03 怎样对 A 股市场进行解盘 / 115

短线法宝 04 股价高低位的判断 / 117

短线法宝 05 常见盘面经验总结 / 120

短线法宝 06 短线投机客的实战习惯 / 123

短线法宝 07 怎样应付意外性的市场变化 / 125

短线法宝 08 超级短线盘口要诀 / 128

短线法宝 09 短线买卖盘数量分析 / 130

短线法宝 10 股价波动的技术性研究 / 132

短线法宝 11　股市常见事件应对法 / 134

短线法宝 12　超短线盘中实战技法 / 136

短线法宝 13　怎样寻找短线即将暴涨的股票 / 138

股市加油站 / 140

第四章　妖精铃铛 / 141

妖精铃铛 01　极端情况下的投机者命运 / 141

妖精铃铛 02　最常见的亏钱炒股法 / 144

妖精铃铛 03　解决盈亏问题的实用方法 / 146

妖精铃铛 04　股市实战精神财富清单 / 150

妖精铃铛 05　最新机构盘面语言集锦 / 151

妖精铃铛 06　沪深市场职业投机定式 / 153

妖精铃铛 07　必然性机会的分析捕捉 / 156

妖精铃铛 08　民间炒股高手绝招集锦 / 158

妖精铃铛 09　股市"老鸟"的经验谈 / 161

妖精铃铛 10　花荣答股市常见问题集锦 / 166

妖精铃铛 11　职业杀手的伏击圈选股法 / 170

妖精铃铛 12　十种有趣的盘面现象 / 172

妖精铃铛 13　新老股民的股市感悟对比 / 1/6

股市加油站 / 179

下篇　千年狐

第五章　投机手记 / 183

投机手记 01　"327 风波"亲历记 / 183

投机手记 02　难忘的 1994 年 / 187

投机手记 03　给我"第一桶金"的 5·19 / 191

投机手记 04　让天再借我 500 年 / 195

投机手记 05　杰克船长又杀回来了 / 197

投机手记 06　上海汽车股改护盘记 / 201

投机手记 07 　让财富成为优秀的副产品 / 204

投机手记 08 　三打"白股精"的故事 / 207

投机手记 09 　牛熊转换的秘密 / 210

投机手记 10 　忘记历史就是背叛 / 215

投机手记 11 　独行侠的感觉 / 219

投机手记 12 　北京幽默股民老王 / 223

投机手记 13 　股海生涯不是梦 / 225

股市加油站 / 230

第六章　传奇谱 / 231

传奇谱 01 　冒险家哈同，男股民的榜样 / 231

传奇谱 02 　奇女子训"黑背"记 / 234

传奇谱 03 　美钞上的"不死鸟"传奇 / 241

传奇谱 04 　趁年轻，将"坏事"干够 / 243

传奇谱 05 　你愿意自己决定死法吗 / 246

传奇谱 06 　在天堂和地狱间徘徊 / 248

传奇谱 07 　一个魔鬼交易员的故事 / 250

传奇谱 08 　庞兹的骗局 / 254

传奇谱 09 　索罗斯和他背后的女人 / 256

传奇谱 10 　计算机奇才的炒股高招 / 259

传奇谱 11 　最美就是夕阳红 / 261

传奇谱 12 　一个空姐在股灾中发财的故事 / 266

传奇谱 13 　一个"富二代"的股市传奇 / 267

股市加油站 / 272

第七章　虚掩的门 / 275

虚掩的门 01 　怎样让人生更有意思 / 275

虚掩的门 02 　优秀操盘手是怎样炼成的 / 278

虚掩的门 03 　普通人常见心理问题解析 / 280

虚掩的门 04 　做个像悟空那样的职业股民 / 283

虚掩的门 05　"职业杀手"的六个利器 / 286

虚掩的门 06　沪深股市常用实战定理精选 / 288

虚掩的门 07　证券市场中发横财的契机 / 290

虚掩的门 08　连拉大阳线个股的涨前征兆 / 292

虚掩的门 09　在社会上混的经验集锦 / 294

虚掩的门 10　寻找股市中的"大愚蠢" / 299

虚掩的门 11　职业股民笔试题及答案 / 302

虚掩的门 12　炒股需要熟悉的证券法规 / 304

虚掩的门 13　中国股海游戏的真正秘密 / 306

股市加油站 / 309

第八章　休闲炒股 / 311

休闲炒股 01　操盘手和美女的故事 / 311

休闲炒股 02　怎样的人生更精彩 / 313

休闲炒股 03　修炼成精的最佳手段 / 316

休闲炒股 04　京城股市大户的周末生活 / 319

休闲炒股 05　股友喝酒的趣闻轶事 / 324

休闲炒股 06　"通灵酒"与"中暑山庄" / 327

休闲炒股 07　奖赏自己的七种方式 / 329

休闲炒股 08　有意思的十个人物 / 331

休闲炒股 09　谁让人羡慕嫉妒恨了 / 336

休闲炒股 10　一个捕梦者的精神财富 / 340

休闲炒股 11　人生不可或缺的清单 / 342

股市加油站 / 346

最后的话 / 349

上篇
独门技

我已经闻到了血腥味，什么东西能让人长生不老，让我们去寻找自己的猎物吧！

第一章 超级系统
PART ONE

关键语：
> 好方法能够保证稳定持续地赢，但在某个短时期也会不完美；坏方法能够保证投资者沦为失败者，但在某个短时期赌博也能赢几次。这是运气的因素使然，但是久赌必输，大概率持续操作可赢。

超级系统 ①
怎样做一个合格的股市操盘手

　　股市投机如同江湖行走，除了身怀绝技之外，还要有内功作为基础。不少投资者遍寻炒股绝招，也把经典投资理论背得滚瓜烂熟，但在实战中依然无法战胜市场。这主要是因为英雄底气不足，英雄底气不是在头上抹些摩丝、不是口出狂言、不是手握重金就能够具备的。成为股海英雄，需要有足够的胆气，更需要有意识地培养熏陶自己。一些股海精英，很是欣赏石达开的一句话：做英雄，必须具备"四要八如"的特点。所谓"四要"是：要胆敢勒马走悬崖；要能够弯弓射明月；要舍得头颅做酒杯；要坚决饮尽仇敌血。"八如"是：心黑如漆；胆硬如钢；好色如命；酗酒如泥；挥金如土；厚义如天；杀人如麻；视死如归。

　　下面是一些国内优秀操盘手对"四要八如"进行的股市通俗解释，需要提醒的是，要在异常股市基础知识上理解。

"四要"是：

一、要胆敢勒马走悬崖

要敢于在市场最恐怖、别人最绝望的时候买进股票，特别是在心理指标PSY达到历史低位（比如说15以下）的时候买进股票，当然为了保持心态稳定，应采取折中分批梯次差价的买进法，比如说2/10、2/10、4/10的渐进建仓法，买进的第一批股票应该是当时市场形象最好的品种或者含指数较重的指标股，第二批可能是严重的超跌股，第三批是即时热门题材股。

二、要能够弯弓射明月

不能错过市场上的最主要上涨交易日。在股海交易史中，投机者只要不幸错失了沪深历史上的最主要涨幅段和明显规律涨幅日，那他的投机成果将会大打折扣。等待最佳机会和设计阶段最佳盈利模式是投机者的首要常规工作。超级系统、盲点套利、超级短线、人生赌注股、明显风险这些技术必须形成本能思维。

三、要舍得头颅做酒杯

在市场出现机会的时候，特别是在沪市的成交量连续处于强势时，要敢于追涨买进市场成交量（换手率）最大的龙头股。对于你用独特方法分析出来的机会品种也一样，只要你认为没问题，要敢于坚决以足够的仓位去"赌"，股市英雄多数都是一战功成的。但是这种赌是风险有限，可能的收益是大概率与值得一干的，注意别变成了莽撞"英熊"。

四、要坚决饮尽仇敌血

职业投机者的能力主要体现在：

（1）习惯性的客观统计机会能力及盈利模式设计。

（2）针对性的选股能力和习惯性的系统选时能力。

（3）操盘日志记录和自选股跟踪能力。

（4）及时信息快速反应和常规信息积累能力。

（5）自我认识、心态目标和仓位控制的结合细节管理能力。

最终这些能力必须体现在具体的实战买卖上，实现知行合一、知行并进。

"八如"是：

一、心黑如漆

要建立自己独特的阶段盈利方法，并坚持运用这套实用的方法进行有效套利，而对那些自己无法把握的机会不要眼红，要熟视无睹，防止它们扰乱自己的心智。

二、胆硬如钢

在做投资决策时，应当听取别人的建议，但要有主见，特别不能左右摇摆，那种慢一拍跟着别人做的方法是最可怕的。

三、好色如命

碰见好股票，要紧追不放，把它当作自己的人生赌注股。为了效率，在股市中可以一脚踏几只船，可以吃着碗里的看着锅里的。

四、酗酒如泥

要像酒鬼沉迷美酒一样探求好的盈利方法模式，特别是重视可印证的独特方法。对于每个阶段的行情特征和大涨的股票内在原因要研究清楚。

五、挥金如土

对于投资依据一定要严谨客观，哪怕多花些功夫。依据不能是不确定的，不能凭感觉猜。天下没有免费的午餐，如果选股不流汗，选时不耐心，必定投资多流血。

六、厚义如天

炒股票需要有几个高水平的朋友，在现代信息社会里，人的精力是有限的，特点也是不同的，要群英结党奔小康，不能封闭自宅成一统。

七、杀人如麻

一旦认为市场有系统危险，或者没把握时，应该果断出货或减仓。"宁可错杀一千，不可放过一个"是铁律。在股市中最惨痛的教训就是"一失足成千股恨"。

八、视死如归

证券市场是战场，要心态平和，不能因市场短期波动影响心态和思维。如果不论空仓还是满仓，大盘涨还是跌，你的心都怦怦乱跳，说明你不适合炒股。

超级系统 02
我最敬重的三个顶尖高手

十几年的投资生涯，有三个人对我的综合素质影响最大。

第一个人是我的第一个老板，他是我见过的最精明的企业经营者，白手起家创建了实力雄厚的集团公司。

我第一次见到他的时候，正是年轻气盛，又刚经历了一次不大不小的胜利，自然比较自负。当时，我刚到集团的证券投资部工作，他请我去他家吃饭，据说公司中的每一个刚进公司的中层员工都会有这个待遇。在老板的家里，他先是听了我对沪深股市本质认识的看法，笑而不语。沉思几分钟后，他对我讲："你就把我当成股市中的关键对手，跟我试试。我做三件生活小事，你一模一样地模仿出来，如果都做对了，说明你对沪深股市的投资之道已经洞悉了，否则你就还有提高的空间。"我听他这么一说，心想这有何难，便一口答应，心里还想：说相声的曾经有学说三句话的游戏，你可骗不了我。自以为一定可以胜利了，于是暗喜！

老板首先从怀里拿出一支笔，我赶忙也拿出一支笔。他看了我一眼，又把笔收了起来，我也看了他一眼，也把笔收了起来。他冲我笑了笑，拿起一只茶杯，倒了一杯水：他拿杯子喝了一口水，我也拿杯子喝了一口水……

这时老板用一种奇怪的神情看着我。我莫名其妙地问道："你为什么笑？我做错了吗？"

老板依旧笑而不答，只见他一张口将刚才喝的那口水又吐回了茶杯中。我一下子傻了眼，因为我那一口水早就咽到肚子里啦……

之后我就明白了所有的分析和操作都得留有余地，同时要对投资目标的各个因素，分析得要细之又细，同时还要防止隐性变化，已经喝了的水是可以吐出来的。如果你没有这种网状思维，那么你在其他方面再努力，也难免会是一个失败者，因为在股市中一次大打击就足够彻底击垮一个人。事实证明，股市变化多端，许多看似已经板上钉钉的事情都会演变成喝了的水可以吐出来的另外一种结果，老板的独到眼光无人可及。

有人说我是沪深股市的网状思维首倡者，我说我不是，这个老板才是。他是社会实践的网状思维先行者，股市中的网状思维，我是跟他学的。

第二个人是一个期货"大鳄"。这个人的传奇经历我早有耳闻，从一个农村中专生，依靠7000元起家成为资本"大鳄"。他的专业技能炉火纯青，所采取的投资方案不仅出奇，而且经常是孤注一掷，简直是博命。正是有着强烈的兴趣和果敢的勇力，竟然用一周时间，把期货市场上强大的北京联军数亿资金一举全部歼灭。起点比我还差的一个穷小子完全是依靠自己的智慧在期货证券市场上成为亿万富豪的，一度成为深发展（当时的深市第一指数权重股）的第一大流通股东。从他的身上，我学会了果敢与实战的战术细节。令人惋惜的是，由于综合素质的原因，在21世纪初期的股灾中，其因损失惨重，一代证券市场的"大鳄"明星就这样沉沦了，又回到了农民儿子的本色。

在证券市场中英雄比拼的不但是传奇，还有比谁活得长，谁是常青树、不死鸟，不但要胜者为王，还要剩者为王。

第三个人是我打工做操盘手的最后一个老板。我们曾经是金融市场上的冤家对头，当时他统领着"北京龙"与"东北虎"扫荡我们中原的"土豹子"，结果是"土豹子"出奇兵大获全胜。

一天，有位朋友说："管总想见见你，请你吃顿饭。"我心想：我们是敌人，也应该是仇人。万国证券的韩总不是一直对中经开恨之入骨吗？

就这样，在我怀着防备心理之下，还是被这个东北大汉"招安"了。在现代经济社会里，任何东西都是有价的，只不过不同魄力的人会赏识不同智慧的人，出不同的价钱。在 2000 年初的投机市场，中国股市狼群机构有几大股，有些机构的实力更大一些，现在依然能够呼风唤雨的已经不多了。能够发挥一切可以利用的潜在力量，这是一种个人魅力。尽管这人说话有些粗，喜欢骂人，但是许多智士还是甘心为他卖命。

在为管总工作效力的这段时间，我悟出了现在自己的投资哲学和买卖习惯。

从上述笔者敬重的人身上，我学习到在其他人身上不容易学习到的一些东西，并且把这些东西提炼固化成了自己的本能习惯。在中国股市中要成为持续的赢家，第一要有本能性的合乎市场和自己能力的操作系统，第二要有足够的社会信息资源，第三要有自由轻松的心态。在此基础上，"最佳时机"和"人生赌注股"的威力是无穷的。

超级系统 ⑬
交易赚钱的必要前提条件

在写作本书的时候，论及金融市场交易这个主题，所有相关的事件、命运和结果，我都经历过，那些成功的惊喜、落魄的窘境、意外的馅饼、煮熟的鸭子又飞了的情景无不历历在目。在金融投资这个行业中对于大资金来讲，最关键的成功经验是保证每一次操作都不影响自己的信心状态；对于小资金来说，最关键的成功是保持等待耐心的机会。要做到这一点，就应在每笔投资前保有一个相对良好的开端，这个良好的开端包含了以下的主要内容：

一、如果你真的想赚钱，在交易时就要忘掉钱

如果你真的想赚钱，在交易时就要忘掉钱。因为金融投资是一项心态作用占比很大的职业，处理情绪问题远比跟资产负债表、技术指标打交道更费心力。只有在交易之中，把诸如赢输后果等问题彻底抛开，才能客观清醒地发现与认识股价的波动规律。如果你依赖你根本赔不起的资金去做交易，十有八九会因心理因素导致赔本。如果你的本钱对于你来说如同生命一般重要，你肯定会在关键的时刻栽大跟头。你会由于一些好机会表面看起来太冒

险而畏首畏尾，错失良机；你也会因为市场上的一点儿反常迹象而慌忙出手，以致事后才发现自己当时处于多么有利的地位；你也会因为担心一无所获而最终真一无所获。具有讽刺意味的是，想赢怕输的心理常常使交易者变得像小鹿一样战战兢兢，犹豫不决，直到最后以失败告终。总之，有压力的交易只会让交易者产生诸多消极情绪，对决策产生不利影响，从而导致交易失败。说了那么多，其实只落实在一句话：不要用有压力的资金或者你自己的全部资金去进行交易，用你能够接受亏损的资金交易所赚的钱肯定是最多的，因为这样你才能客观地去认识市场，顺应市场，战胜市场。

二、如果你真的想赚钱，应该抓住最简单的机会

对于绝大多数投资者来讲，股市的短期涨跌几乎是不可预测的，而股市的长期运行过程中的部分关键点是比较容易发现的。因而投资者在实际操作时应该扬长避短，如果你没有把握的话，放弃一些事后看来是很好的机会，而把主要精力与资金投入你能够把握与可操作性强的明显机会上来。当然，把握这些明显机会的重要前提是要有足够的耐心，这种耐心包括机会的等待与机会的实现。如果你发现了一家在主力面、基本面、价格面、趋势面都比较良好的股票，一个季度的关注是起码的条件。在我看来，用一定的时间去获得明显的利益是值得的。在把 10 万元营造成 100 万元的过程中，我们肯定会经历多次反复，甚至可怕的数个月的不顺畅行情。你最好给自己建立一个信条，那就是趁你要买的股票表现疲软的时候用不急的余钱买进它。当然你还需要有足够的职业知识与足够的研究时间。不妨多交几个股票朋友，相互探讨印证提醒。用波段的方法操作，并用适当的专业办法使得成本摊低。一个快乐现代的人生，除了正常的生活工作之外，应该拥有几只具有灵性生命力的，可能改变人生命运的"人生赌注极品股"。

三、如果你真的想赚钱，就要掌握一定的职业常识

如果你真的想赚钱，就必须掌握一些简单的职业常识。这些简单的常识应该具有以下主要功能：

第一，能够认识到股市上简单明显的机会与风险是什么。在证券市场发生了什么事情的时候，你应该知道其将产生的后果，不至于在股市中把"乌

鸦钓鱼"理解成"鸟鸦钩鱼"。另外能够对机会进行程度性质的比较判断。

第二，能够熟练本能地使用投资工具。股市中最常用的工具有具备提醒力的专业媒体、上市公司报表公告、常用技术指标组合、特种分析软件。需要加以说明的是，工具就是工具，不同的工具在不同的场合与不同的时间有不同的作用，应该用工具来达到目的，而不是沦为工具的奴隶。不少的技术爱好者往往陷入歧途，成为某一种工具的奴隶。

第三，与优秀的人取长补短。术业有专攻，我们不可能在任何行业都成为最高水平的人，也不可能在任何时刻都保持最良好的状态。作为一个聪明的人，要善于成为曹操、刘备，让郭嘉、孔明为自己所用，在某个行业中是否有几个已成为赢家的朋友，决定着你自己能否成为这个行业的成功者。当然这个赢家应该是真的，评判的标准是他应该拥有自己的系统操作法与广泛的信息源，而你自己应该有足够的常识理解赢家的信息。在股市中最可怕的事是别人拿一张100元的钞票和10元的钞票给你，你分不清哪张是100元的，哪张是10元的，自己亏损了还去怨别人。

第四，要清楚你进入资本市场的目的，清楚市场的真实客观情况，清楚你自己的优势和劣势，并根据这些情况设计自己的交易策略是稳健踏实投资，还是激进进取投资，在此基础上关注买卖的时机、品种以及力度。曾经有这样一个说法比较符合笔者的资本市场逻辑：富人投资债券，因为财富成功者只要在现有基础上不出现失败，最稳健的收益就足以支付自己的人生所需；中产阶级投资股市，进可攻，退可守，股市的风险和收益是属于中性的，但是股市投资不是赌博，需要有一定的专业学习基础，至少花费的精力和时间不能次于正常工作；穷人，特别是有一定抱负有心理承受能力的年轻人，可以适当地搏一搏，对于指数期货等风险较大的衍生品种也熟悉、尝试一下，因为年轻没有失败，如果运气够好的话，说不定能够快速改变命运。

超级系统 ④
花狐狸股市操作系统说明书

大家都知道，任何一项武功都有自己的套路。股市也是这样，是否有一套适合自己、适合市场的交易系统，是区分一个投机者是内行还是外行的最重要标志。交易系统是一种投机习惯，是自己的买卖、持仓行为的指南针，是一个必须符合大概率胜率的兵法原则。每个人的基础、追求、能力都不一样，因此可能相应合适的交易系统也不一样，但是都必须有一个或粗或细的交易系统，没有交易系统的投机者我们称之为"盲人骑瞎马"的赌徒。

下面列举说明的是我根据自己的实际情况目前正在使用的一套交易系统，希望能给读者带来一些启发和借鉴。

一、操作系统

花狐狸炒股法＝六分心态＋三分技术＋一分运气；

调整六分心态＝顺势而为＋生命线纪律＋大数概率＋有知者无畏；

修炼三分技术＝盲点技术＋热点技术＋清零技术；

祈祷一分运气＝好人自有好报＋人自助天必助＋华尔街没有免费午餐；

1赢2平7亏＝防范风险一抓就灵＋复利是第八大奇迹＋智慧时间改变命运；

自我缺点提醒＝预测市场＋完美障碍＋证明自己＋稳健过渡＋先入惯性。

二、六分心态

人生中最容易思维中暑的领域有三个：炒股、恋爱、宗教。

许多人在日常工作生活中耳聪目明，一进入股市就糊涂了，糊涂不轻，很不自觉地犯一些低级错误，有些失误事后想起来自己都不可理解。

在股市中，消费者（有人自以为是投资者）许多失误和亏损是由于自己的心态紊乱造成的，而且人在不同的处境时的能力是不同的，在不利的环境下某些失误的出现几乎是不可避免的。我们应在事先采取措施避免不利的处境发生，这就要求我们要有硬性原则约束我们的"贪婪和恐惧"的原始心态，这种原则约束也许会让我们丧失一些机会，但是这是股市投机的必要成本。相比没有硬性原则约束，听任贪婪和恐惧的心态自由发展，有硬性原则约束是非常必要的，也是决定你在股市中是否能长时间生存的关键。

我是用下面几个习惯性的原则控制自己心态的。

1. 顺势而为

顺势而为的"势"是指投机的涨跌之趋势，价值之势是指满意度的认可不认可之程度，效率之势是指节奏的可控概率之均衡。势来迎之，势去避之。

在我的印象中，中国股市绝大多数成功者的成功原因都是因为顺势而为并碰上了超好的运气，绝大多数失败者的失败原因都是逆势并固执到底的正常结果。正可谓顺势则昌，逆势则亡。

在大盘上涨时，投机个股的成功概率较高，心态也比较好，容易成功；在大盘下跌时，投机个股的成功概率较低，心态也是忐忑不安，随时可能犯错。

对于个股而言，投机的个股最好是即时活跃的，或者爆破时间点比较临近的，这样可以提高效率，不受大盘变化和心态变化的影响。比较忌讳的是因为业绩良好或者相对价格低的习惯性看法而投机冷门股，股市中经常的情况是看似相对危险的事情其实比看似安全的事情反而更安全、更有效率，这就是势的威力。

2. 生命线纪律

本系统所指的主生命线有两条，短线主生命线是 10 日均线，中线主生命线是 30 日均线，指数是否在两条生命线的上下强弱运行时，决定了短线或者中线态度。线上做多，线下做空，这就是职业投机操盘的生命线纪律。

操作个股先看大盘。大盘安全，再选择个股，大盘不安全，个股操作需要谨慎。

20 日均线、60 日均线、120 日均线、250 日均线是重要的辅助生命线，其重要的作用是提示指数和个股的支撑和压力位。

生命线的趋势方向提示着多空方向，在大盘成交量较大时，多头趋势被强势确认，空头趋势有望被扭转；在大盘成交量较小时，多头趋势存在疑问，空头弱势趋势有望延续。

3. 大数概率

在沪深股市，不会空仓就不会赢钱。会买的是徒弟，会卖的是师傅，会空仓的是掌门，会做空的是索罗斯。股市投机说到底就是股票的持仓比例的控制技术应用。

本操作系统把市场分成三个阶段：强势阶段、弱势阶段、均衡阶段。在不同的阶段，资金与股票的比例分配和控制思维是不一样的。

强势阶段：当沪市的大盘成交量高于 1500 亿元（这个数值可能是随着市场规模变化而变化的）时，此时的市场我们称为强势阶段。在强势市场我们的持仓策略是长多短空，操作策略是追击强势股。第一次买入的股票资金量，习惯性地控制在总资金的 50% 左右，买入的股票家数可以多一些，这样可以保证你的持仓与大盘同步，买进的股票尽量是即时初步强势异动股、临近爆破点的题材股或者强势筹码集中股。在这 50% 的持仓股票有部分获利时，获利的股票可以视为现金，并继续补进相应资金量的股票量，第二次买进的股票可以是第一次买进的被套股票，也可以是新的即时初步强势异动股、临近爆破点的题材股或者强势筹码集中股。根据 10 日均线的乖离点控制车轮战的卖点，实现资金的补充，由于有部分资金可能涨过斜次，这样可以保证阶段收益率跑赢大盘指数。指数跌破 30 日均线是空仓避险的最后防线，当然能够在更好的位置清仓会更完美，这取决于投机者的综合能力、经验和运气。

弱势阶段：当沪市的大盘成交量低于 800 亿元（这个数值可能是变化的）时，此时的市场我们称为弱势阶段。在弱势市场我们的持仓策略是长空短多，操作策略是"逢高减仓、逢低观望、遇暴跌抢短线反弹"。在指数严重超跌时（大量股票跌停后的止跌）第一次买入股票的资金量习惯性地控制在总资金量的 25%，买入的股票数量应该单一，这样可以保证你的持仓价格波动有可能强于大盘，买进的股票应该是那种严重超跌的潜力股或即时题材股。当买进的股票获利，在大盘再度疲软时清仓等待下一次机会（提前卖出也是对的）；当买进的股票被套时，只能救一次，之后如果大盘再度不明朗，不管亏盈都要清仓等待下次机会，不能把短线变成长线。在弱势时期，有50% 的资金只能做无风险套利，不能轻易进行常规性的股票投机，更不能有长线价值投资的想法，那样可能会出大事故，并扰乱你的心智。

均衡阶段：当沪市的大盘成交量介于 800 亿元~1500 亿元（这个数值可能是变化的）时，此时的市场我们称为均衡阶段。在均衡阶段我们可以根据均线系统和 MACD 指标以适当的资金量进行短线低吸高抛，第一次买入股票的资金量要习惯性地控制在总资金量的 33%，买入的股票数量可以是两三只，买进的股票可以是前期的强势股回调到重要均线附近且 MACD 指标调整到位又强势异动的股票，也可以是即时题材股。在这33%的股票有部分获利时，应逢高（短线涨不动时）卖掉，并继续补进相应资金量的股票，第二次买进的股票可以是第一次买进的被套股票，也可以是新的回调均线附近且MACD指标调整到位并强势异动的股票，或者新即时题材股。如果第一次买进的股票被套，只有在其出现第二次强势时再补仓，能解套就解套，不能解套也需要进行"T+0"模式操作来降低成本。在均衡阶段，持有的股票比例最大时也最好不要超过总资金量的66%，剩下的33%资金要用作无风险套利。均衡市场阶段转向强势阶段或者弱势阶段后，持仓控制的比例策略也需要及时改变。

仓位的变化，一方面根据市场的强弱，另一方面也可适当地根据"时间确定、价格确定"的原则，以及你自己的状态进行一些调整，但是这种调整不能是没有硬性依据，只凭情绪感觉的。

4. 有知者无畏

"恐惧和贪婪"是股市投机之大忌，当你对未来未知的时候，市值变化趋势又不好，你的心态也不可能好，此时特别容易出现"高吸低抛"。

对于股市投机者来说，最重要的股票信息是股价波动空间的确定性、确定性价格的时间点、股价爆发的可能爆破时间点，通过交易制度、公开信息、基本面和技术面综合逻辑推理分析，破解股价波动的目的和可能方式，再辅以强、弱、均衡阶段的持股比例管理策略，做到这点就可以成为股市中的"有知无畏者"。

三、三分技术

本操作系统追求"明确、简洁、可操作性"。除非你是非常有天赋的人，本系统赞成学习简单明确的股市理论，反对那些复杂、变化多端、难以学懂的非常规理论。

本系统把股市分析技术分为三类：盲点技术、热点技术、清零技术。

1. 盲点技术

盲点技术是指那些非常规技术分析和非基本面分析技术，主要包含的是定价分析技术、定时分析技术、利益博弈技术等。

2. 热点技术

热点技术主要是指热点应对技术、主力异动技术、规律统计技术。

3. 清零技术

清零技术主要是指思维转折技术、强弱比较技术、最后防线技术。

四、一分运气

由于影响股价的因素太多，有些因素根本是事先不可能预见的，再高的高手也有局限性和状态不好的时候，我认为股市投机输赢确实存在着一些运气，好坏两方面的运气都会有。如果操作系统好的话，好运气来临的时候能够抓住它获得惊喜，坏运气来临的时候则可以得到一定程度的控制。

也有的职业高手认为，在股市中，好人自有好报，人自助天必助，懂得华尔街没有免费午餐的人会有好运气。如果你努力不够，只想吃华尔街免费的午餐，炒股坏习惯不改，就容易碰上坏运气。

超级系统 05
超级系统的另一种表述

花狐狸股市操作系统简略解释是：线上强势工作，即使指数跌也在潜力个股上做多，越跌越做好出击的准备；线下弱势休息，即使涨也要无动于衷，逢高减仓和准备开股指期货空仓；与短期的不确定性涨跌和非实质性消息无关，当然多数时间要留有资金预备队。职业股民与业余股民的区别就在于一条生命线。这条线是职业股民的上帝，业余股民在股市中没有上帝，完全跟着感觉走。

一、花荣股市操作总则

1. 牢记风险，追求稳利，不忘暴利

解释：用生命线与组合控制风险，用组合配合题材股、强势股来获得稳利，用衍生品种和人生赌注股争取暴利。

2. 弱势拿明利，强市图暴利

解释：弱势市场阶段，只做极端行情和固定收益品种；强势市场阶段适当地注意交易杠杆、量能效率；在有诱惑力但又不完全确定的时候，用小仓位克服心理障碍。

3. 顺势而为，呆若木鸡；大胆心细，确定第一

解释：任何时候严格按照交易系统行动，不走偏，不动摇，不特殊情况特殊处理。在顺势而为的同时，特别注意"连续"和"反击"这两个技术的应用。

4. 来到股市是锦上添花的，不是来玩失眠坐老虎凳的，更不是来捉鳄鱼卖钱的

解释：坚决回避大跌势风险。跌势不减仓，早晚要遭殃；反弹不快走，早晚变疯狗。在弱势中，如果持股已经失去短线爆破点，要坚决先退出来再说。

5. 有知者无畏，不折腾，不预测，只应对，又好又快，树立科学炒股观，花天酒地，炒股为民

解释：不侥幸交易，不报复交易，不为证明自己抬杠交易，不冷门交易，不被他人消息控制交易，犹豫时选择接受避免事态恶化的结果。

6. 出现失误要总结

解释：看是不是严格地遵照了操作系统的操作，看看是心态问题，还是操作系统问题，不能被同一块砖头绊倒两次。

二、强势市场涨速战法

1. 强势定义：均线多头，成交量强势，没有明显不明朗因素

解释：由于股票、板块众多，要适当地注意分类指数的趋势。

2. 选股原则：强势热点、题材第一、自选股、涨速法，结合基本面和技术分析

解释：涨速法的核心是短线窗口提示和即时异动排行榜。

3. 持股原则：爆破点复利增长，进行多只股票的组合

解释：中短线结合，仓重短线，仓轻中线；弱势见利即出，强势可留有余货。

4. 风险原则：10 日均线、30 日均线配合大盘即时特征

解释：10 日均线控制短线风险，控制获利的筹码；30 日均线控制中线风险，控制未获利的筹码。

5. 状态原则：大运动量，桑拿松骨，唱歌与欣赏音乐

解释：不要打精神疲劳战，要保持轻松愉快的状态，在状态得不到保证的时候选择休息，股市永远存在，没有不可以放弃的机会。

三、弱势市场折中战法

1. 弱势定义：均线空头，成交量弱势，没有明显预期利好因素

解释：不逆势买股票、持有股票是股市成功者的第一能力经验，坚决在弱势中反对不管大盘做个股的思想。

2. 选股原则：尽量贴近"时间确定，价格确定"，结合筹码集中的超跌题材股

解释：股性的活性效率是最重要的原则。

3. 持股原则：超跌反弹，折中交易单一股票

解释：只在空仓的人也害怕的时候才进场买股票，要低挂单，要分批买股票。不做也不算错，没有踏空的概念。

4. 机会原则：10 日均线、30 日均线配合大盘即时特征

解释：要注意市场机会转折期和先期的转折板块个股。

5. 状态原则：漫游天下，研究影视，写爱情幽默小说，组织体育比赛，公益讲座

解释：总不能每天什么都不干吧。

四、常规习惯八骏图战法

1. 八骏图：任何时候保持观察八只特别自选股，一整版随时可以买进常规自选股，大半版需要等待时机的自选股

解释：时刻要有一批候选攻击的目标猎物，在还没有行动时已经熟悉了解它们的股性。

2. 选股原则：题材第一，保底价，交投活跃，股性熟悉，有助观察

解释：要克服那些"业绩好、股价相对低、当前冷门"股诱惑的心理障碍。

3. 常规习惯：双轨价格，敏感时间，绝招集锦

解释：股价活性的原理是强势连续或者弱势反击，要注意主力机构策划的概念。

4. 信息原则：每周的上市公司公告集锦，操盘日志记录，友情信息讨论交换

解释：头脑活不如笔头勤，文字总结是最好的学习提高路径，适当地参考别人的思路。

5. 状态原则：用自己的专长帮助值得帮助的朋友是人生中的最大快乐

解释：做"三好"股民，玩得好，吃得好，睡得好！

超级系统 ⓪⑥
职业投机客的实战细节

股票投机的一个完整的实战环节包含有：设计投机模式，选自选股，跟踪自选股，组合买股，持股换股和卖股控险。

下面把这个完整环节详解一下：

一、设计投机模式

投机模式其实就是操作系统，它解决的是选择时机、选择仓位的问题，我们已经在前文《花狐狸股市操作系统说明书》中作过比较详细的讨论，有兴趣的话可以多研究几遍。

操作系统的最重要内容是：克服自己的弱项，发挥自己的长处，结合自己的特点，改善自己的交易心态。

比如说，股市谚语说，股市的投资结果是，"1赢2平7亏"。

解决了空仓和时机的问题，就能晋升到"1赢2平"；解决了强势时跟上大盘涨幅的选股问题就有可能晋阶到那个"1"；再解决稳定性、选股绝招和经历经验的问题，就能成为职业投机高手，如股市中的詹姆斯·邦德。

二、选自选股

职业投机客的自选股分类：

1. 盲点套利股

常见类型是含现金选择权股，向公众再融资股，衍生交易品种。其核心关键注意点是确定的价格、确定的时间、含权除权点和利益博弈。

2. 机构主力股

常见类型是基金重仓股、券商包销股、强势股东股、规律异动股。其核心关键注意点是机构成本、利益博弈和自救爆破点。

3. 题材热点股

常见的关联题材指跨市场关联品种（主营产品是期货交易品）、阶段强势热点板块、阶段时尚题材和突发性题材。其核心关键注意点是阶段活性和"领头羊"。

4. 资产质变股

主要指低价或者低市值的资产重组股、控股股东异动股。其核心关键注意点是股价与信息的逻辑判断。

职业投机客会优先选择上述类型中有效率潜力、价格优势潜力、投机利润明确、风险利益比优势的品种为交易时间中的常规观察自选股。

跟踪自选股的目的是，一旦大盘给出合适的买点，我们已经有了预谋好的下手目标，这在当前有数千只股票的市场中是非常重要的。自选股中应包含适应于大盘强势、大盘弱势、大盘均势、全天候四种情况下的合适投机品种，思维要与自己的操作系统相匹配。

三、跟踪自选股

职业投机，选时重于选股，大概率组合重于没有深思熟虑的孤注一掷，时间的确定性重于空间的臆测性。股票市场是异常复杂多变的，只有把好时机和好股票结合起来，才容易获得满意的结果。

股票市场并不是完全随着我们的主观意志来波动的，我们所选的自选股的潜力性多数情况下也不是不变的。随着时间的延迟，股票市场的不断变化，市场的偏好、我们的自选股以及投机行为的成熟度都在变化。为了尽可能地接近有知无畏、熟能生巧、随时打有准备之仗的要求，我们需要跟踪自选股。

跟踪自选股的目的和主要任务是：

（1）我们已经心中有数的潜力股，是否在大盘处于非合适持股阶段已发生了变异，如果已变异或者出现新的、更好的候选品种，我们要改变或替换自选股。

（2）有一些有一定潜力，但是我们心中还不是非常有数的股票，随着观察熟悉和后续信息的积累，我们能够对主力持股目的、活动规律、是否真有潜力进行破解、熟悉和心中有数，做到熟能生巧。

（3）有一些潜力股暂时我们认为在价格或者时间爆破点上有一些欠缺，但是市场会发生变化，其欠缺也会变化，一旦个股或者大盘出现临时性的机会，我们可以随机应变或者实施小仓位的试探、先行保险性的持股、对中线大潜力股做短线差价。

（4）跟踪自选股的主要任务是通过持续性地收集目标股的股价变化和基本面信息，给出是否潜力变异的判断，潜力是趋好趋坏，结合大盘顶判准备采取什么样的行动，现在应该采取什么样的行动。

（5）自选股的跟踪应该是一批，如果是少数几只的话，存在着指数还没有进入适合的买点，潜力股的潜力已经丧失，或者大盘进入不同的买点，你的自选股并不与大盘的买点背景相匹配。

（6）职业投机客的自选榜可以分为初级表和终级表。初级表的主要类型是异动股表、特点股表、公开再融资股表、非公开再融资股表，主要行为是初选、解破、等待时机；终级表的主要类型是自选股表、赌注股表，它们是从初级表中的明确股中选出来的，主要行为是印证、等待和出击，自选股表可以偏重于稳健，赌注股表应偏重于激进。大盘突变时，初级表中的股票经常也可以直接投入实战。

（7）解破和分析。"细节决定成败"这一观点在股市中体现得尤其明显，人的精力是有限的，人的状态也是波动的，因此，如果有一批有类似能力水平和方法的股友经常对自选股进行跟踪讨论，将可能减少失误，增强实战能力。

四、组合买股

在大盘出现合适的买点后，针对不同的方式买股。大盘的常见买股点有：

1. 强势买股点

强势阶段的买点是大盘量能持续放大时，应该多买强势股，采取多股组合的方式买，以行情发动板块主流股为主（需要当时选），加上适当的自选股。

2. 弱势买股点

弱势阶段的买点是大盘严重超跌时，应该多考虑超跌股和阶段定价明确股，持股数量单一些，应以自选股为主。

3. 均衡势买股点

均势阶段的买点是个股的技术指标到位时，应该多考虑阶段定价明确的股票和异动活跃股为主，多考虑自选股。

4. 低险买股点

根据投机客的心理接受程度操作，职业投资客与普通炒股者的区别之一就是具有一些全天候的盈利能力（不是全天候的赌博能力）。相对普通炒股者，职业投机客更加注意可操作振幅的把握。

买股的常见忌讳是：

（1）孤注一掷地一次性全仓买进，这样容易产生心理负担。

（2）买进那些股性呆滞但具有某些传统理论优势的冷门股。

（3）在大盘不具备合理时机时买进你的偏爱股。

（4）因为前一次操作失误，而进行报复性或者焦虑性的买股。

五、持股和卖股

选对时机是最重要的，选对股票也非常重要。这两项技术也相对有细节的要求。但持股和卖股所要求的细节条件相对较少，只是对大盘和个股的技术型特征进行应对，以及与其他有潜力的股票进行潜力比较。

投资客最常见的卖股思维是：

（1）当大盘出现系统性风险时，比如说指数有效跌破生命线时要及时地卖股避险。

（2）当个股出现明显的不良征兆时，要有所行动，不能像傻子一样没有反应。

（3）在局势不明朗，你心中无数时要先卖掉一半。

（4）踏空是职业高手也经常犯的错误，把股票卖在最高点是世界性难题，因此只要赚钱时卖股就是对的，没有必要过分苛刻地要求自己。

（5）卖股最常见的忌讳是涨不卖、平不卖、小跌不卖，大跌受不了卖掉了。

超级系统 07
机构大户的常规工作

投机有下面几种境界：

（1）底牌是清晰的、可靠的、有知无畏的，底牌是有解方程。

（2）题材是模糊的、似是而非的、有主力习惯性的，初、中期的题材赢的概率比较大，题材是无解方程。

（3）赌博纯是消费者的随机行为，自我感觉有一些道理，其实是胡思乱想，赌博有时也会赢几把，久赌必输，赌博是在中暑。

毫无疑问，我们应该尽量成为第一种投机人，这种人能够成为职业投机客。

一、职业投机客的自选股分类

1. 盲点套利股

常见类型是含现金选择权股，向公众再融资股，衍生交易品种。其核心关键注意点是确定的价格、确定的时间、含权除权点和利益博弈。

2. 机构主力股

常见类型是基金重仓股、券商包销股、强势股东股、规律异动股。其核心关键注意点是机构成本、利益博弈和股价活跃爆破点。

3. 题材热点股

常见的类型指跨市场关联品种（主营产品是期货交易品）、阶段强势热点板块、阶段时尚题材和突发性题材股。其核心关键注意点是阶段活性和"领头羊"。

4. 资产质变股

主要指低价或者低市值的资产重组股、控股股东异动股。其核心关键注意点是股价与信息的逻辑判断。

不具备这四个特征的股票不能轻易地大量买进；如果同时尽量多地具有这四个特征中的几项，则是好股票。

二、职业投机客的常规工作

下面工作的主要目的就是选择提炼上述的潜力品种，并配合大盘破解股价可能大幅波动的时机。

1. 综合最新信息研究

根据"沪深一周重要公告"（证券市场红周刊上有，估计证券网站上也有），每周末制作"每周重要公告表"。洞悉突发新闻消息对市场的影响。

2. 自选股跟踪研究

每天跟踪自选股，记录自选股的重要基本面、技术面变化，未来重要时间事件。

3. 公众再融资股研究

收集上市公司公开增发、配股、转债等再融资通过发审委审核的公告消息、实施说明书消息、包销消息，总结股票在再融资实施日前后的波动规律。

4. 非公开增发研究

收集上市公司定向增发的消息，重点选择尚未实施的基本面质变股、定向增发价高于市价股，其中增发比例大、相对价格低、控股股东持股比例大的优先。

5. 盘中异动股研究

强势市场中新出现的成交量换手突出股（如股价贴近重要均线时又伴有火箭发射、连续大单），弱势市场中阶段（10 个交易日和 75 个交易日）跌幅最大一批股票中的潜力股（特别出现过同一价位附近的连续大抛单），平衡阶段的到达低位的 K 线规律股。

6. 常规信息研究

第一，制作年报、半年报、季报时间表（每八个月一个周期，注明业绩变动预告情况）。

第二，制作有重要内容的股东大会时间表（一个星期一个周期，股东大会大概的内容）。

第三，数额较大的大宗交易情况。

7. 衍生交易品种研究

对股指期货、债券、转债、封闭基金、未股改股的波动规律和事件提出看法。

8. 机构研究报告和跨市场的动向研究

收集券商重要研究报告，商品期货价格发生重要波动以及相关股票的影响，提示欧美、中国香港股市发生的重要变化可能对 A 股的影响。

三、职业机构的助手工作岗位设置

1. 综合最新信息研究员的具体工作

（1）根据"沪深一周重要公告"每周末选择制作"8 条最重要的公告"。

（2）如果出现明显会影响股价的新闻和事件，及时简单分析和公告。

（3）建立"最新公告"研究话题。

2. 自选股跟踪研究员的具体工作

（1）每天跟踪自选股，记录自选股的重要基本面、技术面变化，未来重要时间事件。

（2）每周末制作所有现金选择权概念股的跟踪图标。

（3）建立"现金选择权概念股"话题。

3. 向公众再融资研究员的具体工作

（1）收集上市公司公开增发、配股、转债等再融资通过发审委审核的公告消息、实施说明书消息、包销消息。

（2）制作已经通过发审委审核的最具潜力的 8 股跟踪表。

（3）总结股票在再融资实施日前后的波动规律。

（4）建立"公开再融资股"话题。

4. 定向增发研究员的具体工作

（1）收集上市公司定向增发的消息，重点选择尚未实施的基本面质变股、定向增发价高于市价股，其中增发比例大、相对价格低、控股股东持股比例大的优先。

（2）制作有定向增发概念的最具潜力的 8 股跟踪表（包含董事会预案、股东大会通过的，证监会发审委审核过的，已经实施过的不算）。

（3）建立"定向增发股话题"。

5. 常规信息研究员的具体工作

（1）制作年报、半年报、季报时间表（每八个月一个周期，注明业绩变动预告情况）。

（2）制作有重要内容的股东大会时间表（一个星期一个周期，股东大会大概内容）。

（3）数额较大的大宗交易情况。

（4）建立"大宗交易"话题，年报时间表话题。

6. 衍生交易品种研究员的具体工作

（1）对股指期货、债券、转债、封闭基金、ETF 基金、未股改股的波动规律和事件提出看法。

（2）制作股指期货、债券、转债、封闭基金、ETF 基金、未股改股最具潜力的 8 个品种跟踪表。

（3）建立"衍生品种"话题。

7. 跨市场研究员的具体工作

（1）收集券商重要研究报告，每周末建立一个最新潜力研究报告 8 股表（红周刊或者相关网站）。

（2）收集"自选股跟踪表"中的股票研究报告。

（3）商品期货价格发生重要波动以及相关股票的影响，提示欧美、中国香港股市发生的重要变化可能对 A 股的影响。发生大变动时，在山庄里警示一下，小变动不用。

（4）建立"券商研究报告"话题。

8. 异动股研究员的具体工作

（1）如果大盘出现较大的跌幅，如单日下跌 4% 以上，一星期跌 10% 以上时，在超跌股中每人选出 3 只潜力股（此时其他方向的研究员也可在自己方向提出潜力股）。

（2）如果大盘出现连续放量上涨，如一天半，在强势股中每人选出 3 只潜力股。

（3）平常不用选股票。但是如果盘中出现那种特殊的平常不常见的异动股需要提出来。

（4）每周末每人几只"K 线规律股"，并解破其波动规律，原因可能是基本面因素、机构习惯因素（常规工作）建立"K 线规律股"话题。

（5）在敏感期间，比如说重要节日前后，上市公司公告年报前，重要股东大会前，如果这些股票有伏击潜力。

（6）临时的盈利模式选股，选股的大原则符合顺应大盘趋势，除非特别原因不逆市，符合"工作总责"盈利模式。

四、职业投资跟踪表

1. 终级表
（1）综合自选跟踪表：所有表的集合代表。

（2）人生赌注股表：有可能涨幅比较大的股票。

2. 初级表
（1）异动潜力跟踪表：盘中发现的主力强势庄股。

（2）公开再融资潜力跟踪表：时间优先、价格优先，适合弱势做短线超跌反弹。

（3）定向增发潜力跟踪表：有博弈价值。

（4）衍生潜力品种跟踪表：是否有双轨价格和含权优势。

（5）常规信息提示表：注意最佳时间和个股的潜在短线爆破点。

（6）现金选择权股跟踪表：无风险套利的作战计划。

（7）研究报告潜力股跟踪表：有些券商的研究员的个股报告是有规律可循的。

制作表格的目的是追求有知者无畏：好记性不如烂笔头，好感觉不如好依据，好胜心不如好习惯，熟能生巧，淘汰异变的，知晓当前最具潜力的。

超级系统⓼
花狐狸专业套利原理精要

我已经闻到了血腥味，让我们拿起自己的弓箭，去寻找自己的猎物吧！

第一式 看清大势

一、大盘成交量

1. 强势

沪市成交量高于 1500 亿元，选股做多。

2. 弱势

沪市成交量低于 800 亿元，观望为主。

3. 均衡

沪市成交量在 800 亿元·1500 亿元，根据技术指标控制仓位低吸高抛。

解释：800 亿元和 1500 亿元这两个成交量的概念不是绝对的，而是随着市场规模和投资者的交易习惯每隔几年会变化的。因此，读者应该知道这个原理，根据阶段市场的波动特征统计进行阶段性的统计调节。最关键的是，市场的持续成交量越大，越说明市场交投越活跃，投机机会越多越容易把握。

二、指数均线系统

1. 多头

生命线向上，中线选股做多。

2. 空头

生命线向下，无风险套利，偶尔小仓位抢超跌反弹。

3. 均衡

生命线横向，根据技术指标对题材股和阶段强势股高抛低吸。

解释：生命均线系统应该结合成交量指标综合判断大盘的状态和强弱。

三、市盈率

1. 风险

市场 60 倍市盈率以上，如果利润成长性不是特别高，控制风险为主。

2. 机会

市场 12 倍市盈率以下，如果分红比较理想，价值投资为主。

3. 博弈

市场 12~60 倍市盈率之间，以题材博弈为主。

解释：在市场的市盈率没有低于 15 倍以下时，应以投机思维为主，不能轻易做长线投资。

四、政策导向

1. 唱多

分析唱多的目的，是安慰性的，是阶段目的性的，还是反转动真格的，这时要顺应市场规律，稍微加大低吸的力度。

2. 打压

分析打压的目的，顺应市场规律，进攻时也要注意防守。

3. 真空

顺应市场规律，不当死多，不当死空，要当顺势而为的投机滑头。

解释：要适当地懂政治，明白哪些表态是安慰、随意性的，哪些表态是动真格的。

五、修正

1. 心理线

心理线极端时将可能出现短线反向波动，这是一种需要注意的强势次级波动。

2. 涨跌板

大规模涨跌停板后的反向也是会有一定的力度的，这时候需要个股比较细的选择。

3. 确定性

根据自己的接受程度，稳定心态地去分批投入做。

解释：修正性的指标只适合短线用，偶尔用，不能形成习惯，特别是在做多的方向上。

第二式 选股精要

一、总则

题材是第一生产力，主力利益力度决定机会大小，技术活性体现投机效率，基本面分析来控制风险。

解释：投机者最常犯的选股错误就是过于执着于一些股票的低市盈率和股价绝对涨幅，而忽视题材和技术活性的重要性。

二、确定性

时间和价格的 4 种组合关系。具体细节可参考《中国股票市场经典机会综述》（超级系统 12）。

三、活力与动力

1. 当前的活力

指目标股票在当前处于交投活跃有机构做多的状态。

2. 潜伏的动力

指目标股有主力机构已经持有重仓，且成本不低，有做多的潜能。

3. 阶段特点

指该股处于技术趋势的状态，以及是否有明确的近期股价爆破点。

四、目的性

1. 他人的目的性

主力提升股价的目的是什么？

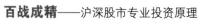

2. 自我的目的性

你自己持有此股的目的和打算是什么？

3. 跨市场的联动

最常见的是与期货市场的联动。

五、衍生品

衍生品的突出属性是杠杆含权特性和盲点双轨价格性，是职业投机客强势获暴利弱势拿名利的最常见品种。衍生品种的买卖关键期有：开始期、存续期和结束期。

开始期注意的要点是：

（1）含权登记日及前几日的股票波动规律，是否有抢权和逃权效应出现。

（2）除权日的衍生品申购和股票价格波动规律，多数情况下除权日股价有跌的可能。

（3）衍生品种的上市定位的短线价值和长线价值。

存续期注意的要点是：

（1）附有衍生品的股票股价的股性，在大盘市场强弱不同时该股价的特征会有连续性，这类股票的弱势或者强势常常具有连续效应。

（2）衍生品的转股价变化，以及变化条件对股价的影响。

（3）衍生品的提前结束条件，以及该条件对股价的影响，这其中需要分析利益博弈逻辑。

结束期注意的要点是：

（1）衍生品种的清零，以及对正股股价的影响。

（2）衍生品种转股是否具有双轨价格。

（3）吸收衍生品种转股后的正股是否形成主力重仓股，以及主力成本如何。

第三式　最优原则

一、有知者无畏

（1）知悉买卖时间的关键点，越是那些你认为肯定的事情，越需要适当的折中行为扩大战果。

（2）均衡效率与大概率的获奖额，尽可能地在箱体中拉直利润曲线。

（3）没有完美的事情，用网状思维多准备几手。

二、穷攻富守

（1）穷人玩期货（需要有承受力），中产炒股票（需要专业技术），贵族守债券（需要满足和理智清醒）。

（2）改变命运需要孤注一掷，保江山则应该组合投资。

（3）顺应市场，先注重大盘的时机，大盘背景许可的条件下再考虑个股。

三、怎样控制仓位

（1）强势二分法：多品种的梯进法，品种组合技术法，最佳机会重仓法。

（2）均势三三制：少数品种的折中交易，即33%，33%，33%。

（3）弱势清零制：单一品种的跟踪交易，即0，25%，25%，50%；后面的50%不能轻易投入，只能无风险交易和等待最佳机会。

该短线就短线，该长线就长线，不要有主观臆断，不要轻易地改变。

四、投资习惯

（1）决定人的行动的不是知识，而是习惯。

（2）习惯是一种本能，是通过千万次的重复形成的，初步的形成需要强制。

（3）不强制驱除现有的坏习惯，养不成新的好习惯。

五、成功的资本

投资成功需有"五千万"以上的资本：

千万要学习总结，千万要理性习惯，千万要耐心满足，千万要快乐轻松，千万要见多识广。

超级系统 09
实战循环规律总结

　　中国股市的细节波动偏于怪异，年年题材翻新，月月特点不同。即使在偏强的市道，多数投资者也不一定能获得满意的收益，产生这种现象的最主要原因除了二级市场太狡猾以外，还与不熟悉中国股市的运行周期规律有关。需要强调的是，在沪深股市进行实战，除了需要掌握属于基础技术的技术分析和基本分析外，更要掌握属于职业技术范畴的盲点套利技术，其中股市的循环规律是重要的盲点套利技术之一。下面我们就为大家介绍股市实战循环规律的核心内容，希望能够提高投资者的实战能力。

一、指数运行的循环规律分析

　　从表面上看，中国股市的运行轨迹变幻莫测，其实仔细研究观察：中国股市从诞生到现在的全轨迹，规律性特征非常明显，且是简单性的循环。如果能够清醒地认识该规律，将能使我们的投资从盲目无助中摆脱出来，避免犯一些明显的可以避免的系统错误。沪深股市的周期运行规律是：地量、放量或者暴跌、突破、盘升、飞涨、暴跌、振荡、轮跌、地量。我们需要特别注意的是地量时候的指标股与低价超跌股有小机会，此时前期的强势股风险比较大；放量或者暴跌的时候应注意最新股和低位筹码集中股；在突破阶段应注意低位价涨量增的股票与热门题材股；在盘升阶段注意上升通道的股票；在飞涨的阶段注意两梯队短线操作强势冷门股与新题材庄股；在暴跌时应少量抢前期涨幅不大的绩优滞涨股的反弹；在振荡和可能出现的反弹中坚决出货，这点是最重要的，这个环节千万不能忘记，如果你自己下不了手，找一个你信任的朋友，帮你干，这一刀你不砍下去，后面大狗熊可能会要得更多。轮跌阶段应该彻底地休息，不见连续的成交量放出和股灾出现不要轻易手痒。在这个阶段，技术再高也没用，通杀，都没跑。然后是融资开始发生困难的地量时间段，要等到血流成河，你认为股价已经很低了且再次大跌的时候再说。你应该清楚，非持股的人一般情况比持股被套的人，在心境上是不一样的，你已经绝望、快想不开的时候，比较实质的救市利好才会出现，市场才会涨。

二、新股强弱的循环规律

新股的波动循环规律是：高开高走—高开低走—低开低走—低开高走。

新股炒作的主要题材有：

（1）大盘低迷无热点，此时相对稀缺孤单新股。

（2）主营行业属于热点与有个股炒作题材。

（3）股东背景非常的强势或者有金融投机背景的公司。

（4）个股独特性强或者是国家重点融资股。

上述因素同样适用于公开增发股和定向增发股的波动规律。同样需要注意：个股的总体表现是"长江后浪推前浪，前浪死在沙滩上"。次新股的振荡节奏特点是与大盘趋势一致，并且速度明显快于大盘。

三、股票活跃的循环规律

（1）手中握有大量资金的机构决定谁是下一阶段的强势股，手中无资金但有大量股票的机构是最危险的空军，因此基金的持仓比例是一个大盘潜在活力的重要参考指标。

（2）涨时重势，重价涨量增。跌时重质，重衍生品种。

（3）中线波段主力股的完整运行轨迹为：通道吸货—振荡—拉高—派发—再拉高—经典的头部。短线波段主力股的运行轨迹：放量吸货—连续拉阳—振荡—急拉—下降通道。需要注意的是不要指望做上长线股，目前中国股市基本上不存在长线庄家，更不存在连续故意打压股价的庄家。

四、主要分析技术的循环规律

（1）在强势市场中，技术分析中的价量关系和主力习惯分析比较管用，基本面分析中的周期分析、题材分析、送配分析比较管用。

（2）在弱势市场中，大多数看多的技术分析和基本分析会害死人，只有政策分析、心理分析管用。政策分析的主要前导分析思路是：用心理线结合最新股做短线反弹，用融资功能丧失结合连续的大成交量中线抄底。再说一遍，要高度防止短线变中线，中线变长线，长线变贡献。

（3）沪深股市最好的技术组合是盲点套利加上强势短线，如果学会了这个技术，一辈子就够了，比一般白领打工者会强得多。

（4）同时要高度防止地雷，中国股市中最常见的地雷有：

头号大地雷：不分红或者分红少的蓝筹股（烂臭股）的融资，这种地雷的杀伤力非常强，是混入我们内部的敌人，在你不注意时一枪就打在我们的要害上。

二号大地雷：绩差股的退市，特别是基本面不断转坏的个股。

三号大地雷：个股主力出问题，主力要是没钱了，失去持股信心了，比没有主力的股票更危险，这点可以用在私募上、券商上，也同样可以用在证券投资基金群体上。

四号大地雷：利好出尽的个股，特别是地球人都知道好的个股利好。

五号大地雷：2007 年"5·30""半夜鸡叫"那种类型的，有的股票五个跌停板，你说坑爹不坑爹？

超级系统 ⑩
大数定理与中国股市

职业机构利用大数定理研究中国股市的时候，发现决定投资者命运的最重要的关键因素有两个，它们是：

（1）大盘背景的强弱。

（2）个股的交投活跃度。

本能性地重视大盘背景与目标股成交量是投资者成为股市胜利者的必要条件，也是区别职业投机者与业余消费客的最重要标志。

为了让我们的投机更有道理，从此刻起，我们就必须把大盘背景和个股成交量的同步分析作为投资活动工作中的重中之重，50 年不变，100 年不动摇。否则，你已经掌握的其他投资知识，比如说基本面分析、技术分析、题材分析等，都只会让你成为费力不讨好地帮助他人发迹的无名慈善家。

一、大盘的涨跌与个股的涨跌

大盘的综合指数代表着全部个股价位集合的平均值，大盘的综合指数涨跌反映了投资者投资活动输赢的概率反应。按照大盘综合指数的运行趋势买卖股票，这是大数定理在股市中的最简单最基础的应用。大盘的涨跌与个股的涨跌的关系有如下规律：

1. 大盘上涨的时候，多数股票上涨，少数股票下跌

下跌或者不涨的股票一般是大盘股、基本面边缘化股、主力重仓困难股，以及前期股价涨幅过高需要技术性回调的股票。此时选股，最好不要买具有上述特征的股票，集中精力追热门题材股和强势活跃股。

2. 大盘下跌的时候，多数股票下跌，少数股票不跌

只要大盘下跌趋势不变，一些暂时抗跌的股票多数会补跌。不跌或逆市上涨的个股为筹码集中股，这类股票数量不多，且上行幅度会随时受到大盘拖累。投资者持有这类股票，如果没有极强的信心支撑，也应出局避险。

3. 大盘横盘窄幅波动的时候，个股涨跌互现

如果是在历史市盈率高位横盘，或者下跌中无量横盘，投资者不应参与赌博性的持股；如果是带量的上升中继性横盘，或者是历史市盈率低位横盘，则是个股活跃的局面，可选择强势题材股短线套利。

4. 大盘与个股的基本关系操作原则

大盘危险时，对个股不应抱侥幸心理，即使手中持有的是潜力股也不例外。必须先看大盘，再决策个股是否持有。那种不管大盘涨跌做个股的做法是自欺欺人的做法，是投机活动的大忌。

二、大盘的成交量规律

判断大盘综合指数的运行趋势主要是看成交量是否活跃与重要均线的运行方向，而不是短期一两天的涨跌。大盘成交量与市场机会关系有如下规律：

1. 市场初升阶段

此时的市场特征是价涨量增，这是新资金介入的唯一征兆。有时暴跌后的反击，也会催生中级反弹行情。

2. 市场筑顶阶段

此时的市场有三种可能形式：

第一种形式是放天量后价跌量减。

第二种形式是量增滞涨，领涨股开始下跌。

第三种形式是量缩价平，惜售维持指数，如果不能够有新资金再行推动，可能会跌破重要均线。

3. 市场上涨阶段

价涨量稳，阳线多，阴线少，重要均线（10日线、30日线、60日线）支撑指数。

4. 市场下跌阶段

价跌量缩，阴线多，阳线少，重要均线（10日线、30日线、60日线）压制指数。

5. 市场反弹阶段

价涨量缩，超跌股领涨，重要均线（10日线、30日线、60日线）压制指数。

6. 市场回调阶段

价跌量缩，领涨股或新热点带量领涨，重要均线（10日线、30日线、60日线）支撑指数。

三、个股的量能与个股的涨跌

基本面分析、技术分析、主力分析、题材分析、盲点分析，都只是分析，不是操作。投资者一定要把预测分析与实战操作分开，只有大盘配合和个股的价涨量增，才是操作信号。

（1）底部有效起动，必须有成交量放大的配合。

（2）主力控盘个股上涨，可缩量上涨，这是与大盘不一致的地方。

（3）股价高位量缩，应开始警惕，有时会横盘时间很久。

（4）第二波段的成交量不管是上涨还是下跌造成的，只要超过第一波段很可能会有第三波段。第三波段的成交量如果不大，股价有可能创出新高。

（5）成交量处于普量，走势跟随大盘的股票，其他方面再好也好不到哪里去。

（6）破位下跌的股票，除非有底部价值支撑或者很快出现反击现象，否则止损无商量。

（7）异动不涨的股票需要特别防范后面紧跟而来的风险。

超级系统⑪
职业操盘常见行为习惯

品味股技，愉悦生活！炒股最忌讳把心态搞乱。胜利者的股技专业经验：大概率的多次重复，有知无畏的中庸思维，一次大输也不能有。

一、空翻多

空翻多的关键点：

（1）大盘价量连续强势，且可能形成或者已经形成多头趋势。

（2）市场市盈率处于绝对低位，且存在价值投资或者大概率投机的机会。

（3）存在绝对性无风险机会。

初级连续中的强势看似危险，实则安全且有效率。

二、多翻空

多翻空的关键点：

（1）大盘价量连续弱势，且可能形成或者已经形成空头趋势。

（2）市场市盈率绝对高位，无形之手发出警告。

最后的防止大失误的最后底线（有效跌破 30 日均线应果断止损），这一条纪律永远不能放弃。

三、周期循环

（1）没有只涨不跌的市场，也没有只跌不涨的市场。"万念俱灰""踌躇满志"是股海人生的两大悲剧。

（2）市场是循环的，绝望中新生，迟疑中上涨，欢乐中死亡，企盼中下跌。

（3）强势中的涨势规律是轮涨与补涨，需要注意个股板块的爆破点；弱势中的跌势规律是轮跌与补跌，跌势中从个人能力和概率的角度看，什么技术都没用，越努力投资结果会越糟。

四、新股

炒新股的经验是：

（1）大盘极弱时，盘面又体现了强势，此时的新股容易产生机会。

（2）个股题材特好，定位稍高了一些但股价依然强势。

（3）市盈率非常低且异动。

认购中签新股的处理经验：

中小盘股开盘时涨幅超过 30%，就等到下午卖；如果低于 30%，就立刻卖掉；大盘新股需要看发行价附近是否有支撑，根据当时情况决定。这不是科学，只是统计和感觉习惯。

五、强势异动套利

强势原则：只捉活跃股，尽量捉龙头，不提前埋伏等待，不参与技术性调整。

（1）在大盘合适时机用异动窗口观察。

（2）看异动股的技术高低位。

（3）选取符合自己习惯的少量介入。

（4）介入多只赢取大数概率。

（5）涨的卖掉，跌的如果没发现失误就补仓。

（6）大盘趋势弱时清仓。

六、弱势超跌反弹套利

弱势原则：逢高减仓，逢低观望，暴跌超短线抢反弹。

（1）暴跌的标准是多家股票跌停板后的大盘指数止跌。

（2）抢反弹的股票应是严重双重（中线和短线）超跌的。

（3）要采取分批折中的方式，买进时应低挂价位。

七、盲点套利

盲点的原则是价时可控：

（1）再融资的利益博弈。

（2）双轨价格套利。

（3）衍生品种的杠杆与身份转换。

（4）新颖事物。

八、人生赌注股

（1）闻起来臭吃起来香的臭豆腐股，基本面差的强股东或者新股东股。

（2）筹码特别集中且相对股价低的强机构股。

（3）价格低流通市值小的绩优股。

九、博弈规律

（1）题材是第一生产力，特别是突发性隐秘性的题材。

（2）关联品种的波动引导性，对于这类机会要出手快。

（3）熟悉性的细节决定成败。

（4）分批折中的力量。

（5）发挥自己的优势。

十、有效信息

（1）要持续性地收集信息跟踪信息。

（2）要注意信息的超前与滞后效应，解破爆破点。

（3）要注意意外信息的速度果断性。

（4）常规信息结合行情背景。

十一、迷惘

在许多时候，投资人，包括自信心很强的人也会迷惘的。

（1）迷惘的时候按照坏的可能性处理。

（2）不能有侥幸心理、扳本心理、依赖他人心理。

（3）没有什么机会不能放过，机会多的是，不要有英雄主义，股市只认可最后的赢家。

人的精力终究是有限的，要与一些股友建立互助的关系，取长补短。

十二、秘诀

买股票的秘诀是：一只眼睁着一只眼闭着（像打枪射箭）念着口诀"噢嘛呢哞嘛哄"买，翻译成英文就是：All money go my home!（这条不要当真，革命乐观主义精神啊）

超级系统 ⑫
中国股票市场经典机会综述

追寻股价的变动规律是股票投机者必须做的工作，是否有熟练的套利手段则是职业投资与业余投资的区别。下面我们归纳职业机构总结的中国股票市场经典机会，这些内容可能会让股市投机套利者对中国股市中的最常见机会更清晰一些。

一、股票的波动动力

最常见的股票波动动力有：

1. 市场放量博傻

当市场处于大成交量指数均线处于多头排列的时候，这个时候求大于供，大多数时间大多数股票会处于上涨趋势，这是股票投机的最佳时间段，是最容易赚钱的时候，这个时候傻子也能赚钱，要适当地傻大胆，傻得可爱。

2. 市场严重超跌

当市场处于低成交量指数均线处于空头排列的时候，这个时候供大于求，大多数时间大多数股票会处于下跌趋势，这是持股者最容易赔大钱的时候，这个时候要么做空，要么空仓等待，只有在市场出现严重超跌（大面积跌停后的指数止跌）时快进快出地抢一把超短线反弹。

3. 股东融资欲望

沪深股市的创建初衷和目前特色是笼筐套鸟，融资的功能重于投资的功能，上市公司在进行再融资的时候对再融资的规模会有所期望的，再融资规则也有定价规则，这样上市公司在再融资的前一段时间，其相关股票可能会比平常活跃一些，有时套鸟之前也会有诱饵。

4. 股东差价操纵

投机是股票市场存在的基础，在上市公司公布重要消息前后、机构投资者大量买进前后、大券商公布研究报告前后、市场冷热板块出现过程中，相关股票会出现比较大的波动，这也是股票市场最常见的波动方式，是一项斗智斗勇的零和游戏，把握这种机会需要一些投机智慧。

5. 个股具备价值

在相关股票的市盈率足够低且经营稳定，这个时候投资者依靠上市公司的每年分红就能够获得满意的收益甚至在一定时间内返本，这种股票容易受到稳健机构投资者大量买盘而出现上涨，这是一种原始意识。在沪深市场，大家都喜欢这种机会，但是这种机会比较少，有些炒股者很容易出现持有大市值的相对低市盈率股票长时间不涨的情况。

多数股票投资的外行则只知道第 5 项，还不能够清楚地认识到中国的股票价值不只是公开的业绩，更包含公司的人力资源和特殊股东背景资源。这样的外行将可能弄不懂中国股票市场中的一些最佳机会，并面临更多的陷阱。可悲的是，一些投资者往往不知道自己的这个致命弱点，反而认为市场不成熟。

二、必然性机会发现

中国股票市场从表面上来看是不可预测的，但是其中的一些机会又是必然的，掌握必然机会是投资者提高水平的最重要途径。

必然性机会分为下面几类：

1. 时机可测，价格可测

这类机会是指股价在某一个确定的时间点上处于一个确定的数字上，这些因素是可以提前计算和确知的，比如债券和现金选择权。这种黄金机会是不能轻易错过的，即使在弱市中有心理障碍也要克服。

2. 时机可测，价格不可测

这类机会是指股价上涨的时间可以提前知道，但是上涨的幅度不可以预测，比如说 2004 年 9 月，明显会出台一系列的扶持券商的利好，出台这些可以预期的利好的时候，中信证券会上涨，但是上涨的幅度无法预测。这种机会属于比较良好的短线机会，也属于最常见的上佳机会。

3. 时机不可测，价格可测

这类机会是指股价上涨的时机不可预测，但是最低的上涨幅度可以预测，比如说一些转债跌到 95 元，那么未来这种转债一定会涨到强制回购价格以上，但是什么时候涨不知道。

4. 时机不可测，价格不可测

虽然时机和价格都不可测，但是上涨的时机一定会出现，甚至力度还不小。比如，一些实力强劲的主力被重仓套牢的股票就属于这类股票，这些机会是熊市中最常见的机会。把握这种机会显然有一定的难度，更需要一定的耐心。即使这样，其收益率也比基本面分析、技术分析以及其他行业的利润要大得多。

5. 有些风险也是必然的，对于必然的风险一定要注意回避

三、偏锋的市场机会

大多数投资者做股票，由于见识少的原因，只注意书本上论述的、大家都知道的技术，其实这些技术的作用是十分有限的，如果投资者只会这些不实用的技术，我们常把他们称为"三无概念"投资者，即没有操作技术、没有操作心态、没有操作信息。"三无概念"在市场的时间长了，会变为"四无概念"，甚至会变成"五无概念"的，即没有钱了，甚至连老婆也没有了。股市中的偏锋技术常常是十分有效的，也是读者快速提高炒股技术的一个捷径。

1. 有意识的伏击技术

对于市场上活跃的主力，如基金、券商、咨询机构，你能有意识地去根据它们的习惯特点去伏击它们吗？

2. 最常见的制度投机

对于一些制度缺陷和制度习惯，你有过精心的研究吗？有些事件和时间对于股价套利是很有辅助功效的。

3. 发挥自己的优势

中小资金的优势是操作灵便，不但能够把握涨幅，也能把握振幅机会和惯性机会。大资金的优势是有股价操纵性和引导性，价值投资不如价值发现，价值发现不如价值诱惑。

超级系统 ⑬
怎样做个股市"花样顽男"

职业投资人的炒股方法相对简单，主要思维只有四项：

一、顺势应对

不预测市场，只跟随市场，发现时间和价格的大概率性和确定性。

沪深市场的真实情况是极其残酷的，是吃人的，但是又是比较容易赚钱的。因为虽然残酷，但是 90%的参与者都是中暑的病人，只要你不是中暑的病人，就能赚大钱。

沪深市场中成功者的共性是顺势而为，沪深市场中失败者的共性是逆势持股和被套后被动炒股。

1. 空翻多定理

不放任自流地炒股、不赌博、不手痒，只在价量关系强势配合时持股。踏空不是错，不会防范风险是错。

2. 多翻空定理

钱币是有两面的，股市钱币的一面是空仓等待避险，另一面是争取盈利。只有一面没有另一面（通常是没有空仓避险措施）的钱是假钞，不但不能换来自由，还会给自己惹麻烦（没收本金，还要罚款）。

二、盈利模式

老花炒股只有三种很简单的方法，都是有硬性条件的。

1. 弱势盲点套利

第一，融资、再融资、衍生品种。

第二，利用制度规则进行利益博弈。

第三，现金选择权和金融创新。

2. 强势波段异动

第一，题材是第一生产力。

第二，强势异动。

第三，滚动复利。

3. 人生赌注股

第一，基本面趋势良性质变股。

第二，低价格、低市值、强股东股。

第三，低位强势股东筹码集中股。

三、快乐投资

只有武功高，多打胜仗，多俘获金钱，多帮助人，这样才能快乐。

如果在股市停留在"三无"阶段，老是高消费，老坐老虎凳，老被灌辣椒水，谁能快乐起来？弄不好还有可能会变成"五无投资者"的。

1. 有知者无畏

题材确定，趋势确定，价格确定，时间确定，买卖行动点确定。

2. 细节爆破点

技术爆破点，题材爆破点，逻辑爆破点，满意度爆破点。

3. 大数原则应用

折中交易、概率学应用，极端思维逆反，双轨价格。

4. 最后防线

严禁：盲人骑瞎马，被套炖百年！

严禁：长江后浪推前浪，前浪死在沙滩上！

严禁：短线变中线，中线变长线，长线变贡献！

严禁：早下跌，晚下跌，早晚下跌；早套牢，晚套牢，早晚套牢；早割肉，晚割肉，早晚割肉！

严禁：触碰法规红线！

四、"花样顽男"

我们来到股市，就是为了投资赚钱来的，为了争取自由来的，为了花天酒地来的；不是为了当股市消费者来的，不是为了得忧郁症、焦虑症、失眠症、神经病来的，不是当事后猪八戒、祥林嫂来的，不是为了争取人生的最大一次失败在股市中发生而来的。

股海"花样顽男"的主要标准是"三好""五热爱""四不干"：

1."三好"

玩得好，吃得好，睡得好！

2."五热爱"

热爱游山玩水，热爱竞技博智，热爱新奇事物，热爱大笑股市，热爱助人为乐！

3."四不干"

不抽烟，不喝酒，不赌博，不熬夜！

股市加油站

1. 献身

刚拍拖时，两人不好意思亲密接触。偶"LG"采用的方法是讲鬼故事。他一个又一个地讲，听得我都快睡着了。终于，他讲到了一个自以为极其恐怖的部分，惨叫了一声，看我没反应，又惨叫了一声，扑进了我怀里，说："我暗示得那么明显了，你怎么也不配合一下？害得我只好献身了。"

2. 不要上当

一天，男友骑摩托车到地铁口来接我，我故意问："师傅，到星河湾小区多少钱？"男友说："不要钱，只要亲我一下就好了。"于是我亲了他一下，上了他的车。旁边一个"首都的士"师傅傻了眼，好心地提醒我："小姑娘，不要上当啊！"

3. 流氓

行情无聊，天方夜谭一下：一对情侣卿卿我我，情深意浓。女：你现在想什么？男：跟你想的一样。女的立刻给了男的一记耳光，骂道：你这个流氓！

第二章　盲点套利

PART TWO

关键语：

　　机遇无数，关键看你是否长了一双捕获机遇的眼睛。如果在别人看不到机会的地方，你能够透过表面的灰尘看到下面的玉质，那么就离胜利的领奖台不远了。职业投机客把需要抹去灰尘的机会叫作第二层的机会，又叫作盲点机会。

　　许多读者以前惯用的投资思维和方法，可能本来就是不对的，甚至是大错特错的，越努力可能会亏得越多。如果事实已经教育了你，那就赶紧推倒重来啊，试一试盲点套利吧，说不定会杀出一方新天地。

盲点套利 ❶
盲点套利系统技术综述

　　盲点套利，通俗的定义是指在人们不注意或者熟视无睹的地方获得明显利益的投机术。这个投机术不是证券行业独有的，它是中国发迹学的核心秘诀。中国历史上最杰出的人物都是盲点套利的巨匠。盲点套利的精妙在于困境蓄锐图存，顺达扬名立万。中国证券市场盲点套利的核心要素有三点：

第一，无风险或者低风险。

第二，利润明显且效率较高。

第三，有从盲点变为热点的极大可能性。甚至经常是：弱市稳健图存拿明利，强市准确骑牢大黑马。

一、双轨价格的盲点套利

双轨价格指的是同一种股票在不同的时间和不同的场合有不同的价格，

利用这种明显的差价进行套利就是双轨价格的盲点套利，最主要的双轨价格盲点套利的方式有：

1. 政策导致的双轨价格

比如，一级市场原始新股、战略投资者持股、内部职工股、准备高价融资的股等，都有后续升值的潜力。套利的办法就是想尽办法获得这些原始股票，政策要求需要什么条件，你想办法满足这些条件就行了，即使付出中间费用也值得。这些手段是中国证券市场前十几年中的成功者最常用的手段，具有极强的中国特色。

2. 重组导致的双轨价格

比如，吸收合并新增内部股、上市公司资产置换、上市公司回购股本等，有股票基本面突变的潜力。套利的办法主要是比较收益和成本的差价，获得优质吸收公司、廉价的壳、总股本与流通股本接近的上市公司很重要。这些手段是世界股市多数股市赢家最常使用的经典手段，如美国的巴菲特、中国香港的李泽楷等。

3. 市场炒作的双轨价格

比如，利用人们情绪信息变化、买卖力量变化等手段，短线改变股票的价格，从而套利成功。套利的办法主要是需要掌握一定规模的资金资源和小市值股票资源，熟悉投资者的买卖心理。采用这种盈利模式，需要注意提升股价的成本和周期必须短，中国最成功的机构投资者都是采用这种方式，美国绝大多数成功机构投资者也是采用这种方法。中国最失败的机构投资者，失败的主要原因是拉升周期和持仓成本过长过大，当然也有不熟悉法规的原因。

二、含额外收益权的盲点套利

由于获得双轨价格的机会有限，含额外收益权的模式更受到市场的重视，这种模式最容易使得股票的原来股东产生短线最大化收益，并能解决大股东融资、流通股庄家解套等现实常见问题，最大的优点是能够获得市场的后续追捧。其主要的方式有：

1. 无风险的额外收益权

无风险的额外收益权套利，指的是在某些股票进行再融资时，直接认购的低市盈率发行的原始股、债券，在上市高开后抛售获利的方式。

2. 具有明显收益的额外权

这种盈利模式指的是在某个登记日持有某个品种可以获得另外一种获利可能性极大的品种认购权，然后利用新品种获利，也可以同时炒作含权的品种。最常见的方式有拥有转债认购股票、拥有股票配售权证、拥有原股票可以认购新股票。

3. 不同通道的差价权

这种盈利模式指的是某一交易品种在特定时间拥有两种购买方式，有时两种购买方式的价格不同，这样可以快速地采用跨市场买卖的方式套利。最常见的方式有定向增发、权证转股、债转股、ETF 基金和 LOF 基金，这种方式只有在市场出现强势的时候才会出现。

三、含时间差权的盲点套利

有时候某一个品种在一个时期拥有一个选择权，这个选择存在着获利的潜在机会，这个机会能否变成现实取决于大盘的后续发展方向，我们来看具体的例子。

1. 低价位配股的差时权

在指数低位的时候，正在实施配股融资的股票经常跌破配股价，对于跌破配股价的含权股票可以通过平盘买卖股票获得配股权。由于配股权拥有 10 天的观察期，这样如果配股有利则可以配股获利，如配股无利则放弃配股。同时也可以通过配股权获得强市市场下的无利息的 10 天融资权。

2. 股权认购证的差价权

股权认股权证也可以使得投资者获得一个股票的认购权，股权认股权证会有一个存续期，它的价值取决于将认购的股票获利程度。

四、必然价时的盲点套利

沪深股市有一些品种存在着必然机会，这种必然机会主要以下列方式存在：

1. 价格必然的机会

即某个品种真实的价值是某个价格，但是由于大盘的整体低迷与投资盲点的原因，导致这个品种交易价格低于这个品种的真实价格，投资者在合适的价格买进必然获利。比如说跌破面值的转债、跌破净值较多的即将到期的封闭基金等，当然同时也要考虑实践机会效率。

2. 时间必然的机会

即某个品种在某个固定的时间有上涨的动力，但是由于大盘的整体低迷与投资盲点的原因，导致这个品种交易价格已经明显低估，在这个固定时间临近的时候有利益集团为了自己获得更大的利益而提升交易品种的价格。比如，转债即将到期的跌破转股价格的股票、封闭期临近期满的有较多折价的封闭基金。

五、梦幻题材的盲点套利

梦幻题材指的是不能改变上市的基本面，但是能够改变股票购买欲望的题材。最常见的梦幻题材有下面几种：

1. 更改股票的名称

通过更改股票的名称使得这只股票脱离原来的市场印象，并且成为市场热点股票，从而改变同一只股票的投资者买卖意愿。

2. 收购战的展开

证券市场中的收购战是永恒的最激动人心的题材，这种收购战必须是双方或者多方展开对抗性的，独角戏则是容易让投资者笑话的。

3. 重仓被套主力的自救题材

这种题材必须是激动人心的，感觉必然性的、新鲜的、多种题材并发性的。并且题材出动，股价必须立刻强烈反应，否则题材会立刻失去光环。

盲点套利 02

现金选择权的套利技术

现金选择权，是指当上市公司拟实施资产重组、合并、分立等重大事项时，相关股东按照事先约定的价格在规定期限内将其所持有的上市公司股份出售给第三方的权利。

一、现金选择权的常见形式有两种

第一，给予所有公众股东在现金选择权实施日都有现金选择权。

第二，只给在相关股东大会投反对票的股东在现金选择权实施日可以实施现金选择权。

操作具有现金选择权题材的经验有：

（1）在强势市场中，初步爆发现金选择权题材的股票通常都会涨到现金选择权实施价格的上方一定幅度，并且很难跌破现金选择权实施价格。

（2）在强势市场中，股价高于现金选择权实施价格的该类题材股股性多数情况相对不活跃，有些逆势波动的特点。

（3）大盘如果出现较大跌势，具有现金选择权题材的股票存在跌破现金选择权的可能，在确保题材不变的情况下，这类股票具有无风险套利利润，如果有换新上市股票的题材，在大盘背景配合的情况下，有时存在着暴利的可能。

（4）具有现金选择权题材的股票，其题材存在消失的可能。是否实施的可靠性要根据董事会决议内容、股东大会决议表决结果、上级主管机关的审批情况、大股东的实力背景、大盘的背景情况综合判断。

（5）一般情况下，上市公司的大股东不希望多数股东实施现金选择权，因此在股价低于现金选择权时，大股东会想办法刺激股价，套利者可以跟踪观察并选择好套利时机。

（6）现金选择权股票套利的技术学习和提高，一方面与交易规则的是否熟悉有关，另一方面与投资者的交易目的有关。在证券市场中，有时很容易的事情在心态复杂的投资者操作过程中也经常会出现笑话。

二、现金选择权的部分股票案例

沪深股市，最早的现金选择权案例要追溯到 2006 年初，中石化要约收购齐鲁石化、扬子石化、中原油气和石油大明，提出的要约收购价格较上一年的最高收盘价均溢价 10%以上。

随后的牛市行情中，现金选择权一度引起各方广泛关注。在 2007 年中国铝业吸收合并旗下山东铝业和兰州铝业的并购案例中，兰州铝业没有任何股东进行现金选择权的申报，而山东铝业仅有 3540 股行使了现金选择权。此后，在一系列的并购重组案例中，现金选择权多数充当了"制度性花瓶"。然而随着牛熊更替，在攀钢系整合方案出台后，出现了停牌重组股的现金选择权价格远高于复牌后股价的情况，现金选择权似乎转眼变成"香饽饽"，并最终攀钢系整合成功完成。

案例一

2008 年 11 月 11 日公告，上海电气（601727）首次公开发行 A 股暨换股吸收合并上电股份（600627），换股与现金选择权实施，11 月 12 日为上电股份最后一个交易日。本次换股吸收合并中，每股上电股份（上海电气所持股份除外）可换得 7.32 股上海电气本次发行的 A 股。本次换股吸收合并将由第三方提供现金选择权，在 11 月 12 日登记在册的上电股份股东可以 28.05 元/股的价格全部或部分行使现金选择权，2008 年 11 月 11 日上电股份收盘价为 28.06 元/股，10 月 28 日最低 24.91 元。根据规定若未行使现金选择权，则其股份自动转换为存续公司上海电气股份。即相当于以 3.83 元/股的发行价购买了上海电气（601727）的股票。2008 年 12 月 5 日，上海电气（601727）上市交易首日开盘 5.94 元/股，盘中最高 7.60 元/股，收盘 6.74 元/股，涨幅高达 75.97%，对于当时 2008 年底仅 1900 点的指数来说涨幅惊人。而最近上海电气（601727）最高价达 12.65 元，相当于 92.59 元的上电股份（600627）。历史上 2007 年 10 月 18 日上电股份的最高价为 91.83 元。同样，2006 年 9 月 26 日起上港集团（600018）换股吸收合并上港集箱（600018）也带来了明显的套利机会。

案例二

2008 年 12 月 30 日，河北钢铁集团和其关联企业将向邯郸钢铁、承德钒钛的异议股东提供现金选择权。河北钢铁集团或其关联企业向邯郸钢铁异议股东提供的现金选择权价格为 4.10 元/股（邯郸钢铁 2008 年 12 月 31 日盘中最低 3.22 元，最近最高 7.70 元）；河北钢铁集团或其关联企业向承德钒钛异议股东提供的现金选择权价格为 5.76 元/股（承德钒钛 2008 年 12 月 31 日盘中最低 4.5 元，最近最高 10.96 元）。可见，股价低于现金选择权价格，二级市场就存在明显套利机会。

案例三

2008 年 12 月 1 日中油化建实施资产重组：拟受让方向中油化建注入优质资产、吉化集团回购中油化建全部资产（含负债）。吉化集团公司于 2008 年 12 月 19 日与山西煤炭进出口集团有限公司签署了附生效条件的《关于转让所持中油吉林化建工程股份有限公司股份之股份转让协议》，吉化集团将其持有的公司全部股份（共计 119266015 股，占比 39.75%）转让给山煤集团。根据相关规定，本次股份转让导致山煤集团触发对公司除吉化集团以外其他股东的全面要约收购义务。根据相关规定，要约收购价格确定为 5.3 元/股。要约收购也可以看作现金选择权的一种，中油化建 2009 年 1 月 5 日盘中最低 6.43 元，后来最高 31.40 元。

案例四

2008 年 12 月 12 日，广州东凌实业集团有限公司发布要约收购广州冷机（000893）股票的提示公告。本次要约收购的有效期为 2008 年 12 月 12 日至 2009 年 1 月 10 日。本次要约收购指收购人广州东凌实业集团有限公司向除收购人及广州万宝集团有限公司外广州冷机全体股东发出收购要约，按每股 7.78 元的价格收购其持有的全部广州冷机股票。广州冷机 2008 年 12 月 24 日盘中最低 9.54 元，后来最高 27.60 元。

案例五

2008 年 12 月 22 日中科合臣（600490）发布鹏欣集团要约收购公告。公告表示，鹏欣集团向除公司第一大股东中科合臣化学公司以外的全体股东发出要约，收购其所持有的股份，要约收购价为每股 3.41 元。中科合臣 2008 年 12 月 31 日盘中最低 4.46 元，后来最高 12.19 元。

案例六

2003 年 10 月 TCL 集团（2004 年 1 月 30 日上市后代码 000100）公布吸收合并 TCL 通讯（000542）的方案，向 TCL 通讯的流通股股东定向发行TCL

集团流通股股票，转换价格为 21.15 元。利好公布后 TCL 通讯停牌前价格为 18.24 元，随后以涨停方式涨到 21.15 元上方进行横盘，最后吸收合并前最高涨至 24 元左右。这是中国股市较早成功吸收合并的案例。

▶ 案例七

2010 年，在金隅股份对太行水泥换股吸收合并中，金隅股份换股价格为 9.00 元/股，太行水泥换股价格为 10.80 元/股，由此确定金隅和太行水泥的换股比例为 1.2∶1，即太行水泥股东（除公司外）所持的每股太行水泥股票可以换取 1.2 股金隅股份。按金隅首日上市的 15.05 元收盘价，折合成太行水泥的价格为 18.06 元。

因此，结合太行水泥 2010 年 2 月 1 日停牌前的收盘价 14.98 元，原太行水泥的股东复牌后阶段收益率达 20.56%。如果以 2010 年 6 月 7 日太行水泥公告重组预案后复牌的收盘价 10.24 元计算，则半年来的收益率高达 76%。

▶ 案例八

也有一些具有现金选择权的股票，因为大盘下跌等原因，现金选择权题材内容出现了一些变化。

盐湖集团（000578）和盐湖钾肥（000792）原合并方案被取消，新合并方案最大变化是盐湖集团股东的现金选择权现金由 33.02 元/股调整为 25.46 元/股。

中国玻纤（600176）2007 年 12 月 7 日董事会通过的关于公司换股吸收合并巨石集团有限公司（简称"巨石集团"）的相关决议，后股东大会也通过了。但是 2008 年股市暴跌，在股东大会给予的 1 年期限内，该换股吸收合并方案因为公司上报的申请资料不齐全未获中国证监会批准通过，最后换股吸收合并方案没有实施。

盲点套利 ⓪③
公开增发股的套利技术

　　公开增发股票是上市公司通过面对社会大众再发新股的一种最常见的再融资方式。由于公开增发的成功需要得到公众投资者（不确定对象）的认可，这样融资方与投资方则存在着利益权衡和博弈的关系，这就使得正在进行公开增发的股票在一定的时刻，股价存在着一定的波动规律，掌握好这种规律可能会增加套利成功的概率。

一、公开增发股的套利原理

1. 公开增发的定价原则

　　根据规定，公开增发的价格应不低于公告招股意向书前 20 个交易日公司股票均价或前一个交易日的均价。

2. 公开增发的时间约定

　　公开增发 A 股股票的申请获得中国证监会发行审核委员会审核通过后，有效期自核准发行之日起 6 个月内。

3. 公开增发的利益博弈

　　实施公开增发的上市公司及其公开增发主承销商最为关心的问题通常是：

　　第一，保证公开增发在有效期内顺利实施。

　　第二，希望公开增发的价格越高越好，这样比较有利于原股东的利益。

　　第三，尽量避免主承销商包销被套。

二、强势公开增发题材股的股价波动规律

　　（1）在市场处于强势时，上市公司和主承销商都希望公开增发的价格比较高。

　　（2）此类股票容易在公开增发实施前夕出现强势上涨的波动规律，其中公开增发资金投向的项目比较得到机构投资者认可的股票这个规律更强一些；而一些资金投向的项目比较一般则有可能被机构投资者视为利空，特别

是在强势末期，此类的蓝筹股容易出现下跌。

（3）在公开增发完成后，通常情况下，对应的股票容易出现弱于大盘的走势，特别是市价明显高于增发价格的股票更是这样。

（4）套利的思路是在公开增发完成前，股价又出现明显的单边强势的时候追涨，因为这类股票一旦上涨往往具有连续性。

（5）在公开增发实施后，一般情况下，可以暂时回避这类股票。

三、弱势公开增发题材股的股价波动规律

（1）在市场处于弱势时，上市公司和主承销商都希望公开增发在有效期内确保实施，并且尽最大的可能性不被主承销商包销。

（2）公开增发的日期常常会选择在大盘出现明显的强势之时，而且在招股说明书公布前一两天股价常常走势比较强。

（3）公开增发的股票在公开增发前的业绩报表常常调节得较好，有时也会有一些利好配合支持股价，甚至有时会有一些机构的护盘异动现象。

（4）套利的思路是，在大盘出现暴跌的时候，把这类品种作为做超短线超跌反弹的品种。尽量在股价明显低于 20 日均线下（最好同时有走强时）进行投机。

（5）在招股说明书出来后，如果股价明显高于增发价则需要注意回避减持，如果股价因大盘大跌而低于增发价时则需要注意看是否有短线投机机会。

（6）在公开增发顺利完成后，股价高于增发价格，这时要尽量回避即将上市的公开增发股持有者抛售打压股价。

（7）如果公开增发勉强实施，又有机构投资者被套，一些小盘股在其后的业绩报表公布时，有时会有送转股方案。

（8）同时有几只公开增发题材股存在时，尽量选择筹码集中、股价活跃、流通市值比较小的股票品种。

盲点套利 ④
定向增发股的套利技术

非公开发行即向特定投资者发行，也叫定向增发，实际上就是海外常见的私募。

在2006年证监会推出的《再融资管理办法》（征求意见稿）中，关于非公开发行，除了规定发行对象不得超过10人，发行价不得低于市价的90%，发行股份12个月内（大股东认购的为36个月）不得转让，以及募资用途须符合国家产业政策、上市公司及其高管不得有违规行为等外，没有其他条件。这就是说，非公开发行并无盈利要求，即使是亏损企业也可申请发行。

非公开发行的最大好处是，大股东以及有实力的、风险承受能力较强的大投资人可以以接近市价，乃至超过市价的价格，为上市公司输送资金。由于参与定向的最多10名投资人都有明确的锁定期，一般来说，敢于提出非公开增发计划，并且已经被大投资人所接受的上市公司，通常会有较好的成长性。

非公开发行还将成为股市购并的重要手段和助推器。这里包括两种情形。一种是大投资人（如外资）欲成为上市公司战略股东，甚至成为控股股东的。以前没有定向增发，它们要入股通常只能向大股东购买股权，新股东掏出来的钱进的是大股东的口袋，对做强上市公司直接作用不大。另一种是通过定向增发融资后去购并他人，迅速扩大规模。

一、上市公司实施定向增发的动机

（1）利用上市公司的市场化估值溢价（相对于母公司资产账面价值而言），将母公司资产通过资本市场放大，从而提升母公司的资产价值（股市有市盈率溢价）。

（2）符合监管层对上市公司的监管要求，从根本上避免了母公司与上市公司的关联交易和同业竞争，实现了上市公司在财务和经营上的完全自主。

（3）对于控股比例较低的集团公司而言，通过定向增发可进一步强化对上市公司的控制。

（4）对国企上市公司和集团而言，减少了管理层次，使大量外部性问题内部化，降低了交易费用，能够更有效地通过股权激励等方式强化市值导向机制。

（5）时机选择的重要性。当上市公司估值尚处于较低位置，此时采取定向增发对集团而言，能获得更多股份。

（6）定向增发可以作为一种新的并购手段，促进优质龙头公司通过并购实现高速超常规的成长。

二、定向增发的模式

（1）资产并购型定向增发。主要是整体上市和资产注入。

（2）财务型定向增发。引入战略投资者改善公司的经营状况或者实现收购兼并。

（3）增发与资产收购相结合。上市公司在获得资金的同时反向收购控股股东优质资产。

（4）优质公司通过定向增发并购其他公司。

三、定向增发股的投机技术

1. 强势市场的定向增发投机技术

强势市场中，多数具备定向增发题材的个股走势会比较强，特别是题材刚刚披露的初期容易出现快速上涨，此时短线技术比较好的投机者可以注意适当的追涨潜力。

当市价远远高于定向增发价的时候，机构投资者可以注意参与定向增发股的认购，要适当地注意定向增发的项目、锁定期和大盘中线趋势分析。

2. 弱势市场的定向增发投机技术

弱势市场中，具有定向增发题材的股票，可能会因为大盘持续跌势的原因，市价可能会低于定向增发价格，在定向增发方案实施的时候，股价有一定的上涨动力。需要注意的是，具有增发题材的股票，当增发价格高于市价时，股票上涨动力的排序是：公开增发题材最强，向二级市场机构定向增发次之，向大股东资产定向增发则动力不一定很强。

有时，熊市的时间过长，也会把一些机构套牢，这种情况可以作为一个选股加分的条件。在市场相对低的重要低位，低价绩差股的定向增发容易催生大牛股，许多资产重组都是以这种方式进行的。二级市场中，许多偏好人生赌注股投资的股友都非常重视对定向增发题材股的研究，一些职业机构特别设立这方面的研究员。

<h2 style="text-align:center">盲点套利 ⑤
可转债及正股的套利技术</h2>

可转债全称为可转换公司债券。在目前 A 股市场，就是指在一定条件下可以被转换成公司股票的债券。可转债具有债券债权和股票期权的双重属性，其持有人可以选择持有债券到期，获取公司还本付息；也可以选择在约定的时间内转换成股票，享受股利分配或资本增值。所以投资界一般可以认为，可转债对投资者而言是保证本金的股票。

一、投资可转债的优点

当可转债失去转换成股票的意义，就作为一种低息债券，它依然有固定的利息收入。如果实现转换，投资者则会获得出售普通股的价差收入或者价值投资获得股息收入。

可转债具备股票和债券两者的属性，结合了股票的长期增长潜力和债券所具有的安全和收益固定的优势。此外，可转债比股票还有优先偿还的要求权。

二、投资者在投资可转债时，要充分注意的风险

1. 可转债的投资者要承担股价波动的风险

可转债对应的正股发生股价变动时，高于面值的可转债可能会较大地跟随股价同步波动。

2. 利息损失风险

当股价下跌到转换价格以下时，可转债投资者被迫转为债券投资者。因

可转债利率一般低于同等级的普通债券利率,所以会给投资者带来利息损失。

3. 提前赎回的风险

许多可转债都规定了发行者可以在发行一段时间之后,以某一价格赎回债券。提前赎回限定了投资者的最高收益率。

4. 强制转换风险

许多可转债在发行时会事先约定,当股价连续多少个交易日中有多少个交易日股价高于转股价的130%时,上市公司可以要求强制转债持有者必须将转债转换成股票,否则低价赎回。

三、正常的转债投资技巧

(1)当股市形势看好,可转债的价格随二级市场的价格上升到超出原有的成本价时,投资者可以卖出可转债,直接获取收益。

(2)当股市低迷,可转债和其发行公司的股票价格双双下跌,卖出可转债或将转债变换为股票都不划算时,投资者可选择作为债券获取到期的固定利息。

(3)当股市由弱转强,或发行可转债的公司业绩看好时,预计公司股票价格有较大升高时,投资者可选择将债券按照发行公司规定的转换价格转换为股票。

(4)转股价格是所有条款的核心。可转换债券的转股价格越高,越有利于老股东而不利于可转债持有人;反之,转股价格越低,越有利于可转债持有人而不利于老股东。由于可转换债券的发行公司控制在老股东手中,所以发行人总是试图让可转换债券的持有人接受较高的转股价格。

(5)为了吸引投资者尽快把债券转换为股票,应对二级市场上股票价格的波动和利润分配等造成的股本变动,一般可转换债券都规定了转股价格的修正条款。

(6)转股价格一般不会向上调整。但是,如果股票二级市场长期低迷,甚至长期低于转股价格,投资者行使转股权就要出现亏损,不利于发行人达到转股的目的,也不利于转债投资者获取收益。所以,可转换债券一般都规定有向下修正条款。也就是说,在股票价格低于转股价格并且满足一定条件时,转股价格可以向下修正,直至新的转股价格对投资者有吸引力,并促使其转股。应该说，向下修正条款是对转债投资者的一种保护。

四、转债和对应正股的投机技巧

（1）市场处于强势背景时，一些临近转债发行登记日的股票走势会比较强，特别是那些对原股东配售比例比较大的小市值的和筹码比较集中的股票。但是也需要注意在除权日，多数股票，特别是在市场弱势时，此类股票容易出现除权性质的短暂下跌。

（2）适合抢权投机的股票情形有：上升通道中的热门股、筹码集中股，强势背景中的小市值股、逾期转债第一天上市高开较多的股，在股权登记日当天出现了连续超跌现象的股票。

（3）在大盘不是特别强的时候，在转债存续期间的股票往往走势弱于通常股票，因为此类股票面临着转债的转股压力和业绩摊薄现象。

（4）在市场处于强势时，转债存续期面临结束的股票存在着强制转股的实施动力，其条件是股价连续多少个交易日保持在转股价上方130%多少天，具体情况可参考转债概况的说明。

（5）在市场长期弱势的情况下，转债在市场低迷的情况下结束存续期，而转债又大量地赔本转成了股票，这可能是机构所为，在市场转强后该股容易有较强的涨势。

（6）在小盘股的转债跌到面值以下，其利息与银行利息差不多时，可以根据技术指标进行短线高抛低吸，也可以在正股股价有足够吸引力后中线持有其转债。

（7）有心人在投机转债的时候，也可以适当地注意债券基金的发行、运作动向，派息日除息日前后的股价变化，以及国家关于利息和资金政策的变化。

盲点套利 06
权证及正股的套利技术

一、权证的概念

权证是一种有价证券，投资者付出权利金购买后，有权利（而非义务）在某一特定期间（或特定时点）按约定价格向发行人购买或者出售标的证券。其中，发行人是指上市公司或证券公司等机构，权利金是买权证时支付的价款，标的证券可以是个股、基金、债券、一篮子股票或其他证券，是发行人承诺按约定条件向权证持有人购买或出售的证券。

二、权证的种类

1. 按买卖方向分为认购权证和认沽权证

认购权证持有人有权按约定价格在特定期限内或到期日向发行人买入标的证券，认沽权证持有人则有权卖出标的证券。

2. 按权利行使期限分为欧式权证和美式权证

美式权证的持有人在权证到期日前的任何交易时间均可行使其权利，欧式权证持有人只可以在权证到期日当日行使其权利。

3. 按发行人不同可分为股本权证和备兑权证

股本权证一般是由上市公司发行，备兑权证一般是由证券公司等金融机构发行。

4. 按权证行使价格是否高于标的证券价格，分为价内权证、价平权证和价外权证

5. 按结算方式可分为证券给付结算型权证和现金结算型权证

权证如果采用证券给付方式进行结算，其标的证券的所有权发生转移；如采用现金结算方式，则仅按照结算差价进行现金兑付，标的证券所有权不发生转移。

三、权证的设立

上证所规定，申请在交易所上市的权证，其标的证券为股票的，标的股票应符合以下条件：最近 20 个交易日流通股份市值不低于 10 亿元；最近 60 个交易日股票交易累计换手率在 25%以上；流通股股本不低于 2 亿股。

在 A 股市场，权证的设立常常是以可分离债再融资的形式出现。

可分离交易可转债，是上市公司公开发行的认股权和债券分离交易的可转换公司债券。它赋予上市公司两次筹资机会：先是发行附认股权证公司债，此属于债权融资；然后是认股权证持有人在行权期或者到期行权，这属于股权融资。

分离型可转债实际上是一个债券和权证的投资组合，和分离型的附认股权证债券比较相似。

权证的创设是指权证上市交易后，由有资格的机构提出申请的、与原有权证条款完全一致的增加权证供应量的行为。权证的注销是指创设人（即创设权证的证券公司）向证券交易所申请注销其所指定的权证创设账户中的全部权证或部分权证。

认股权证，又称"认股证"或"权证"，其英文名称为 Warrant，故在香港地区又俗译"窝轮"。许多内地投资者比较喜欢投资联交所中的"窝轮"。

四、权证的交易

权证交易与股票非常相似，在交易时间、交易机制（竞价方式）等方面都与股票相同。不同之处在于：

1. 申报价格最小单位

与股票价格变动最小单位 0.01 元不同，权证的价格最小变动单位是 0.001 元人民币。这是因为权证的价格可能很低，比如在价外证时，权证的价格可能只有几分钱，这时如果其价格最小变动单位为 0.01 元就显得过大，因为即使以最小的价格单位变动，从变动幅度上看，都可能形成价格的大幅波动。

2. 权证价格的涨跌幅限制

目前股票涨跌幅采取 10%的比例限制，而权证涨跌幅是以涨跌幅的价格而不是百分比来限制的。这是因为权证的价格主要是由其标的股票的价格决定的，而权证的价格往往只占标的股票价格的一个较小的比例，标的股票价格的变化可能会造成权证价格的大比例的变化，从而使事先规定的任何涨跌幅的比例限制不太适合。例如，T 日权证的收盘价是 1 元，标的股票的收盘价是 10 元。T+1 日，标的股票涨停至 11 元。其他因素不变，权证价格应该上涨 1 元，涨幅 100%。按《上海证券交易所权证管理暂行办法》(以下简称《暂行办法》) 中的公式计算，权证的涨停价格为1+（11−10）× 125% = 2.25 元，即标的股票涨停时，权证尚未涨停。

五、权证的终止交易

《暂行办法》第十四条规定："权证存续期满前 5 个交易日，权证终止交易，但可以行权。"这里的前 5 个交易日包括到期日，即以到期日为 T 日，权证从 T−4 日开始终止交易。

六、权证的行权

《暂行办法》在行权方面做的一个主要规定是"当日买进的权证，当日可以行权。当日行权取得的标的证券，当日不得卖出"。这样规定的目的是维持权证价格和标的股票之间的互动关系，使得权证价格主要由标的股票决定的特点得到更有效的体现。当然，更理想的情况是允许当日行权取得的标的证券，当日可以卖出。但在综合考虑了风险控制等因素后，本所做出了现在的规定。

七、禁止权证发行人和标的证券发行人买卖权证

《暂行办法》中规定权证发行人不得买卖自己发行的权证，标的证券发行人不得买卖标的证券对应的权证。由于权证是高杠杆性的产品，标的股票的微小变动都会导致权证价格的大幅度波动。如果允许权证发行人和标的股票发行人买卖权证，那么，权证发行人和标的股票发行人通过某种方式影响标的股票价格，就有可能导致权证价格的大幅波动，从而获得非法收益，给一般投资者造成损失。

八、权证行权的结算

在行权结算方式方面，《暂行办法》对现金结算方式和证券给付方式都做出了规定。在现金结算方式中，标的证券结算价格对于权证发行人和持有人都非常重要，为此 《暂行办法》规定，"标的证券结算价格，为行权日前十个交易日标的证券每日收盘价的平均数"。这样较大程度地避免了结算价格被操纵的可能性。此外，从保护投资者角度出发，《暂行办法》允许现金结算的自动支付方式和证券给付的代理行权方式，并做出了相应规定。

九、权证交易、行权的费用

权证是我国证券市场的又一创新产品。为鼓励这一产品的发展，本所在费用方面考虑给予一定的优惠措施，其交易、行权费用的制定基本参考了在本所上市交易的基金标准，例如，权证交易佣金不超过交易金额的 0.3%，行权时向登记公司按过户股票的面值缴纳 0.05% 的股票过户费。

十、权证的创设机制

权证价格主要取决于标的股票市场价格及其波动性，其价格不应该完全受到供求关系的影响。在市场需求上升时，应该存在某种机制，允许权证供应量适时得以增加，以平抑价格暴涨。境外成熟的权证市场无一例外地使用了这种"持续发售"机制。为此，《暂行办法》第二十九条规定：合格机构可以创设权证，以增加二级市场权证供给量，防止权证价格暴涨以致脱离合理价格区域。

所有的权证到了该权证的行权日都可以按照它的规定行权，问题是值不值得行权（对自己有没有利）。

认沽权证行权时，凭每份权证按行权价卖给非流通股大股东相应数量（一般都是 1∶1，具体看该权证的说明）的正股。

认购权证行权时，凭每份权证按行权价向非流通股大股东买入相应数量（一般都是 1∶1，具体看该权证的说明）的正股。

十一、命名规则

权证类型码，也就是第三个字母的规律：

沪市认购——B（Buy Warrant）；深市认购——C（Call Warrant：认购权证）；沪市认沽、深市认沽—P（Put Warrant：认沽权证）。

最后一位，也就是第 8 个字位用一个数字或字母表示以标的证券发行的第几只权证，当超过 9 只时用 A 到 Z 表示第 10 只至第 35 只。

（某某 CWB1）的 CW 是取"Company Warrant"的缩写，是在沪市发行的公司权证（区别于股改备兑权证）。

五粮液认购权证（五粮 YGC1）的发行人是"宜宾国有资产经营有限公司"取"宜、国"的拼音缩写 YG。

雅戈尔认购权证（雅戈 QCB1）的发行人是"宁波青春投资控股有限公司"取"青、春"的拼音缩写 QC。

华菱管线认沽权证（华菱 JTP1）的发行人是"湖南华菱钢铁集团有限责任公司"取"集团"的拼音缩写 JT。

万华认沽权证（万华 HXP1）的发行人是"烟台万华华信合成革有限公司"取"华、信"的拼音缩写，HX 招商银行认沽权证（招行 CMP1）的发行人是"招商局轮船股份有限公司（香港）"（China Merchants Steam Navigation Company Ltd.），取招商局公司的英文缩写 CM。

十二、权证的技术用语

溢价：权证交易价格高于实际价格多少的值。

认购权证溢价 = 认购权证成交价 –（正股股价 – 行权价格）× 行权比例

认沽权证溢价 = 认沽权证成交价 +（正股股价 – 行权价格）× 行权比例

溢价率：溢价率是量度权证风险高低的其中一个数据，溢价率越高，获利越不容易。溢价率为负值，行权获利。

认购权证溢价率：在权证到期前，正股价格需要上升多少百分比才可让权证投资者在到期日实现平本。

认购权证溢价率 =［(行权价 + 认购权证价格/行权比例)/正股价格 – 1］× 100%。

认沽权证溢价率：在权证到期前，正股价格需要下跌多少百分比才可让权证投资者在到期日实现平本。

认沽权证溢价率＝[1－（行权价－认沽权证价格/行权比例）/正股价格]×100%。

十三、权证投机史

严格地说，我国股市第一个正式意义的权证是 1992 年 6 月大飞乐（即飞乐股份）发行的配股权证。同年 10 月 30 日，深宝安在深市向股东发行了我国第一张中长期（1 年）认股权证：宝安 93 认股权证，发行总量为 2640 万张。宝安权证一发行就在市场上掀起了炒作狂潮，价格从 4 元一直飙升到 20 元。但其价值始终是负值，随着权证存续期最后期限的临近，归零也就不可避免了。

20 世纪 90 年代中期，为了在配股过程中保护老股东的权益，便于无力认购配股的老股东有偿转让其配股权，深、沪两交易所又推出配股权证，即 A2 权证。A2 权证所代表的是在确定的日期，按事先规定的配股价格缴款认购这种股票的一种权证凭证。

在 1995~1996 年，沪市推出江苏悦达、福州东百等股票的权证，深市则推出武凤凰、湘中意、厦海发、桂柳工、闽闽东等股票的权证。这些权证到期后，因为市场低迷，转配股无法实施。管理层突发奇想，特批权证延期交易半年。这一延期给庄家提供了题材，导致市场再次对权证疯狂炒作。例如，1995 年桂柳工股价仅 2.50 元，转配股价格为 2.60 元，但 A2 权证价格却是 2 元多。也就是说，买入权证的投资者宁愿花费每股 4 元多的价格买桂柳工"期货"股票，也不愿意以 2 元多买现货正股。桂柳工 A2 权证的价格从 1 元多起步，最高炒到 4 元；而正股价为 7 元左右的悦达股份，权证价格竟高达 15 元，并出现过一天涨 637%的奇观。

这次"博傻"也未能维持太久。半年过后，因市场低迷，发行权证的个股有的已经跌破配股价，权证于是一文不值。但是，炒家在废纸上投入的无限热情让管理层终于忍无可忍，于 1996 年 6 月底终止了权证交易，之后 9 年再也没有发行新权证。

牛市后，2007 年"5·30"印花税事件却刺激认沽权证全面爆发，从此一

百战成精——沪深股市专业投资原理

发不可收拾。仅仅一只认沽权证一天的成交量就可达到数百亿元，其价格可以翻上几番。钾肥权证更是创造了一个不知真假的"义庄"形象和价外权证（价值为0）到期不归零的神话。

钾肥认沽权证的嚣张让管理层震怒。随后，招行认沽权证上，游资和炒家开始体会到什么叫"魔高一尺道高一丈"。虽然创设备兑权证在国际上普遍存在，但上交所竟然破天荒地允许券商无限量创设同一个代码的权证，也就是无限量地增加了招行权证的供应量，以此来打击认沽权证的炒作。同时，深交所采用了组合拳，规定了各种临时停牌、限制炒作的条款。顿时，权证人气涣散。

然而最后一只认沽权证——南航权证又点燃了新战火，后者也成了史上争议最大的权证。26家券商无限创设了123亿份南航JTP1，为他们赢得了超过200亿元的账面利润。直接的亏损人就是参与者，包括游资和散户。但也正是价值为零的废纸，迫使管理层为了平息广大散户的怨气而授意券商在其到期前全部注销创设筹码，回吐了约66亿元（该过程即拉高解套）。

南航权证在2008年6月20日的退市宣告认沽权证暂别。迄今市场上只剩19个权证在交易，即使偶有波澜，也会在交易所临时停牌的措施下风光不再。现存的都是认购权证。除了钢钒权证，与它们的前辈一样的是，个个都是价外权证，也就是依旧保持了中国权证市场最醒目的——废纸本色。

随着2011年8月11日收盘四川长虹权证（长虹CWB1，580027）的交易结束，中国A股市场暂时告别权证时代。

四川长虹发布公告称，截至8月18日收市时止，共计5.65亿份"长虹CWB1"认股权证成功行权，这意味着四川长虹由此成功融资29.5亿元。

2009年7月31日，四川长虹发行了30亿元分离交易可转债，附送了5.73亿份"长虹CWB1"认股权证，并于当年8月19日正式上市交易。从2011年6月2日开始，四川长虹便不断发布认股权证行权提示公告称，"长虹CWB1"认股权证的行权期为2011年8月12日至18日之间的五个交易日，行权价格为2.79元/股，行权比例为1：1.87。

截至8月18日收市，共计5.65亿份"长虹CWB1"认股权证成功行权，行权率高达98.7%，剩余未行权的770.44万份"长虹CWB1"认股权证将予以注销。"长虹CWB1"认股权证行权后，持有人的新增股份已全部在中国证券登记结算有限责任公司上海分公司办理股份登记手续。

十四、权证投机经验

在权证炒作中，除了纯熟的操盘技巧外，还需要有灵活机动的操作策略。在此基础上，有投机者总结归纳了权证操作的三大"金科玉律"。

第一条：顺应趋势。趋势是投资者最好的朋友，横盘和下跌趋势坚决不做，赚钱在其次，资金安全永远是最重要的。投机的核心在于尽量回避不确定走势，只在明确的涨势中进行操作，才能增加胜算。 做错了一定要止损，否则一次失误甚至可能致命。权证的T+0交易制度对所有投资者都是公平的，它给了我们一个随时纠错的机会。应了那句顺口溜："跑得快，好世界。"

第二条：只做龙头。所谓擒贼先擒王，权证操作也像股票投资一样，只有抓住龙头，才会取得与众不同的收益。选择龙头权证可参考每天开盘后的价量关系，在当天涨幅前列中捕捉"真命天子"。当市场中多数人看涨某只权证时，群众的力量引发的共振会将股价不断推高，由于参与者不断增多，龙头品种自然会不断地上涨。

第二条：迅速逃顶。做权证一般不轻易持仓过夜，尤其是在有创设制度的情况下。

国内外权证的炒作周期共分为四个阶段：第一是黄金阶段——价格脱离大盘、脱离正股非理性暴涨，投资者在上升趋势中获利；第二是白银阶段——价格见顶回落，振荡加大，投资者在波动中获利；第三是破铜阶段——价格向下趋势明朗，投资者"生产自救"，风险增大；第四是烂铁阶段——由恐慌而至跌停，直到交易价格小于0.10元。有迹象表明，两市权证已经进入黄金阶段末期，即将进入白银阶段，风险逐渐加大。不过，由于众多基金、券商已经大举介入权证，后市权证振荡的机会会非常多，只要把握好节奏，充分利用T+0交易制度的优越性，仍然能够成为市场赢家。

炒作权证既要懂得赚钱，更要懂得收手，绝不能贪得无厌，更不能被一时赚钱的胜利冲昏头脑，因为——权证的风险极大！尤其是在很多人都只看到暴利而完全忽视风险的时候，风险也正在逐渐累积。有的参与者连止损都不懂，一旦进入下跌趋势中，将如何应对？

炒权证说白了有点像击鼓传花，但炒作有投资价值的权证却可以获得安稳又丰厚的回报。在这个史无前例的超级大牛市中，我们认为应以炒作认购权证为主要方向。如近期的龙头品种五粮认购就是因为市场的高预期而被大幅拉升的。至于实际上"分文不值"的认沽权证，即使要操作，也只采用"闪电战"手法，冷静、果断、迅猛，就像潜伏在草丛中的猎豹那样，瞅准时机出击，赚一把就撤退，绝不多停留半秒！

十五、权证投机技巧

第一条：如果发现下述现象，即竞价位不断下移、低开，权证所属板块呈弱势，权证跌破开盘价，开盘不久不断创新低，就暂停对该权证的买入或转而卖出。陈克升发现许多当日单边大跌的权证其实从集合竞价和开盘几分钟内便可窥见端倪，而上述情况是相对比较常见的，及时规避和卖出可以降低损失或套牢风险。

第二条：如果权证由红翻绿，则为较强烈的做空信号，特别是高开上冲后再翻绿，多头陷阱的可能性大大增加。陈克升参与权证的一个朴素前提就是不翻绿，更好的是新高不断且不破均价线。"就像下楼梯总要一级一级下一样，权证持续或反复翻绿则表明参与者信心不足，随时有进一步下跌风险，君子不立于危墙之下"。

第三条：如果权证在上升过程中下破均价线，进一步为下破均价线后反抽不上，那么对该权证采取卖出策略。权证往往单日即可完成股票数日乃至数周的运行周期。陈克升发现许多权证一轮上升波段的结束就是从持续下破均价线或反抽不上去开始的。特别是一些时候明明上升确实良好的权证会突然在卖盘偷袭下以大角度下破均价，"这时候卖出更不能有丝毫迟疑，即使是空头陷阱，也要先等危险状态被化解了再说"。

第四条：如果权证持续在分时图下半区（即下跌状态）运行，特别是持续在均价线下方运行，或者虽然浅跌但全日翻红时间很少，这类目标一般都选择放弃。陈克升认为权证是一种靠市场瞬间合力爆发来获利的品种，如果持续下跌甚至一直在均价线下运行，那么获利概率是非常低的，风险远大于收益，对这类品种一般都是敬而远之，绝不做抄底等非分之想。

第五条：如果权证从均价线下方慢慢接近均价线，这个过程一般不参与。均价线对权证日内运行意义非凡，一些大跌的权证在反弹接近或触碰均价线后即告反弹结束，而上升趋势中下破均价线又回抽不上，趋势结束的概率也很大，在此事故多发地段以不参与为好。

第六条：权证大跳水却不强势拐头，且无资金主动接盘现象则不参与。热衷于抄底是许多人的心理弱点，一些权证特别是沽权正是利用这种心理来借大跌后弱势反弹再套牢一大批人。

十六、权证正股的投机

（1）在市场处于强势时，当正股处于强势走势时，其对应的认股权证常常走势更强；当市场处于弱势时，当正股处于跌势时，其对应的认沽权证走势也会比较强。

（2）当权证存续面临结束时，如果认股权证溢价，认股权证有下跌的可能，或者在市场背景许可的情况下，正股有上涨的动力。

（3）在认股权证存续交易的最后一个交易日，如果在最后时刻，权证转股能够获得足够的套利空间，可以尝试购进权证转股进行超短线套利。

盲点套利⑰
证券投资基金的套利技术

证券投资基金是一种利益共存、风险共担的集合证券投资方式，即通过发行基金份额，集中投资者的资金，由基金托管人托管，由基金管理人管理和运用资金，从事股票、债券等金融工具投资，并将投资收益按基金投资者的投资比例进行分配的一种间接投资方式。

下面根据目前国内基金的不同类型进行投机套利总结：

一、股票型开放式基金

（1）股票型开放式基金在正式运行后，通常有最低的持仓要求（一般都在60%以上），因此股票型开放式基金的主要功能是选股和含权较低的选择时机，在熊市中防范风险是弱项。基金爱好者必须学会看大盘的技术趋势，学会防范风险的基本知识，要有波段买卖的思维，千万不能当甩手掌柜长线持有不动。

（2）有心人可以根据股票型开放式基金的重仓股的突发事件，比如说重大利好、重大利空、双轨价格股的配售等，选择短线投机申购赎回，这样可以绕过停牌或者涨跌停的操作障碍问题。

（3）有的基金是时间已经考验过的好基金，但是这类基金可能会封闭不开放申购，此时也不能就为买基金而去买那些普通基金。可以注意好基金的十大重仓股，自己模拟一下好基金。同时，需要适当地学习一下技术分析。

二、封闭基金

（1）注意折价率较大的基金，在具备封闭转开题材时，基金的价格将可能向其净值回归，基金的投资收益率将在很大程度上取决于其折价率，折价率越大的基金，价值回归的空间也相应地越大。

（2）有的封闭式基金在发行条款中设定保护投资者利益的"救生艇条款"——当折价率达到一定幅度时考虑基金股份回购、封闭式基金转开放式或转为半封闭式基金，在一定条件下对封闭式基金进行清算。

（3）要适当关注封闭式基金的分红潜力，特别是在股票市场处于弱势时，有些非股票基金可能会提供一些相对良好的投资业绩。

三、指数基金

（1）当市场出现明显的板块指数行情时，可以适当地考虑波段持有对应的指数基金。比如说，上证50ETF、嘉实沪深300 ETF、华安180 ETF、中小板 ETF 等。

（2）有对应股指期货的指数基金时，也需要注意其阶段波动的规律性。

（3）指数基金由于仓位重的问题，常常在强势中比其他的基金表现好，熊市中比其他的基金表现差。

四、分级基金

一般情况下，分级基金是通过对基金收益分配的安排，将基金份额分成预期收益与风险不同的两类份额，并将其中一类份额或两类份额上市进行交易的结构化证券投资基金。

（1）由基金基础份额所分成的两类份额中，一类是预期风险和收益均较低且优先享受收益分配的部分，在此称之为 A 类份额，另一类是预期风险和收益均较高且次优先享受收益的部分，在此称之为 B 类份额。类似于其他结构化产品，B 类份额一般"借用"A 类份额的资金来放大收益，而具备一定杠杆特性，也正是因为"借用"了资金，B 类份额一般又会支付 A 类份额一定基准的"利息"。

（2）一般情况，B 类份额的基金波动性无论涨跌，都会大于大盘，有的投资者喜欢在大盘强势时投机这类基金。

（3）在分级基金中，指数型分级基金产品继承了分级产品和指数基金优点，被动管理模式使其业绩受基金公司管理能力影响较小；另外，份额配对转换交易的开通也使指数分级基金的持有人在市场上涨时能够获得额外的超指数收益。因此，有些投机者认为，在市场强势时，指数型分级基金优势突出。

盲点套利⑧
股指期货的套利技术

股指期货是期货的一种。期货可以大致分为两大类，商品期货与金融期货。金融期货中主要品种可以分为外汇期货、利率期货和股指期货、国债期货。

股指期货，就是以股票指数为标的物的期货合约。双方交易的是一定期限后的股票指数价格水平，通过现金结算差价来进行交割。

目前中国现存的股指期货交易品种是沪深 300 股票价格指数期货。

一、股指期货与股票

股指期货与股票相比，有几个非常鲜明的特点，这对股票投资者来说尤为重要：

1. 期货合约有到期日，不能无限期持有

股票买入后可以一直持有，正常情况下股票数量不会减少。但股指期货都有固定的到期日，到期就要摘牌。因此交易股指期货不能像买卖股票一样，交易后就不管了，必须注意合约到期日，以决定是提前了结头寸，还是等待合约到期（好在股指期货是现金结算交割，不需要实际交割股票），或者将头寸转到下一个月。

2. 期货合约是保证金交易，必须每天结算

股指期货合约采用保证金交易，一般只要付出合约面值 10%~15% 的资金就可以买卖一张合约，这一方面提高了盈利的空间，但另一方面也带来了风险，因此必须每日结算盈亏。买入股票后在卖出以前，账面盈亏都是不结算的。但股指期货不同，交易后每天要按照结算价对持有在手的合约进行结算，账面盈利可以提走，但账面亏损第二天开盘前必须补足（即追加保证金）。而且由于是保证金交易，亏损额甚至可能超过你的投资本金，这一点和股票交易不同。

3. 期货合约可以卖空

股指期货合约可以十分方便地卖空，等价格回落后再买回。股票融券交易也可以卖空，但难度相对较大。当然一旦卖空后价格不跌反涨，投资者会面临损失。

4. 市场的流动性较高

有研究表明，指数期货市场的流动性明显高于股票现货市场。如在 1991 年，FTSE-100 指数期货交易量就已达 850 亿英镑。

5. 股指期货实行现金交割方式

期指市场虽然是建立在股票市场基础之上的衍生市场，但期指交割以现金形式进行，即在交割时只计算盈亏而不转移实物，在期指合约的交割期投资者完全不必购买或者抛出相应的股票来履行合约义务，这就避免了在交割期股票市场出现"挤市"的现象。

6. 股指期货市场是专注于根据宏观经济资料进行的买卖，而现货市场则是专注于根据个别公司状况进行的买卖

7. 股指期货实行 T+0 交易，而股票实行 T+1 交易

二、股指期货作用

股指期货主要用途有三个：

1. 对股票投资组合进行风险管理

即防范系统性风险（我们平常所说的大盘风险）。通常我们使用套期保值来管理我们的股票投资风险。

2. 利用股指期货进行套利

所谓套利，就是利用股指期货定价偏差，通过买入股指期货标的指数成分股并同时卖出股指期货，或者卖空股指期货标的指数成分股并同时买入股指期货，来获得无风险收益。

3. 作为一个杠杆性的投资工具

由于股指期货保证金交易，只要判断方向正确，就可能获得很高的收益。例如如果保证金为 10%，买入 1 张沪深 300 指数期货，那么只要股指期货涨了 5%，相对于保证金来说，就可获利 50%，当然如果判断方向失误，也会发生同样的亏损。

三、股指期货交易的基本制度

1. 保证金制度

投资者在进行期货交易时，必须按照其买卖期货合约价值的一定比例来缴纳资金，作为履行期货合约的财力保证，然后才能参与期货合约的买卖。这笔资金就是我们常说的保证金。例如，内地 IF1005 合约的保证金率为 15%，合约乘数为 300，那么，按 IF1005 首日结算价 3442.83 点计算，投资者交易该期货合约，每张需要支付的保证金应该是 $3442.83 \times 300 \times 0.15 = 154927.35$ 元。

在关于沪深 300 股指期货合约上市交易有关事项的通知中，中金所规定股指期货近月合约保证金为 15%，远月合约保证金为 18%。

2. 每日无负债结算制度

每日无负债结算制度也称为"逐日盯市"制度，简单来说，就是期货交易所要根据每日市场的价格波动对投资者所持有的合约计算盈亏并划转保证金账户中相应的资金。

期货交易实行分级结算，交易所首先对其结算会员进行结算，结算会员再对非结算会员及其客户进行结算。交易所在每日交易结束后，按当日结算价格结算所有未平仓合约的盈亏、交易保证金及手续费、税金等费用，对应收应付的款项同时划转，相应增加或减少会员的结算准备金。

交易所将结算结果通知结算会员后，结算会员再根据交易所的结算结果对非结算会员及客户进行结算，并将结算结果及时通知非结算会员及客户。若经结算，会员的保证金不足，交易所应立即向会员发出追加保证金通知，会员应在规定时间内向交易所追加保证金。若客户的保证金不足，期货公司应立即向客户发出追加保证金通知，客户应在规定时间内追加保证金。目前，投资者可在每日交易结束后上网查询账户的盈亏，确定是否需要追加保证金或转出盈利。

3. 价格限制制度

涨跌停板制度主要用来限制期货合约每日价格波动的最大幅度。根据涨跌停板的规定，某个期货合约在一个交易日中的交易价格波动不得高于或者低于交易所事先规定的涨跌幅度，超过这一幅度的报价将被视为无效，不能成交。一个交易日内，股指期货的涨幅和跌幅限制设置为10%。

涨跌停板一般是以某一合约上一交易日的结算价为基准确定的，也就是说，合约上一交易日的结算价加上允许的最大涨幅构成当日价格上涨的上限，称为涨停板，而该合约上一交易日的结算价格减去允许的最大跌幅则构成当日价格下跌的下限，称为跌停板。

4. 持仓限额制度

交易所为了防范市场操纵和少数投资者风险过度集中的情况，对会员和客户手中持有的合约数量上限进行一定的限制，这就是持仓限额制度。限仓数量是指交易所规定结算会员或投资者可以持有的、按单边计算的某一合约的最大数额。一旦会员或客户的持仓总数超过了这个数额，交易所可按规定强行平仓或者提高保证金比例。为进一步加强风险控制、防止价格操纵，中金所将非套保交易的单个股指期货交易账户持仓限额由原先的600手调整为100手。进行套期保值交易和套利交易的客户号的持仓按照交易所有关规定执行。

5. 强行平仓制度

强行平仓制度是与持仓限制制度和涨跌停板制度等相互配合的风险管理制度。当交易所会员或客户的交易保证金不足并未在规定时间内补足，或当会员或客户的持仓量超出规定的限额，或当会员或客户违规时，交易所为了防止风险进一步扩大，将对其持有的未平仓合约进行强制性平仓处理，这就是强行平仓制度。

6. 大户报告制度

大户报告制度是指当投资者的持仓量达到交易所规定的持仓限额时，应通过结算会员或交易会员向交易所或监管机构报告其资金和持仓情况。

7. 结算担保金制度

结算担保金是指由结算会员依交易所的规定缴存的，用于应对结算会员违约风险的共同担保资金。当个别结算会员出现违约时，在动用完该违约结算会员缴纳的结算担保金之后，可要求其他会员的结算担保金按比例共同承担该会员的履约责任。结算会员联保机制的建立确保了市场在极端行情下的正常运作。

结算担保金分为基础担保金和变动担保金。基础担保金是指结算会员参与交易所结算交割业务必须缴纳的最低担保金数额。变动担保金是指结算会员随着结算业务量的增大，须向交易所增缴的担保金部分。

四、股指期货价格的影响因素

股票指数是用来反映样本股票整体价格变动情况的指标。而股票价格的确定十分复杂，因为人们对一个企业的内在价值的判断以及未来盈利前景的看法并不相同。悲观者要卖出，乐观者要买进，当买量大于卖量时，股票的价格就上升；当买量小于卖量时，股票的价格就下跌。所以，股票的价格与内在价值更多的时候表现为一致，但有时也会有背离。投资者往往会寻找那些内在价值大于市场价格的股票，这样一来，就使股票指数处于不断变化之中。总体来说，影响股票指数波动的主要因素有：

1. 宏观经济及企业运行状况

一般来说，在宏观经济运行良好的条件下，股票价格指数会呈现不断攀升的趋势；在宏观经济运行恶化的背景下，股票价格指数往往呈现出下滑的态势。同时，企业的生产经营状况与股票价格指数也密切相关，当企业经营效益普遍不断提高时，会推动股票价格指数的上升，反之，则会导致股票价格指数的下跌。这就是通常所说的股市作为"经济晴雨表"的功能。

2. 利率、汇率水平的高低及趋势

通常来讲，利率水平越高，股票价格指数会越低。其原因是，在利率高企的条件下，投资者倾向于存款，或购买债券等，从而导致股票市场的资金减少，促使股票价格指数下跌；反之，利率水平越低，股票指数就会越高。更重要的原因是因为利率上升，企业的生产成本会上升，如贷款利率上升造成的融资成本上升，相关下游企业因为利率上升导致融资成本上升而提高相关产品价格等导致该企业生产成本提高，相关利润下降，代表股东权益的股票价格下降，反之亦然。在世界经济发展过程中，各国的通货膨胀、货币汇价以及利率的上下波动，已成为经济生活中的普遍现象，这对期货市场带来了日益明显的影响。但最近几年，西方国家往往在银行利率上升时，股票市场依然活跃，原因是投资者常常在两者之间选择：银行存款风险小，利率较高，收入稳定，但不灵活，资金被固定在一段时间内不能挪作他用，并且难以抵消通货膨胀造成的损失；而股票可以买卖，较为灵活，风险虽大，但碰上好运，可获大利。所以，在银行利率提高的过程（原来较低）下，仍然有一些具有风险偏好的投资者热心于股票交易。有关汇率的讨论基本与利率相仿，即本币的升值，有利于进口，不利于出口。但有关人民币的升息、升值对股市的影响则要综合起来加以分析。

3. 资金供求状况与通胀水平及预期

当一定时期市场资金比较充裕时，股票市场的购买力比较旺盛，会推动股票价格指数上升，否则，会促使股票价格指数下跌。比如目前中国国内大量的外汇储备，导致货币供给量增加，通常会导致股指价格上涨。

4. 突发政治安全事件

股票价格指数的波动同样受许多突发事件，诸如战争、政变、金融危机、能源危机等的影响，与其他因素相比，突发事件对股票价格指数的影响

有两个特点：一是偶然性，即突发事件往往是突如其来的，因此相当多的突发事件是无法预料的；二是非连续性，即突发事件不是每时每刻都发生的，它对股票价格指数的影响不像其他因素那样连续和频繁。国家政局稳定使人民对国内经济发展有信心，并使国家国际形象提升，能够吸引国外资金，股指表现好。

5. 经济金融政策

出于对经济市场化改革、行业结构调整、区域结构调整等，国家往往会出台变动利率、汇率及针对行业、区域的政策等，这些会对整个经济或某些行业板块造成影响，从而影响沪深 300 成分股及其指数走势。股份公司常常向银行借款，随着借款额的增多，银行对企业的控制也就逐渐加强并取得了相当的发言权。在企业收益减少的情况下，虽然它们希望能够稳定股息，但银行为了自身的安全，会支持企业少发或停发股息，因而影响了股票的价格。税收对投资者影响也很大，投资者购买股票是为了增加收益，如果国家对某些行业或企业在税收方面给予优惠，那么就能使这些企业的税后利润相对增加，使其股票升值。会计准则的变化，会使得某些企业账面上的盈余发生较大变化，从而影响投资者的价值判断。

五、股指期货定价与交易

1. 股指期货是怎样定价的

对股票指数期货进行理论上的定价，是投资者做出买入或卖出合约决策的重要依据。股指期货实际上可以看作是一种证券的价格，而这种证券就是该指数所涵盖的股票所构成的投资组合。

同其他金融工具的定价一样，股票指数期货合约的定价在不同的条件下也会出现较大的差异。但是有一个基本原则是不变的，即由于市场套利活动的存在，期货的真实价格应该与理论价格保持一致，至少在趋势上是这样的。

为说明股票指数期货合约的定价原理，我们假设投资者既进行股票指数期货交易，同时又进行股票现货交易，并假定：

（1）投资者首先构造出一个与股市指数完全一致的投资组合（即二者在组合比例、股指的"价值"与股票组合的市值方面都完全一致）。

（2）投资者可以在金融市场上很方便地借款用于投资。

（3）卖出一份股指期货合约。

（4）持有股票组合至股指期货合约的到期日，再将所收到的所有股息用于投资。

（5）在股指期货合约交割日立即全部卖出股票组合。

（6）对股指期货合约进行现金结算。

（7）用卖出股票和平仓的期货合约收入来偿还原先的借款。

2. 股指期货的交易是如何进行的

期货交易历史上是在交易大厅通过交易员的口头喊价进行的。目前大多数期货交易是通过电子化交易完成的，交易时，投资者通过期货公司的电脑系统输入买卖指令，由交易所的撮合系统进行撮合成交。

买卖期货合约的时候，双方都需要向结算所缴纳一小笔资金作为履约担保，这笔钱叫作保证金。首次买入合约被称为建立多头头寸，首次卖出合约被称为建立空头头寸。然后，手头的合约要进行每日结算，即逐日盯市。

建立买卖头寸（术语叫开仓）后不必一直持有到期，在股指期货合约到期前任何时候都可以做一笔反向交易，冲销原来的头寸，这笔交易叫平仓。如第一天卖出 10 手股指期货合约，第二天又买回 10 手合约。那么第一笔是开仓 10 手股指期货空头，第二笔是平仓 10 手股指期货空头。第二天当天又买入 20 手股指期货合约，这时变成开仓 20 手股指期货多头。然后再卖出其中的 10 手，这时叫平仓 10 手股指期货多头，还剩 10 手股指期货多头。一天交易结束后手头没有平仓的合约叫持仓。这个例子里，第一天交易后持仓是 10 手股指期货空头，第二天交易后持仓是 10 手股指期货多头。

3. 股指期货是怎么结算的

股指期货的结算可以大致分为两个层次：首先是结算所或交易所的结算部门对会员结算，然后是会员对投资者结算。不管哪个层次，都需要做三件事情：

（1）交易处理和头寸管理，就是每天交易后要登记做了哪几笔交易，头寸是多少。

（2）财务管理，就是每天要对头寸进行盈亏结算，盈利部分退回保证金，亏损的部分追缴保证金。

（3）风险管理，对结算对象评估风险，计算保证金。

其中第二部分工作中，需要明确结算的基准价，即所谓的结算价，一般是指期货合约当天临收盘附近一段时间的均价（也有直接用收盘价作为结算价的）。持仓合约用其持有成本价与结算价比较来计算盈亏；而平仓合约则用平仓价与持有成本价比较计算盈亏。对于当天开仓的合约，持有成本价等于开仓价，对于当天以前开仓的历史合约，其持有成本价等于前一天的结算价。因为每天把账面盈亏都已经结算给投资者了，因此当天结算后的持仓合约的成本价就变成当天的结算价了，因此和股票的成本价计算不同，股指期货的持仓成本价每天都在变。

有了结算所，从法律关系上说，股指期货不是在买卖双方之间直接进行，而由结算所成为中央对手方，即成为所有买方的唯一卖方，和所有卖方的唯一买方。结算所以自有资产担保交易履约。

4. 股指期货是如何交割的

股指期货合约到期的时候和其他期货一样，都需要进行交割。不过一般的商品期货和国债期货、外汇期货等采用的是实物交割，而股指期货和短期利率期货等采用的是现金交割。所谓现金交割，就是不需要交割一揽子股票指数成分股，而是用到期日或第二天的现货指数作为最后结算价，通过与该最后结算价进行盈亏结算来了结头寸。

六、股指期货交易策略

第一种策略　股指期货套期保值

1. 股指期货套期保值的原理是什么

股指期货套期保值和其他期货套期保值一样，其基本原理是利用股指期货与股票现货之间的类似走势，通过在期货市场进行相应的操作来管理现货市场的头寸风险。

由于股指期货的套利操作，股指期货的价格和股票现货（股票指数）之间的走势是基本一致的，如果两者步调不一致到足够程度，就会引发套利盘涌入这种情况下，那么如果保值者持有一揽子股票现货，他认为目前股票市场可能会出现下跌，但如果直接卖出股票，他的成本会很高，于是他可以在股指期货市场建立空头，在股票市场出现下跌的时候，股指期货可以获利，以此可以弥补股票出现的损失。这就是所谓的空头保值。

另一个基本的套期保值策略是所谓的多头保值。一个投资者预期要几个月后有一笔资金投资股票市场，但他觉得目前的股票市场很有吸引力，要等上几个月的话，可能会错失建仓良机，于是他可以在股指期货上先建立多头头寸，等到未来资金到位后，股票市场确实上涨了，建仓成本提高了，但股指期货平仓获得的盈利可以弥补现货成本的提高，于是该投资者通过股指期货锁定了现货市场的成本。

2. 股指期货套期保值分析

卖出股指期货套期保值。

已经拥有股票的投资者或预期将要持有股票的投资者，如证券投资基金或股票仓位较重的机构等，在对未来的股市走势没有把握或预测股价将会下跌的时候，为避免股价下跌带来的损失，卖出股指期货合约进行保值。这样一旦股票市场真的下跌，投资者可以从期货市场上卖出股指期货合约的交易中获利，以弥补股票现货市场上的损失。

第二种策略　股指期货投机

1. 股指期货投机的原理是什么

股指期货提供了很高风险的机会。其中一个简单的投机策略是利用股指期货预测市场走势以获取利润。若预期市场指数回升，投资者便购入期货合约并预期期货合约价格将上升，相对于投资股票，其低交易成本及高杠杆比率使股指期货更加吸引投资者。他们也可考虑购入那个交易月份的合约或投资于恒生指数或分类指数期货合约。

另一个较保守的投机方法是利用两个指数间的差价来套戥，若投资者预期地产行情将回升，但同时希望降低市场风险，他们便可以利用地产分类指数及恒生指数来套戥，持有地产好仓而恒生指数淡仓来进行套戥。

类似的方法也可利用同一指数但不同合约月份来达到。通常远期合约对市场的反应是较短期合约和指数为大的。若投机者相信市场指数将上升但却不愿承受估计错误的后果，他可购入远期合约而同时沽出现月合约；但需留意远期合约可能受交投薄弱的影响而面对低变现机会的风险。

利用不同指数作分散投资，可以降低风险但同时降低了回报率。一项保守的投资策略，最后结果可能是在完全避免风险之时得不到任何的回报。

2. 股指期货投机操作的对冲交易是什么

股指期货也可作为对冲股票组合的风险，即该对冲可将价格风险从对冲者身上转移到投机者身上。这便是期货市场的一种经济功能。对冲是利用期货来固定投资者的股票组合价值。若在该组合内的股票价格的升跌跟随着指数的变动，投资一方的损失便可由另一方的获利来对冲。若获利和损失相等，该类对冲叫作完全对冲。在股市指数期货市场中，完全对冲会带来无风险的回报率。

事实上，对冲并不是那么简单：若要取得完全对冲，所持有的股票组合回报率需完全等于股市指数期货合约的回报率。

因此，对冲的效用受以下因素影响：

（1）该投资股票组合回报率的波动与股市期货合约回报率之间的关系，这是指股票组合的风险系数（Beta）。

（2）指数的现货价格及期货价格的差距，该差距叫作基点。在对冲的期间，该基点可能是很大或是很小，若基点改变（这是常见的情况），便不可能出现完全对冲，越大的基点改变，完全对冲的机会便越小。

现时并没有为任何股票提供期货合约，唯一市场现行提供的是指定股指期货。投资者手持的股票组合的价格是否跟随指数与基点差距的变动是会影响对冲的成功率的。

基本上有两类对冲交易：沽出（卖出）对冲和揸入（购入）对冲。

沽出对冲是用来保障未来股票组合价格的下跌。在这类对冲下，对冲者出售期货合约，这便可固定未来现金售价及把价格风险从持有股票组合者转移到期货合约买家身上。进行沽出对冲的情况之一是投资者预期股票市场将会下跌，但投资者却不会出售手上持有的股票；他们便可沽空股市指数期货来补偿持有股票的预期损失。

揸入对冲是用来保障未来购买股票组合价格的变动。在这类对冲下，对冲者购入期货合约，例如，基金经理预测市场将会上升，于是他希望购入股票；但若用作购入股票的基金未能即时有所供应，他便可以购入期货指数，当有足够基金时便出售该期货并购入股票，期货所得便会抵销以较高价钱购入股票的成本。

<h2 style="text-align:center">第三种策略　股指期货套利</h2>

1. 什么是股指期货套利

针对股指期货与股指现货之间、股指期货不同合约之间的不合理关系进行套利的交易行为。股指期货合约是以股票价格指数作为标的物的金融期货和约，期货指数与现货指数（沪深300）维持一定的动态联系。但是，有时期货指数与现货指数会产生偏离，当这种偏离超出一定的范围时（无套利定价区间的上限和下限），就会产生套利机会。利用期指与现指之间的不合理关系进行套利的交易行为称为无风险套利，利用期货合约价格之间不合理关系进行套利交易的称为价差交易。

2. 股指期货与现货指数套利原理

指投资股指期货合约和相对应的一揽子股票的交易策略，以谋求从期货、现货市场同一组股票存在的价格差异中获取利润。

一是当期货实际价格大于理论价格时，卖出股指期货合约，买入指数中的成分股组合，以此获得无风险套利收益。

二是当期货实际价格低于理论价格时，买入股指期货合约，卖出指数中的成分股组合，以此获得无风险套利收益。

七、股指期货操作技巧

（1）当个人投资者预测股市将上升时，可买入股票现货增加持仓，也可买入股指期货合约。这两种方式在预测准确时都可盈利。相比之下，买卖股指期货的交易手续费比较便宜。

（2）当个人投资者预测股市将下跌时，可卖出已有的股票现货，也可卖出股指期货合约。卖出现货是将以前的账面盈利变成实际盈利，是平仓行为，当股市真的下跌时，不能再盈利；而卖出股指期货合约，是从对将来的正确预测中获利，是开仓行为。由于有了卖空机制，当股市下跌时，即使手中没有股票，也能通过卖出股指期货合约获得盈利。

（3）对持有股票的长期投资者，或者出于某种原因不能抛出股票的投资者，在对短期市场前景看淡的时候，可通过出售股票指数期货，在现货市场继续持仓的同时，锁定利润、转移风险。

买卖股票指数期货还有许多买卖个股所得不到的好处。个人投资者常常为选股困难而发愁，既没有内幕消息参考，又缺乏充分全面的技术分析和基本面分析；与机构投资者相比，在资金上也处于绝对的劣势。因此，能得到与大市同步的平均利润是一种比较好的选择，其具体办法就是证券指数化。买卖股票指数期货相当于证券指数化，与大市同步；另外，买卖股票指数期货还分散了个股风险，真正做到"不把鸡蛋放在一个篮子里"。

个人投资者要进行股指期货交易，首先是选择一家信誉好的期货经纪公司开立个人账户，开户手续包括三个方面：第一是阅读并理解《期货交易风险说明书》后，在该说明书上签字；第二是与期货经纪公司签署《期货经纪合同》，取得客户代码；第三是存入开户保证金，开户之后即可下单交易。

八、股指期货交易经验谈

1. 股指期货常见的误区

第一，照搬股票现货交易经验。股指期货的一些交易原则是与股票现货者的习惯严重抵触的，如轻易满仓操作，天性做多，没有止损保赢点。

第二，操作过于情绪化。股指期货的操作非常注重时机，它不存在品种的选择问题，因此把握明显有实据的趋势是最重要的。那种过于随意的股票操作习惯一定要根除，因为后果是不一样的。

第三，迷信技术分析。进行股指期货交易时，技术分析非常重要，但它是必要条件，不是充分条件，投机者应该拿出足够时间关注基本面与市场资金动向（包括场外资金流向规律）。

第四，把当前的现货价格当作标准。期货市场是对未来的预期，在趋势形成后，方向势头非常重要，在大行情展开时，有时期货的价格会大幅脱离现货价格，这种现象容易让部分人看不懂。

2. 资金管理的原则

资金管理至关重要，充足的交易资金是交易成功的第一保证，对于股票交易和期货交易都是这样，对于指数期货来讲，良好的资金管理原则是一切交易技巧使用的前提，对于没有认识到这一点的交易者来讲，他的任何操作都是错的。下面是一些基本资金管理原则。

第一，有计划地分批投入应是天性习惯。任何情况下，账户中都需要总资产的 50%现金储蓄，投机账户的风险资金不能超过总资产的 70%。多数情况下总的保证金数量应是你所持合约所属保证金的 3 倍。

第二，投资的目的要明确。不要让投机冒险变成投资，不要让深思熟虑的思维被市场短线的正常波动影响，在下单时，如果不是价升量增的明显单边市，应采用双单开仓法，即在你短线认可的点位开仓时用预计资金的一半，另一半应挂在第一价位的下方 1%处。

3. 大资金常见操作模式

第一，逼仓。机构大户利用资金优势，通过控制期货交易头寸，或是垄断可供交割的现货商品，故意抬高或者压低期货市场价格，迫使对方在不利的情况下平仓，以谋取暴利。最常见的术语"多逼空""空逼多""穿仓"都是在这种情况下发生的。

第二，配合。集团大资金在现货局部趋势转折点准备大举进货或者出货时，先在期货上同向窄幅开仓，在现货大规模行动时期货配合，达到一举两得的获利操作目的，盘面动向是：现货中级行情后期—期货重心反向小波动（有时有尾市骗招）—现货直接出货—期货做空—期货平仓。

第三，反向。期货做空做多都有机会，最怕的是窄幅盘整。一旦出现盘整，假如机构选择一个方向进行突破操作，而这个突破操作失败的话，主力经常会立即反方向突破操作。在指数期货市场中，技术性的空头陷阱与多头陷阱的情况较多。

4. 职业资金经典套利操作

第一，注意市场是否存在机会。在金融交易市场，投资者的技术是非常重要的，但这要建立在市场存在机会的基础上，如果市场不存在机会，你非要按照自己的意愿去操作，结果只能是失败。市场机会的大小往往与市场成交量成正比。

第二，短线机会的连续统计。套利者应该经常，比如以每周为单位进行振幅规律统计，然后注意这些有前提征兆的套利机会。

第三，运用市场给出的绝招。最为常见的短线绝招是超跌后再遇大 K

线，最为常见的中线绝招是均线遇支撑后的放量技术形态。

第四，高度关注长期盘整后的新趋势。

九、客户交易数据的分析

张水晶曾在一大型期货公司担任风控总监，他做了个关于亏损来源的报告，其中最精彩的就是对客户交易数据的分析（数据周期是最近 3 年），也许结论对大多数人来说都是残酷的。

（1）盈利的客户中，85.2%的盈利来自 5 单以内的盈利，扣除掉这 5 单，这部分客户的大多数都是亏损。这 5 单的特点：持有日期基本上都在 2 个月左右，基本上都是单边市场。

（2）每日平均交易 10 次以上的客户，3 年平均收益率是-79.2%。每日平均交易 5 次以上的客户，3 年平均收益率是-55%，每日平均交易 1 次以上的客户，3 年平均收益率是-31.5%，每日平均交易 0.3 次以上的客户，3 年平均收益率是 12%；每日平均交易 0.1 次的客户，3 年平均收益率是 59%。

（3）所有止损的单，如果不平，有 98.8%的概率在未来 2 周内扭亏为赢。

（4）所有止赢的单，如果不平，有 91.3%的概率在未来 2 周内实现更大的盈利。

（5）所有客户的收益率呈现接近正态分布，很遗憾，这个正态分布的均值是-14%。

所以，结论对大多数人而言是残酷的（除非你是天才）：

第一，一般人进入这个市场都是错误的。

第二，频繁的交易，基本上判了你"死刑"。

第三，不要盼望你能在高抛低吸的短线交易中获胜，更不要靠直觉来炒期货，恐惧是亏损的最直接原因。

第四，想要获利，你可以参考这个方法：耐心等个机会，一把砸进去，不止赢止损，长线持有，让利润去奔跑或爆仓。

盲点套利⑨

闲置资金国债逆回购技术

国债回购交易是买卖双方在成交的同时约定于未来某一时间以某一价格双方再行反向成交，也即债券持有者（融资方）与融券方在签订的合约中规定，融资方在卖出该笔债券后须在双方商定的时间，以商定的价格再买回该笔债券，并支付原商定的利率利息。

国债逆回购是其中的融券方。对于融券方来说，该业务其实是一种短期贷款，即你把钱借给别人，获得固定利息；别人用国债作抵押，到期还本付息。

一、国债逆回购交易的特点

1. 交易的收益性

银行活期存款，利率非常低，加之目前消费物价指数（Consumer Price Index，以下简称"CPI"）远高于活期利率，而国债逆回购收益率大大高于同期银行存款利率水平。

2. 逆回购交易的安全性

与股票交易不同的是，逆回购在成交之后不再承担价格波动的风险。逆回购交易在初始交易时收益的大小就已经确定，因此逆回购到期日之前市场利率水平的波动与其收益无关。从这种意义上说，逆回购交易类似于抵押贷款，它不承担市场风险。

不考虑 CPI 的因素的话，国债是一种在一定时期内不断增值的金融资产，而国债逆回购业务是能为投资者提高闲置资金增值能力的金融品种，它具有安全性高、流通性强、收益理想等特点，因此，对于资金充裕的机构和个人来说，充分利用国债逆回购市场来管理闲置资金，以降低财务费用来获取收益的最大化，又不影响经营之需，不失为上乘的投资选择。

二、目前交易所可操作国债逆回购的品种

投资者要进行回购，可以做沪市的 204*** 的新国债回购。共九个品种。国债 1 天回购（GC001，代码 204001）、国债 2 天回购（GC002，代码 204002）、国债 3 天回购（GC003，代码 204003）、国债 4 天回购（GC004，代码 204004）、国债 7 天回购（GC007，代码 204007）、国债 14 天回购（GC014，代码 204014）、国债 28 天回购（GC028，代码 204028）、国债 91 天回购（GC091，代码 204091）、国债 182 天回购（GC182，代码 204182）。

三、国债逆回购的交易流程

（1）回购委托——客户委托证券公司做回购交易。客户也可以像炒股一样，通过柜台、电话自助、网上交易等直接下单。

（2）回购交易申报——根据客户委托，证券公司向证券交易所主机做交易申报，下达回购交易指令。回购交易指令必须申报证券账户，否则回购申报无效。

（3）交易撮合——交易所主机将有效的融资交易申报和融券交易申报撮合配对。

（4）成交数据发送——T 日闭市后，交易所将回购交易成交数据和其他证券交易成交数据一并发送结算公司。

（5）清算交收——结算公司以结算备付金账户为单位，将回购成交应收应付资金数据，与当日其他证券交易数据合并清算，轧差计算出证券公司经纪和自营结算备付金账户净应收或净应付资金余额，并在 T+1 日办理资金交收。

（6）回款——比如说是做 7 天逆回购，则在 T+7 日，客户资金可用，T+8 日可转账，而且是自动回款，不用做交易。

四、交易注意事项

（1）大部分的券商都可以为个人投资者提供国债逆回购的服务，有的券商是自动开通的，有的券商的规定是，投资者需要亲自携带相关的证件、资料到营业部柜台开通这一功能。

（2）开通这一业务后，投资者就可在证券交易系统中进行操作。与普通

股票交易所不同的是，个人投资者使用的操作为"卖出"某一交易品种，如GC001、GC007等，按照回购品种的期限，投资者的资金将拆借给国债的回购方。待到期限满，资金和利息将自动返还到投资者的账户。

（3）国债逆回购中，交易的单位为100手，1手的面额为1000元，也就是说最低的交易单位是10万元。在实际的操作中，每10万元方可参与交易，例如，投资者拥有的资金为55万元，但实际可以参与交易的资金将为50万元。

（4）在进行国债逆回购的交易时，券商标准手续费率的规定如表1所示。如GC001的标准手续费率为0.001%，每10万元交易手续费为1元。结合上文，假设成交时回购利率为1.7%，那么10万元资金获得的收益为4.6575元，扣除1元的手续费后，投资者的净收益仅为3.6575元。因此，进行国债逆回购时手续费率对于实际收益的影响非常大，尤其是当利率水平较低时，投资者的收益可能还比不上券商收取的佣金。不过，不少券商对于开通这一交易的客户都会给予一定的手续费优惠，客户按照自己的交易等级、资金量等可以获得一定的折扣，以降低投资的成本。据了解，一些券商可以为国债回购业务提供免交易佣金的优惠。建议投资者在开通这一业务时，向自己的券商详细地了解佣金的水平。

表1 国债逆回购标准费率

回购品种	交易费率（%）	每10万元交易手续费（元）
GC001	0.001	1
GC002	0.002	2
GC003	0.003	3
GC004	0.004	4
GC007	0.005	5
GC014	0.01	10
GC028	0.02	20
28天以上品种	0.03	30

（5）另外一个比较实际的问题就是国债逆回购交易的流动性。按照回购交易的规定，投资者卖出一个交易品种后，资金和佣金即被扣取，待到拆借到期，这笔资金和利息将到达投资者的股票账户。但是，不同的券商对于到账后资金的结算速度并不相同。还是以GC001一天回购产品为例，交易的第

二天也就是 T + 1 日，大部分券商对于这笔资金的规定是可用不可取，也就是说这笔资金可以进行股票交易或是再次进行逆回购操作，但无法转出到银行账户；只有到晚间结算后才可取出，事实上投资者只有在 T + 2 日才可进行提取。但是也有一小部分券商的规定是次日不可用，既无法提取也不可进行其他的交易操作，这往往会影响到逆回购交易的资金流动性，包括新股申购时间衔接、再次交易，都会因此受到影响。

（6）周末如何计息。假设周五投资者进行一天品种的交易，资金要在周一返还，只能获得一天的利息，周末两天是不计息的；但如果周五进行了三天品种交易，周末两天是计息的。当然在周五的时候三天品种的利率会明显下降，但是假设看到二天品种利率乘以 3 明显高于一天品种，投资者购买三天品种则是明智的选择。

盲点套利⑩
个人外汇买卖的套利技术

通过外汇买卖，个人可以卖出手中持有的外币，买入存款利率较高或处于升值中的另一种外币，从而获取更高的利息收益或者获得外汇升值的好处，避免汇率风险。如买入利率较高且处于升值中的货币，可获得汇差、利息两方面的收入。通过外汇买卖，个人还可以调整手中所持外汇的币种结构，既方便使用，也有利于保值。

目前按国家有关政策规定，只能进行实盘外汇买卖，还不能进行虚盘外汇买卖。所以个人外汇买卖业务均为实盘交易（不能进行透支、保证金等交易），个人在银行规定的交易时间内，通过柜面服务人员或其他电子金融服务方式，进行实盘外汇买卖。银行接受客户的委托，按照银行个人外汇买卖业务的报价，为客户把一种外币买卖成另一种外币。目前人民币还没有实现完全可兑换，人民币与外汇之间还不能进行自由买卖。居民个人可以持现钞去银行开户，也可以将已有的现汇账户存款转至开办个人外汇买卖业务的银行。在交易手段上，既可以到银行柜台办理交易，也可以通过电话、因特网进行外汇买卖。

一、个人外汇买卖的特点

与股票、债券、期货等投资品种相比，个人外汇买卖有其自身的特点，这主要表现在：

1. 交易时间长

由于全球外汇市场连续 24 小时在运作，因此，外汇交易的时间最长。只要银行能够提供服务，居民个人可以进行 24 小时的外汇买卖。

2. 汇率波动大

由于目前全球汇率体制主要是浮动汇率，加之国际外汇市场受国际上各种政治、经济因素以及各种突发事件的影响，汇率波动已经成为一种正常现象，有时甚至会出现大幅波动。国际外汇市场汇率涨跌幅没有限制。汇价波动给个人外汇买卖业务既带来机遇，也带来风险。

3. 交易方式多样、灵活

目前个人外汇买卖业务可以通过银行柜面服务人员、电话或者自助交易设备等方式进行。

4. 买卖的货币均为自由兑换的货币

由于美元是国际外汇市场交易的媒介货币，多数外汇买卖都涉及美元，如美元/日元、欧元/美元、英镑/美元、美元/瑞士法郎等。在欧元面世后，欧元与主要可兑换货币之间的买卖也日益受到市场的重视。

5. 买卖报价与国际惯例相同

银行在国际外汇市场即时汇率（国际外汇市场报价是双边报价，银行同时报出买入价和卖出价，正常情况下买卖价差大约为 5 个基本点，买卖价差为银行盈利部分）基础上扩大买卖价格的差距（买卖价差），产生个人外汇买卖价，并随着国际外汇市场行情而变动。

6. 资金结算时间短

当日可进行多次反向交易，起息日采取 T+0 方式，即居民个人可以把当天买入（卖出）的货币当天卖出（买入），交易次数没有限制。

二、个人外汇买卖的开户流程

1. 选择开户银行

在进入"个人外汇买卖"之前，根据个人偏好选择开户银行，进入个人外汇买卖开户。

2. 开户并存入外汇

本人携带有效身份证明到银行开立外汇买卖账户，签署《个人实盘外汇买卖交易协议书》，存入外汇，也可以将已有的现汇账户存款转至开办个人外汇买卖业务的银行；办理网上交易和电话委托交易开户手续。

如果采用柜台交易，中国银行、交通银行没有开户起点金额的限制，中国工商银行、中国建设银行开户起点金额为 50 美元；如果采用电话交易，交通银行的开户起点金额为 300 美元等值外币，中国工商银行的开户起点金额为 100 美元等值外币。

3. 确定交易策略和制订交易计划

4. 建立日常的汇市信息来源渠道

比如，非专业的外汇投资者，建议加入专门性的门户网站成为免费会员，获取外汇通专为外汇投资者提供的资讯、信息、培训、操作建议、理财等一站式服务。资金大而不能自己操作的投资者，可以委托专业公司和交易员管理您的外汇资产，省时省力省心，坐享投资之利。

三、个人外汇买卖的通用策略

无论是投资国内市场还是投资国外市场，不论是投资一般商品，还是投资金融商品，投资的基本策略是一致的，在更为复杂的外汇市场上尤为如此。各人投资的策略虽有不同之处，但有一些是基本的和通用的。下面的策略总结对各种投资者来说，都有相当的参考价值。

1. 以闲余资金投资

如果投资者以家庭生活的必需费用来投资，万一亏蚀，就会直接影响家庭生计的话，在投资市场里失败的机会就会增加。因为用一笔不该用来投资的钱来生财时，心理上已处于下风，故此在决策时也难以保持客观、冷静的态度。

2. 知己知彼

需要了解自己的性格，容易冲动或情绪化倾向严重的并不适合这个市场，成功的投资者大多数能够控制自己的情绪且有严谨的纪律性，能够有效地约束自己。

3. 切勿过量交易

要成为成功的投资者，其中一项原则是随时保持 3 倍以上的资金以应付价位的波动。假如你资金不充足，应减少手上所持的买卖合约，否则，就可能因资金不足而被迫"斩仓"以腾出资金来，纵然后来证明眼光准确也无济于事。

4. 正视市场，摒弃幻想

不要感情用事，过分憧憬将来和缅怀过去。一位美国期货交易员说：一个充满希望的人是一个美好和快乐的人，但他并不适合做投资家，一位成功的投资者是可以分开他的感情和交易的。

5. 勿轻率改变主意

预先订下当日入市的价位和计划，勿因眼前价格涨落影响而轻易改变决定，基于当日价位的变化以及市场消息而临时做出决定是十分危险的。

6. 适当地暂停买卖

日复一日的交易会令你的判断逐渐迟钝。一位成功的投资家说：每当我感到精神状态和判断效率低至 90%，我开始赚不到钱，而当我的状态低过90%时，便开始蚀本，故此，我会放下一切而去度假数周。短暂的休息能令你重新认识市场，重新认识自己，更能帮你看清未来投资的方向。投资者格言：当太靠近森林时，你甚至不能看清眼前的树。

7. 切勿盲目

成功的投资者不会盲目跟从旁人的意思。当大家都认为应买入时，他们会伺机沽出。当大家都处于同一投资位置，尤其是那些小投资者也纷纷跟进时，成功的投资者会感到危险而改变路线。这和逆反的理论一样，当大多数人说要买入时，你就该伺机沽出。

8. 拒绝他人意见

当你把握了市场的方向而有了基本的决定时，不要因旁人的影响而轻易改变决定。有时别人的意见会显得很合理，因而促使你改变主意，然而事后才发现自己的决定才是最正确的。简言之，别人的意见只是参考，自己的意见才是买卖的决定。

9. 当不肯定时，暂抱观望

并非每天均须入市，初入行者往往热衷于入市买卖，但成功的投资者则会等机会，当他们入市后感到疑惑时也会先行离市。

10. 当机立断

投资外汇市场时，导致失败的心理因素很多，一种颇为常见的情形是投资者面对损失，也知道已不能心存侥幸时，却往往因为犹豫不决，未能当机立断，因而越陷越深，损失增加。

11. 忘记过去的价位

"过去的价位"也是一项相当难以克服的心理障碍。不少投资者就是因为受到过去价位的影响，造成投资判断有误。一般来说，见过了高价之后，当市场回落时，对出现的新低价会感到相当不习惯；当时纵然各种分析显示后市将会再跌，市场投资气候十分恶劣，但投资者在这些新低价位水平前，非但不会把自己所持的货售出，还会觉得很"低"而有买入的冲动，结果买入后便被牢牢地套住了。因此，投资者应当"忘记过去的价位"。

12. 忍耐也是投资

投资市场有一句格言：忍耐是　种投资。这一点相信很少投资者能够做到。从事投资工作的人，必须培养良好的忍耐力，这往往是成败的　个关键。不少投资者，并不是他们的分析能力低，也不是他们缺乏投资经验，而是欠缺了一份耐力，过早买入或者沽出，于是导致无谓的损失。

13. 订下止蚀位置

这是一项重要的投资技巧。由于投资市场风险颇高，为了避免万一投资失误时带来的损失，因此每一次入市买卖时，我们都应该订下止蚀盘，即当汇率跌至某个预定的价位，还可能下跌时，立即交易结清，因而这种订单是限制损失的订单，这样我们便可以限制损失的进一步扩大了。

四、常见外币名称及英文符号对照表

表2　常见外币名称的中英文对照

货币名称	英文符号	货币名称	英文符号
美元	USD	加拿大元	CAD
日元	JPY	澳大利亚元	AUD
港币	HKD	马来西亚林吉特	MYR
英镑	GBP	新西兰元	NZD
瑞士法郎	CHF	菲律宾比索	PHP
俄罗斯卢布	SUR	新加坡元	SGD
韩国元	KRW	印尼盾	IDR
泰国铢	THB	欧元	EUR

五、外汇投资的分析方法

基本分析方法：

基本分析是通过对国际及有关国家、经济团体的政治、经济形势与因素的分析，了解外汇市场的各种币种外汇的投资价值和发展状况，从而帮助投资者选择投资对象。影响国际外汇市场供求关系的主要因素有：

（1）以利率、通货膨胀率和国际收支为代表的基本经济指标影响因素。

（2）以中央银行的干预、国家经济政策调整为代表的政策调整影响因素。

（3）以政治、社会、新闻变动等为代表的社会政治影响因素。

（4）以市场预期、投机信息、市场评价等为代表的心理影响因素。

技术分析方法：

技术分析则通过对外汇市场的波动形式、成交量等市场因素的分析，起到帮助投资者选择适当的投资时机和投资方式的作用，在实际投资活动中，技术分析与基本分析应综合考虑结合使用。具体的技术分析方法与股市技术分析有类似之处。

盲点套利⑪
机构大户的特殊工具

在股市中，散户投资者有散户投资者的优势，最为明显的是：进出灵便，资金成本可视作零，没有某些限制性的交易制度的限制。机构大户投资者也有一些散户不具备的交易工具和条件。这些机构大户投资者的优势只有很少的比较聪明的机构大户在应用，其主要原因是缺乏信息知识和习惯。散户投资者尽管不能应用机构大户的这些投资手段，但是了解这些知识，对于提高自己分析市场的能力也是非常必要的。

机构大户的特殊工具主要有：

一、融资融券

"融资融券"又称"证券信用交易"，是指投资者向具有上海证券交易所或深圳证券交易所会员资格的证券公司提供担保物，借入资金买入该所上市证券或借入该所上市证券并卖出的行为。包括券商对投资者的融资、融券和金融机构对券商的融资、融券。

融资是看涨，因此向证券公司借钱买证券，证券公司借款给客户购买证券，客户到期偿还本息，客户向证券公司融资买进证券称为"买空"。

融券是看空，借证券来卖，然后以证券归还，证券公司出借证券给客户出售，客户到期返还相同种类和数量的证券并支付利息，客户向证券公司融券卖出称为"卖空"。

目前国际上流行的融资融券模式基本有四种：证券融资公司模式、投资者直接授信模式、证券公司授信模式以及登记结算公司授信模式。

1. 交易前的准备工作

投资者向证券公司融资、融券前，应当按照《证券发行与承销管理办法》(以下简称《管理办法》)等有关规定与证券公司签订融资融券合同以及融资融券交易风险揭示书，并委托证券公司为其开立信用证券账户和信用资金账户。

根据《管理办法》的规定，投资者只能选定一家证券公司签订融资融券合同，在一个证券市场只能委托证券公司为其开立一个信用证券账户。

2. 申报内容

融资融券交易申报分为融资买入申报和融券卖出申报两种。

融资买入申报内容应当包括：①投资者信用证券账号；②融资融券交易专用席位代码；③标的证券代码；④买入数量；⑤买入价格（市价申报除外）；⑥"融资"标识；⑦该所要求的其他内容。

融券卖出申报内容应当包括：①投资者信用证券账号；②融资融券交易专用席位代码；③标的证券代码；④卖出数量；⑤卖出价格（市价申报除外）；⑥"融券"标识；⑦该所要求的其他内容。

其中，上述融资买入、融券卖出的申报数量应当为100股（份）或其整数倍。

3. 融券卖出申报价格的限制

为了防范市场操纵风险，投资者融券卖出的申报价格不得低于该证券的最近成交价；如该证券当天还没有产生成交的，融券卖出申报价格不得低于前收盘价。融券卖出申报价格低于上述价格的，交易主机视其为无效申报，自动撤销。

投资者在融券期间卖出通过其所有或控制的证券账户所持有与其融入证券相同证券的，其卖出该证券的价格也应当满足不低于最近成交价的要求，但超出融券数量的部分除外。

4. 了结融资交易方法

投资者融资买入证券后，可以通过直接还款或卖券还款的方式偿还融入资金。投资者以直接还款方式偿还融入资金的，按照其与证券公司之间的约定办理；以卖券还款偿还融入资金的，投资者通过其信用证券账户委托证券公司卖出证券，结算时投资者卖出证券所得资金直接划转至证券公司融资专用账户。需要指出的是，投资者卖出信用证券账户内证券所得资金，须优先偿还其融资欠款。

5. 了结融券交易方法

投资者融券卖出后，可以通过直接还券或买券还券的方式偿还融入证券。投资者以直接还券方式偿还融入证券的，按照其与证券公司之间的约定，以及交易所指定登记结算机构的有关规定办理。以买券还券偿还融入证券的，投资者通过其信用证券账户委托证券公司买入证券，结算时登记结算机构直接将投资者买入的证券划转至证券公司融券专用证券账户。

投资者采用买券还券方式偿还融入证券时，其买券还券申报内容应当包括：①投资者信用证券账号；②融资融券交易专用席位代码；③标的证券代码；④买入数量；⑤买入价格（市价申报除外）；⑥"融券"标识；⑦该所要求的其他内容。需要指出的是，未了结相关融券交易前，投资者融券卖出所得资金只能用于融资买券还券。

为了控制信用风险，证券公司与投资者约定的融资、融券期限最长不得超过6个月。

6. 投资者信用证券账户限制

投资者信用证券账户不得用于买入或转入除担保物及该所公布的标的证券范围以外的证券。同时，为了避免法律关系混乱，投资者信用证券账户也不得用于从事债券回购交易。

7. 融资融券的信息

交易所网站会发布融资融券的信息，这些信息可以作为阶段市场指数和有关个股的分析参考，其中有大笔异动交易的品种可重点分析其实施行为的机构大户的动因。

二、大宗交易

大宗交易又称为大宗买卖，是指达到规定的最低限额的证券单笔买卖申报，买卖双方经过协议达成一致并经交易所确定成交的证券交易。具体来说，各个交易所在它的交易制度中或者在它的大宗交易制度中都对大宗交易有明确的界定，而且各不相同。

大宗交易针对的是一笔数额较大的证券买卖。我国现行有关交易制度规则，如果证券单笔买卖申报达到一定数额的，证券交易所可以采用大宗交易方式进行交易。

第一，有关规定。

按照规定，证券交易所可以根据市场情况调整大宗交易的最低限额。另外，上海、深圳交易所的规定有所不同，下面是上交所的有关情况，深交所的情况可以查阅有关规定。

（1）A 股交易数量在 50 万股（含）以上，或交易金额在 300 万元（含）人民币以上；B 股（上海）交易数量在 50 万股（含）以上，或交易金额在 30 万美元（含）以上；B 股（深圳）交易数量不低于 5 万股，或者交易金额不低于 30 万元港币。

（2）基金交易数量在 300 万份（含）以上，或交易金额在 300 万元（含）人民币以上。

（3）债券交易数量在 1 万手（含）以上，或交易金额在 1000 万元（含）人民币以上（企业债、公司债的现券和回购大宗交易单笔最低限额在原来基础上降低至：交易数量在 1000 手（含）以上，或交易金额在 100 万元（含）人民币以上。参考《关于开展大宗债券双边报价业务及调整大宗交易有关事项的通知》）。

（4）债券回购交易数量在 5 万手（含）以上，或交易金额在 5000 万元（含）人民币以上。

大宗交易的交易时间为交易日的 15:00~15:30。大宗交易的成交价格，由买方和卖方在当日最高和最低成交价格之间确定。该证券当日无成交的，以前收盘价为成交价。买卖双方达成一致后，并由证券交易所确认后方可成交。

第二，注意事项。

大宗交易在交易所正常交易日限定时间进行，有涨幅限制证券的大宗交易须在当日涨跌幅价格限制范围内，无涨跌幅限制证券的大宗交易须在前收盘价的上下 30%或者当日竞价时间内成交的最高和最低成交价格之间，由买卖双方采用议价协商方式确定成交价，并经证券交易所确认后成交。

大宗交易的成交价不作为该证券当日的收盘价。大宗交易的成交量在收盘后计入该证券的成交总量。并且每笔大宗交易的成交量、成交价及买卖双方于收盘后单独公布，最后还须了解的是大宗交易是不纳入指数计算的，因此对于当天的指数无影响。

第三，大宗交易的信息。

交易所网站会发布大宗交易的信息，这些信息可以作为阶段市场指数和有关个股的分析参考，其中有大笔异动交易的品种可重点分析其实施行为的机构大户的动因。

三、新股

1. 新股网下申购

"网下申购"就是不通过证券交易所的网上交易系统进行的申购，此申购一般对大资金大机构进行。网下申购又叫网下配售，是指不在股票交易网内向一些机构投资者配售股票，这部分配售的股票上市日期有一个锁定期限。目前规定的锁定期限是 3 个月。

2. 绿鞋

"绿鞋机制"也叫绿鞋期权（Green Shoe Option），是指根据中国证监会2006 年颁布的《证券发行与承销管理办法》第四十八条规定："首次公开发行股票数量在 4 亿股以上的，发行人及其主承销商可以在发行方案中采用超额配售选择权。"这其中的"超额配售选择权"就是俗称的"绿鞋机制"。该机制可以稳定大盘股上市后的股价走势，防止股价大起大落。中国工商银行2006 年首次公开募股（以下简称 IPO）时采用过"绿鞋机制"发行。

3. 定向增发申购

非公开发行，发行对象不得超过 10 人，发行价不得低于市价的 90%，发行股份 12 个月内（大股东认购的为 36 个月）不得转让，在价格合适的情况下，机构大户可以与上市公司、有关证券公司联系参与定向增发申购。

4. 机构持股上市日

网下新股、定向增发股上市日及其前后时间常常成为股价异动的敏感时间，可以通过市价与成本价的关系，大盘的市场背景，机构持股的数量、集中度、风格来参考判断股价波动的可能性。

"绿鞋机制"也存在着一定的股价波动规律。

四、收购战"举牌"

"举牌"收购：为保护中小投资者利益，防止机构大户操纵股价，《证券法》规定，投资者持有一个上市公司已发行股份的 5% 时，应在该事实发生之日起 3 日内，向国务院证券监督管理机构、证券交易所做出书面报告，通知该上市公司并予以公告，并且履行有关法律规定的义务。业内称之为"举牌"。

二级市场"举牌"上市公司股权,同时也意味着这部分股权有 6 个月的禁售期。

在熊市末期,"举牌"收购战非常容易聚集人气,特别是反收购战同时展开很容易造就波段黑马股。

五、券商研究报告

如何汲取券商研究报告的精华?

1. 取数据

券商报告对于个人投资者来说,最值得汲取的一块就是数据的归类、整理、对比,个人投资者因为信息来源的欠缺,数据整理时间的缺失,都不能像券商研究员们专门花上几天的时间来整理一些行业数据。

2. 看逻辑

之所以强调要看券商策略报告或者行业报告的逻辑,是因为即使数据完全正确,但使用数据的逻辑如果出问题,那么多精准的数据也是徒劳。

3. 查动机

券商的报告是写给谁看的?伴随着基金、保险公司等机构实力日渐强大,很多券商写报告都是为了迎合基金的胃口,也有些是为了上市公司的再融资服务的。

4. 知规律

有的券商研究员的个股研究报告的出台时间是和股价波动情况有一定的规律特征的,可以注意其规律为我所用,而不能被其所伤。

盲点套利 ⑫
常见潜规则投机技巧

潜规则是相对于"元规则""明规则"而言的,是指看不见的、明文没有规定的、约定成俗的,但是却又是广泛认同、实际起作用的、人们必须"遵循"的一种规则。

股市中也存在着一些潜规则,熟悉这些潜规则,合适的时候在投机活动中运用，可能会取得不错的效果。

一、高送转

上市公司在公布中报和年报的时候，需要同时公告利润分配方案，其中的高送转题材容易受到机构的预热炒作，对应个股容易出现活跃的股价波动。具有这种题材的股票波动的主要方式有：

（1）在分配方案出台前，股价的走势强于市场，高送转方案公布日经常出现利好兑现方式的股价振荡。

（2）在分配方案出台前，股价的走势不强于市场，高送转方案公布日则容易出现强于市场的强势表现。

（3）具有高送转题材的股票，在除权日股价会进行除权，通常情况下的规律是，强势市场背景时股价容易填权，弱势市场背景时股价容易贴权。

（4）一些成长性好的上市公司，因送转分配方案不被市场接受，在报表公布后股价走势不理想，此时常常会因券商发表新研究报告而出现强于市场的强势表现。

二、敏感时间：上市公司重大公告、股东大会

股市中存在着一些敏感时间，股价在敏感时间常常会出现规律性走势，常见方式有：

（1）重大节日长假期的最后一个交易日，指数有望出现上涨，特别是此前一段时间指数调整比较充分的情况下，可靠性更强一些，有时会因市场的前期过于强或者过于弱，上涨日会略微提前一两天。

（2）上市公司公布重大公告后的第一个交易日，股价容易出现异动。此前股价表现一般则容易强势上涨，此前股价表现过于强势，则此时股价容易冲高回落形成短期高位。

（3）有时，上市公司的股东大会需要通过一些重要议题，特别是有利于大股东的议题，股价容易在股东大会举行前的一个交易日强势表现。

（4）有些戴有 ST 帽子的上市公司，在 ST 摘帽日，股价容易出现强势上涨。

三、关联现象：品种、人民币升值、波罗的海指数

现代社会，信息传递非常发达，周边市场的涨跌信息也会对A股有所影响，常见规律有：

1. 欧美股市

A股是封闭性的，涨跌具有一定的独立性。在A股强势时，欧美股市的短线强势波动会助涨A股，欧美股市的短线弱势波动有时会使得A股指数出现低开，此时是个低开的短线买点；在A股弱势时，欧美股市的短线弱势波动会助跌A股，欧美股市的短线强势波动有时会使得A股指数出现高开，此时是个高开的短线卖点。

2. 金属期货

金属期货如果出现中长线行情，不管强弱都会对A股中对应的行业板块产生联动作用，这个现象是一个重要的A股行业炒作分析信息。

3. 波罗的海指数

波罗的海航交所是世界第一个也是历史最悠久的航运市场。国际波罗的海综合运费指数（BDI），成为代表国际干散货运输市场走势的"晴雨表"。

波罗的海指数的涨跌对A股中的航运行业股票基本面变化有着重要影响，股价也会常常因此出现一定的关联表现。

4. 人民币升值

人民币升值会降低航空行业、造纸行业公司的经营成本，因此在人民币大幅升值时，有时这两个板块的股价会受到机构的炒作。

人民币贬值会提高航空行业、造纸行业公司的经营成本，因此在人民币大幅贬值时，对于这两个板块是利空。

四、大股东动态

1. 大股东增减持

大股东对于上市公司的经营是最了解的，大股东在二级市场的增减持力度对于投资者分析判断上市公司的基本面趋势变化有一定的参考意义。

原先业绩差的上市公司，出现大股东股权转让，则需要注意其后上市公司是否存在着资产重组动作。

2. 股权激励

随着市场竞争的日益加剧，企业为吸引人才、留住人才，充分发挥人才的潜力而采取各种激励手段和措施。在各种手段和措施中，股权激励越来越受到企业的重视，越来越多的企业倾向于采用股权激励。

有一些上市公司的股权激励方案，能够透露出上市公司对公司基本面变化趋势和股价信心度的看法。

3. 再融资配合

上市公司在进行再融资前，常常会有一些基本面方面的利好支持。在再融资完成后，如果有支持其再融资的机构投资者被套，上市公司也常常会在中报、年报的分配方案中有一些刺激股价的信息。

利益博弈是股票投机活动中的一项重要技巧，不过要同时考虑到市场背景以及上市公司与投资者的即时博弈关系。

4. 重大信息

有时，上市公司的重大动作是与股价刺激有关联的。因此，在市场处于强势时，一些重大动作的传闻可能成真，即使最后不成真也对股价的上涨有帮助作用；在市场处于弱势时，一些重大动作常常在停牌沟通时流产，股价容易出现失望性的大跌。

五、股性

1. 新旧的股性

在 A 股市场有炒新的习惯现象，在其他方面类似的情况下，新股板块的表现常常比上市时间较长的股票好，特别是在一轮大跌势后的上涨初期。

2. 市值的股性

在 A 股市场有炒小的习惯现象，在其他方面类似的情况下，市值小的板块的活跃性常常比市值大的股票好。当然，在大蓝筹股成为市场热点时除外。

3. 集中度的股性

集中度高的股票在跌势中相对会比较抗跌，而且股票的波动节奏可能也会比大盘慢一个节奏，但是这类股票一旦出现活跃，往往短线的力度较大，连续性也会比较好，有时在开盘或者尾市会有规律性波动。

4. 波动的股性

有的股票就有一定股性，观察一段时间后，有心人就会熟悉。熟悉股票的波动特性，对于提高实战能力也有较大的帮助。

六、窗口指导

在市场极端情况时，有关部门会对基金公司等机构有窗口指导意见。这些窗口指导意见对于判断市场有较大的参考作用。

盲点套利 ⑬
股市高手到底是什么样的

老花认为，大盘大跌时，顺势而为的空仓躲过的人是高手；

股友认为，大盘大跌时，激流勇进逆市持股大涨的人是高手。

老化认为，高手是应对为主，预测为辅；

股友认为，高手喜欢预测且预测得很准，并且操作按照预测提前下狠手。

老花认为，高手是只清楚阶段市场中的一部分事情，并有能力把这部分事情做好；

股友认为，高手无所不知，无所不晓，很神气。

老花认为，高手的方法通常是大道至简，朴实无华，平和，热爱生活；

股友认为，高手的方法应该是高深莫测，神鬼难辨，好像有英雄的范儿。

老花认为，高手的投资是稳利加复利，暴利靠运气；

股友认为，高手的投资是除了暴利还是暴利，时不时地制造新神话。

老花认为，高手通常是谨慎的、稳健的、中庸折中的、多维思路的；

股友认为，高手可能是张扬的、激进的、极端固执的、一根筋的。

老花认为，高手也会经常犯错，但是错了时不会输大钱，并且时刻有纠错的准备；

股友认为，高手是股神，不会犯错误，犯错误的人不是高手，不需要纠错，顽抗到底。

老花认为，小资金，自由敏感的，有经历的人容易成为高手；

股友认为，机构庄家，业内人士，喜欢吹牛（有好几种含义）的人容易成为高手。

老花认为，如果你真需要高手的帮助，就应该全盘接受高手的意见，包括一些失误；

股友认为，接受高手的帮助，可以搞修正主义，自己能够实现比高手更好的投资结果。

老花认为，投资是高强度脑力劳动，高手为了保持状态，应该吃喝玩乐，自由自在地放松自己！

股友认为，投资是玩游戏，高手要像苦行僧那样努力，经常开会集思广益，不要整天不务正业。

老花认为，高手的境界是有知者无畏！对市场、对自己、对股史有清醒透彻的了解；

股友认为，高手的境界是偶尔获得的涨停运气，有预谋地包装，装神弄鬼的赌博秀。

老花认为，高手是杀出来的，具有不同的视觉角度并有习惯体系；

股友认为，高手是学出来的，不需要特别的经历就可以成为高手。

老化认为，中国股市能够持续稳定不受环境影响盈利的高手不会超过10人；

股友认为，高手很多啊！不过是各领风骚三五月（这是运气手，不是高手）。

老花认为，高手是综合素质的体现，是专业经验、综合资源、基础素质的集合；

股友认为，高手纯是股市的悟性，闭门造车也可成为高手。

老花认为，股市食物链是：高手赚机构大户的钱，机构大户赚国企（基金、券商、上市公司）的钱，国企（基金、券商、上市公司）赚散户的钱，散户应赚股市周期（强势）的钱；

股友认为，股市食物链是：机构庄家与散户对赌，股民与运气对赌，或者投资者赌博上市公司的经营状况（也许是经济形势）。

老花认为，股市高手必然有精神贵族气质，没有一定智慧道德水准的人不可能是高手，平常人多数时间跟不上高手的思想，也很难理解高手的操作行为；

股友认为，高手有可能是书呆子，有可能是自私者，有可能是没见过世面的孤陋寡闻者，庸人能猜出来高手在想什么、干什么。

股市加油站

1. 信心

抄底大军和斩仓大军满怀信心，迎面而过，双方轻蔑地瞧着对方，摇了下旗子，同时脱口而出："傻×！"满仓正确！空仓有理！

2. 熊市的特点

熊市的特点是，来一个套一个，缘分啊；走一个赔一个，谢谢啊！

3. 聪明的医生

医院的树荫下，一对情人在拥抱接吻。一个医生看见了，过去对那男的说："你真糊涂，施行人工呼吸，应该把她平放在地上才行，走开，让我来。"

第三章 短线法宝

PART THREE

关键语：

　　人生就是这样：先一步或者迟一步，往左一点或者往右一点，多看一眼或者少听一句，都会造成命运的重大变化。

短线法宝 **01**
股市量价投机基本逻辑

　　一只股票最常见的交易情况有三种：第一种是散户的零星交易，这种交易对股价的后续发展影响不大；第二种是散户的集中交易，有时也会是一个大户的连续买卖或者是一群散户的集中买卖，这种交易容易使得股价产生一个局部反向高低点；第三种是主力的连续交易，这种交易往往会产生股价趋势机会，是我们需要加大注意力和采取行动的。

　　职业高手根据多年的交易总结，发现用个股的股价波动力度与大盘相比较能够准确地分析股票的交易性质。下面是他们总结的一些要点。

一、超越

　　如果一只股票在大盘处于日均线上涨时，其股价上涨的力度要大于大盘，说明这只个股处于上涨的持续期，是短线好股票。如果这种现象连续出现，并且个股的低点与高点连续抬高，该股有望在当天出现大涨，如果日 K 线不特别高，应该考虑介入。

如果一只股票在大盘处于日均线下跌时，其股价下跌的力度要大于大盘，说明这只个股处于下跌的持续期，是短线坏股票。如果这种现象连续出现，并且个股的低点与高点连续降低，该股有望在当天出现大跌，如果日 K 线不是特别低，应该考虑出货。

二、抗跌

如果一只股票在大盘处于日均线下跌时，其股价明显处于抗跌状态，而大盘又处于指数回稳的时候，该股股价明显走强，说明这只个股有短线启动的可能性，应该加大做多力度。

如果一只股票在大盘处于日均线上涨时，其股价明显处于滞涨状态，而大盘又处于指数回落的时候，该股股价明显下跌，说明这只个股有持续下跌的可能性，应该加大做空力度。

三、独立

如果大盘处于上涨过程中，一只个股的涨跌与大盘的涨跌关联不大，具有独立性，而且筹码又处于比较集中的状态，说明这只股票处于股价的独立运动状态。

如果这只股票有明显的运行规律，比如说股价沿着某重要均线或者通道上涨，则这只股票是中线好股票。该股票的上涨规律经常会是独立的或者可能会是在大盘调整期中上涨。

如果这只股票是只筹码集中股，其股价运行没有强势规律，其上涨力度明显弱于大盘，甚至出现逆大盘下跌现象，应该果断换股。

如果这只股票在前几天走势较弱，后来又出现了放量大涨，在放量大涨的第一天可以考虑追进，因为庄股一旦启动，往往持续性较好并且力度较大。

四、反击

如果一只处于股价正在分时期强势上涨的股票，因为大盘调整（而不是趋势变化）原因而使得股价受到短线打击，但是一旦大盘回稳，该股股价就立刻明显处于强势上涨，则其短线上涨的趋势比较明显，适于短线套利。

如果一只处于股价正在分时期弱势下跌的股票，因为大盘反弹（而不是趋势变化）原因而使得股价受到短线带动，但是一旦大盘回跌，该股股价就立刻明显处于弱势下跌，则其短线下跌的趋势比较明显，应该尽快考虑出货。

五、持续

在市场处于强势时，一只股票连续出现两天有力度的上涨，说明这是一只中线上涨股，我们应该注意其后的机会。在弱势市场中，不能过分追高。

一只股票明显突破一个重要压力，其后股价继续强势，该股中线趋势令人乐观。

一只股票明显跌破一个重要支撑，其后股价继续弱势，该股中线趋势令人悲观。

六、间歇

一只股票出现了一天的突然价涨量增后，其后几天股价明显处于弱势，说明其短线价值不大。

如果这只股票是在透明公开消息的作用下上涨的，则这只股票中线存在危险。如果这只股票是在朦胧消息的作用下上涨的，则这只股票中线存在潜力。

七、龙头

股市行情启动后，不论是一轮大牛市行情，还是一轮中级反弹行情，总会有几只个股起着呼风唤雨的作用，引领大盘指数逐级走高。

龙头股或者龙头板块常常是一轮行情中涨幅最大的股票之一，应该作为强势行情中的重要持股组合之一。可以第一时间追涨，也可以在其第一次振荡调整时低吸。

要发现市场龙头股，就必须密切留意行情，特别是股市经过长时间下跌后，有几只个股会率先反弹，较一般股表现坚挺，在此时虽然谁都不敢肯定哪只个股将会突围而出，引导大盘，但可以肯定的是龙头就在其中。因此要圈定这几只个股，然后再按各个股的基本面来确定。由于中国股市投机性比较强，每波行情均会有机构重点炒作某一题材或概念板块，因此结合基本面就可知道，能作为龙头的个股一般其流通盘中等偏大最合适，而且该公司一定在某一方面有独特一面，在所处行业或区域占有一定的地位。

短线法宝 02
日波动细节要点

最能体现投资者职业性的就是盘面感觉，盘面感觉是一种长时间积累的高手第六感，是职业高手阅读短线机会与投资天赋的体现，事实也证明了盘面信息是最可靠、最真实的直接信息。盘面感觉的形成需要自己用心看盘的总结积累，也需要高手的直接指点，如果能有不同角度的经验，即散户、大户、机构、大机构的经验，就能对一些不好理解的现象一目了然。盘面现象是一层薄纸，没有捅破之前，你始终是处于懵懂无知的状态，而一旦捅破这层纸，会顿觉一片开朗。在进行盘面分析的时候，不要考虑太多。如果它看着像只野鸭，而且像野鸭一样叫唤，那它就是只野鸭，举起你的猎枪吧！

一、日中的爆发点

1. 日均线的价值

日均线的走势最能体现个股在当天走势的强弱，经典的分析定律是：

（1）个股日均线与大盘日均线的比较。把当天日均线与当天大盘均线相比可以得出结论，该股是属于当天的强势股还是弱势股，当天的短线买卖最好是买强卖弱，当然还需要考虑当日目标股票的K线图形与MACD指标的情况。比较日均线时主要以比较角度为主。

（2）日均线与上一日收盘价的比较。把个股的日均线与上一日收盘价相比较，可以知道该股在当天波动的主力预谋情况，从日均线的上涨或下跌力度也可看出主力的操作力度。如果日均线处于上涨状态，该股是强势股；如果日均线处于下跌状态，该股是弱势股。

（3）日均线与当天股价走势的比较。如果个股在当天多数时间在均线上方波动，说明该股是强势股，均线附近是较好的买点；如果个股在当天多数时间在均线下方波动，说明该股是弱势股，均线附近是较好的卖点。

2. 盘中加速点

盘中的加速时间最容易产生在一天交易时间中的四个时点，即上午的开收盘时间和下午的开收盘时间。另外盘中的加速点还与指数的加速点相配合，同时也与这只个股盘中即时的买卖情况有关。这种买卖情况与主力的即时目的状态有关，这点可以用量价关系原理来分析。

盘中加速点最典型的征兆是突然提升股价的大单出现，这种大单应是连续性的与挂单跟上性的。跟进盘中加速点的最好方法是第一波的启动点跟进与第二波的止跌位跟进，当然有时大盘的盘中振荡也会给你一个很好的买点，特别是流通市值较小的个股与庄家控筹股。

3. 盘中抗拒点

盘中抗拒点是指股价在短期里抗拒大盘的波动。一般情况下，大盘处于强势中，指数出现了短暂下跌，股价不跌。等待指数上涨的时候，股价有望创出新高。大盘处于弱势中，指数出现了短暂上涨，股价不涨。等待指数下跌的时候，股价有望创出新低。盘中抗拒点是一个经典的买进卖出信号，非常值得我们注意。

4. 盘中转折点

盘中转折点是指股价在盘中遇到一个突然性的大单买卖后，立即就受到反向更强力反击的现象。受到上涨性的反击是好现象，受到下跌性的反击是坏现象。

5. 盘中敏感点

盘中敏感点有两种经典的现象。第一种是技术性的现象，如果一只个股一遇较大的挂卖出现就立刻有买单吞吃，这是个很好的信号；如果一只个股一遇较大的挂买出现就立刻有卖单砸出，这是个令人沮丧的信号。第二种是题材性的现象，如果一只个股面临一些明显的题材，而观察日非常接近这个题材日，股价的波动趋势和现象往往预示着一个较大的爆发点，这时我们应该注意观察并且操作上要跟风。

6. 停板的研究

涨跌停板是最强烈的股价反映，其短线具有强烈的惯性作用，这种惯性可以为我们在市场处于两极时运用。其常见的运用方法有：

（1）在大盘处于超强市时，小仓位多品种的追涨停板是一个很好的短线操作法。

（2）在大盘处于超弱市时，中线超跌的第一个涨停也可以小仓位利用。

（3）一只个股爆出特别有力度的大利好，第一个涨停没有买到，可以注意第二个涨停少量买。

二、盘面挂单现象

1. 挂单的背后

个股的盘中挂单最能够说明这只个股的交投活跃性，在注意流通盘子的前提下，挂单越大证明这只个股越活跃，单子越小证明这只个股越不活跃。

需要注意的是，盘中挂单含有两种性质，一种是散户的随机买卖挂单，另一种是主力维护股价或者买卖的挂单。

如果一只股票的挂单一直处于稀少状态，某天突然增多，证明这只股票短线即将活跃。另外买卖挂单跟随股价涨跌的提升和下追，可以说明主力的短线意图。

2. 挂单与股价

挂单少股价活跃的股票是短线好股票，挂单多股价不活跃的股票是短线呆滞股。

挂卖单大股价上涨的股票是短线好股票，挂买单大股价不涨的股票是短线坏股票。

挂买单追上涨股价的股票是短线好股票，挂卖单追下跌股价的股票是短线坏股票。

3. 极点的挂单

大盘处于短线技术形态或者技术指标超卖状态时，或者个股处于中线技术形态或者技术指标超卖状态时，连续坚决的大买挂单出现是短线好股票；大盘处于短线技术形态或者技术指标超买状态时，或者个股处于中线技术形态或者技术指标超买状态时，连续坚决的大卖挂单出现是短线坏股票。

这个定理最好使用于大盘暴涨暴跌之后，或者个股处于独立通道的时候。

4. 盘后的挂单

盘后才出现的大挂单，不管是买还是卖，多数情况是一种经典的骗术。

对于这种古老的、低智商的骗术，只有那些头脑过于简单的人才会上当。

<h1 style="text-align:center">短线法宝 03
怎样对 A 股市场进行解盘</h1>

股价的涨跌，行情的演变，是股市各方面因素共同作用的结果。因此，在解盘时，必须了解各种影响因素变化与盘面动向之间的相互关系，善于从细微的变化中找出其方向发展的趋势，并据此调整操作思路，灵活地应用于股市实战。所以说，对影响股市的政策面、资金面、基本面、技术面、消息面等进行综合研判，是解盘的基础。解盘的针对时间通常是短线的，最常见的是当天的解盘与当周的解盘。

一、对大盘进行解盘

1. 利用消息面对大盘进行解盘

自从沪深交易所诞生以来，市场一直是受制于政策消息面的影响。每个阶段行情无论涨跌都会受到一个明显的政策因素影响，这个政策的具体措施动向都会成为大盘涨跌的最直接动力。每阶段的政策导向是大主力行动的风向标，消息面的影响度在大盘处于敏感期更为有效，重要的是判断政策消息的真实意图，安慰性的表态与拐点性信息是不同的。

另外，有些含指数权重较大或者市场影响力较大的个股，其消息面影响而导致的该股涨跌也会对大盘的短线走势起到方向性引导。个股的消息（如中报、年报）集中发布期以及大家对未来消息的预期也会提前影响大盘的现时走势。

2. 利用技术面对大盘进行解盘

影响大盘技术面的第一级指标是成交量，沪深股市只有在比较大的成交量背景下才会出现连续的强市，否则持续走强的概率不大；影响大盘的第二级指标是中期均线（30 日均线、60 日均线），中期均线的方向以及与股价的位置比较，将会使大盘的走势趋势明显化；影响大盘的第三级指标是周 KDJ 与 MACD 指标，在两个技术指标达到两个极端时，大盘的原有趋势会出现修正性回试或者加速原趋势。

3. 利用领头股对大盘进行解盘

当大盘出现明显的涨跌时，每阶段都会有一个或者几个对市场影响较大的个股出现，其出现技术性的走势特征时也会对大盘的趋势起到修正与加速作用。有时领涨领跌的也会是一个有一定权重的板块，其有效性更加有效。

4. 利用主力面对大盘进行解盘

市场上最大的主力群体，比如说基金的整体运作方向会对大盘的走势起重要作用，跟踪基金的运作方向，可以跟踪其重仓持有的个股整体表现。另外可以从涨跌靠前的个股幅度进行比较发现做空和做多的力量对比，有没有明显的涨跌热点也是判断大盘涨跌是否具备持续性的参考。一般情况下，主力有意的集体行动往往涨跌持续度较大，而技术性质的波动不具备持续性。

二、对个股进行解盘

对个股进行解盘的标准主要是判断短线个股现在时机会与潜力个股将来时机会。主要判断原则有以下几点：

第一，根据近期入选涨跌榜的个股特征，来发现短线的市场机会与风险所在的板块，特别是对于提示的风险一定要防止。

第二，根据近期的个股换手率排名的特征，来发现市场是否有新主力入场。一般情况下原来的不活跃股与基本面好的个股成交量放大，说明主力进场积极；原来的活跃股与超跌股的成交量放大，说明是老主力的折腾。

第三，根据盘中的成交买卖特征记录以及组合性的指标测量来发现新的潜力股，以及跟踪原有潜力股的动态变化分析。

第四，每阶段需要跟踪一些具有明显机会的个股，对于这些个股的机会一定不能放过。明显机会主要体现于题材、量能、趋势之中。

三、对实际操作进行解盘

对大盘与个股的解盘最终还是要解决操作问题，常见的操作决断有下列方法。

判断大盘中线走强的操作：

第一，把资金投向成交量较大的热点板块与龙头品种。

第二，根据组合技术指标进行有节奏的套利性质换股。

第三，及时伏击跟踪较长时间的且新启动的潜力股。

判断大盘中线走弱的操作：

第一，先想办法把仓位卖掉一半再说，这种操作要坚决果断，不能有幻想。

第二，设立条件卖掉剩下的一半个股，这种条件有两种，一种是止损位条件，另一种是上涨位条件。

第三，选择再次中线做多的条件是市场成交量连续放大。

对大盘的走势心中无数时的操作：

第一，小仓位根据多组合技术指标进行短线运作，无论是已经重仓或者轻仓的现实局面都要调整到这个局面来。

第二，专门针对盲点机会进行防守性的低风险品种操作。

第三，用"宁肯错过，不能做错"这句话来压制"时刻冲动要买股票"的股民劣根性。

短线法宝 04
股价高低位的判断

在行情展开期间，你关心的股票股价处于一个什么样的水平，是属于高价圈还是低价圈，这个问题是很重要的，它事关利润与风险比。如果持股是处于高价圈，就需要你采取稳健的操作策略并做好时刻减仓的准备，如果持股是低价圈，就需要采取激进的操作策略并做好加仓的准备。但怎样判断股价的水平呢？职业高手的经验还是可以借鉴的。

一、高价圈的形成判断方法

用K线理论判断高价圈：

中级行情的上升特征是阳线占多数，并且比阴线有力量，如果下列特征出现，证明股价可能到达高价圈。

（1）连续几根阳线冲刺，出现一根短阳线或者阴线，然后回落力度明显，证明股价已经到达高价圈。

（2）在大涨后出现大阴线，此时会因机构仓位依然较重，以大阳线反击，形成振荡行情，其后连续阴线跌破支撑线，高价圈成立。

（3）大涨后长阴线出现，其后股价继续上升，但是轨道趋缓，在上升轨道区域水平时，股价走势明显软弱，只能依靠尾市支持股价收平，高价圈成立。

（4）K线出现竭尽性缺口，K线在缺口附近形成密集状态，阴线与阳线互有胜负。最后股价回头补空，高价圈成立。

（5）整理形态末期，股价向下反转，突破颈线，反弹无力，很可能会下跌一段。颈线称为股价回升压力线，高价圈得以成立。

用平均线理论判断高价圈：

多头市场的特征为移动平均线为多头排列，并都位于上升趋势，如果出现绝对转折点，股家进入盘局。当10日均线与25日均线纠缠在一起，然后分开，可根据以下迹象判断高价圈是否成立：

（1）60日均线出现转折点，而且乖离率太大，表示已进入高价圈。

（2）10日均线呈水平状，窄幅度震动。25日均线由急速上升趋于平缓，渐有转弯下降迹象。此时不再出现一段上升行情，反而趋于下跌：25日均线盖头，趋于下跌，短暂高价圈确认。

（3）重要均线如30日、60日股价出现死亡交叉，高价圈确认。

用成交量理论判断高价圈：

成交量不断穿破新高为多头行情特征，如果出现下列行情之一为高价圈确认。

（1）股价跌至大成交量出现以下价位而不再回升，高价圈成立。

（2）下跌至成交密集区之下，反升乏力，上档高价圈成立。

（3）股价指数上涨，腾落指数下降，高价圈确认。

二、低价圈的形成判断方法

用K线理论判断低价圈：

下跌行情中，阴线占多数且比阳线力量强为其特征。低价圈的主要K线特征有：

（1）连续几根阴线，出现一根短阴线或者短阳线，然后再出现几根长阳线使股价回至始降处。随即进入盘档，走势脱离对称性。

（2）长阳线在跌势末期单独出现或连续出现，有长阴线出现，行情振荡。随之有阳线或者强有力阳线突破阻力线，低价圈形成。

（3）长阳线出现后虽仍回跌，可是下跌轨道趋于水平。大涨产生，低价圈确立。

（4）最终缺口出现，K线在缺口下方呈密集形态。阳线与阴线互有胜负。最后上涨补空，低价圈成立。

（5）整理形态末期，股价向上反转，突破颈线位，回跌有限。颈线成为股价支撑线，低价圈成立。

用平均线理论判断低价圈：

移动平均线呈空头排列，并且各均线向下，为空头市场特征。如果均线纠缠在一起，然后再分开，可从下列变动中确认低价圈：

（1）60日线上升转点出现，乖离率呈负值，并且绝对值甚大，表示股价已经进入低价圈。

（2）股价与10日均线、30日均线纠缠在一起，10日均线呈水平状，窄幅波动，30日均线由急速下跌趋于缓和，此时若不再出现一段下跌行情，反而股价趋于上升，突破30日均线后下跌缓慢，30日均线为支撑线。30日均线抬头，趋于向上移动，短暂低价圈形成。

用成交量理论判断低价区：

成交量不断萎缩是空头市场特征，成交量若出现以下变化，是低价圈确认的标志。

（1）股价下跌，成交量逐渐萎缩，至极限时，股价虽然继续下跌，但最低成交量不再出现。股价回升至小成交量出现以上价位，脱离低价区，低价圈成立。

（2）股价脱离盘档区回升至密集区之上，容易遭受卖压而出现几根阴线，成交量萎缩而股价仍在盘档区之上。

（3）股价指数下跌，腾落指数上升，也意味着股价进入低价圈。

短线法宝 ⑤
常见盘面经验总结

证券投资套利技术，特别是职业证券投资套利技术是一项熟练工种的技能，最为常见的套利技术必须是在机会迹象出现的瞬间立刻牢记在心，并且采取相应的行动。在观察主力动向与伏击主力利润方面，对具体盘面异动的内涵快速本能地理解是至关重要的，对这项技术能否熟练掌握，以及能否在实战中把有用信息融化在血液中并帮助实战买卖判断，是投资者是否能够进入职业者行列的关键。

一、缺口异动本能技术

一般情况下，主力要开始比较大的动作都以缺口操作作为行动的开始，投资者一旦碰见中期趋势后的反向缺口与伴随基本面消息或者较大成交量的缺口K线，应该保持高度注意，警惕波段趋势发生中级变化。对于下列含有缺口的K线组合尤其应该保持本能性反应：

（1）在波段均线走平情况下的初步带量未回补缺口大阳（阴）线预示着一个新趋势的开始，这个趋势的初级状态是单边连续的和回弹力有限的。

（2）在一个单边趋势后的大阳（阴）线后紧跟有一个带有缺口的小K线组合代表一个趋势的结束，其中小K线是个带有价值股、活跃股现象的十字星更能说明问题。

（3）一个跳高（低）含有缺口的大阴（阳）线，如果短期内阴（阳）线被反向消化，代表一个新趋势的开始，这个趋势的主流热点应是率先越过或者带量越过大K线的个股。

（4）在波段均线集于一点后的开收盘时间阶段，表现强劲的、含有缺口的K线代表一个新趋势的开始，这个趋势在开始后短线力度较为有力。

二、量能组合异动本能技术

大盘与个股量能的大小往往代表大盘机会度与个股活跃度的大小，追踪成交量是投资者掌握盘面信息的直接资料与管理资金投入度的关键。

（1）在大盘处于强势背景情况，波段均线向上，沪市成交量处于强势时，两市成交量最靠前的个股值得高度的短线注意。

（2）在个股短线技术形态或者题材时间配合良好的个股，一旦出现量比突增的情况，应该保持适量的套利注意。

（3）在个股的技术指标不好的情况下，无量均幅上涨的个股值得中线关注。

（4）大量大 K 线代表 K 线的有效性，大量小 K 线代表 K 线的反向性，无量的走势基本属于走势随意性。

三、挂单组合异动本能技术

盘中的挂单往往暴露主力的踪迹，弱市中的暴露有跟踪价值，强市中的暴露有诱骗嫌疑，某一事端的发生立刻遭到反击是天赐良机。

（1）盘中卖盘上有大单，股价表现积极，并且大卖单很快被大盘强势走势消化的走势是典型的强势上涨走势。

（2）盘中买盘上有大单，股价表现消极，并且大买单很快被大盘弱势走势消化的走势是典型的弱势下跌走势。

（3）盘中出现突然价差较大的卖单，立刻遭到反击的现象是好现象。

（4）盘中有明显的迹象出现，这个迹象显示的趋势必须很快顺势发展，否则是诱骗行为。

四、均价组合异动本能技术

股价与均价的比较显示主力的即时态度，依此判断主力是在电脑前看盘，还是在家里睡大觉。

（1）股价上涨，股价多数时间在均线上方运行且均线有支撑的个股属于当天强势股。

（2）股价下跌，股价多数时间在均线下方运行且均线有压力的个股属于当天弱势股。

（3）股价下跌，股价多数时间在均线上方运行且均线上移的个股属于强势整理。

（4）股价上涨，股价多数时间在均线下方运行且均线下移的个股属于弱势整理。

五、尾市组合异动本能技术

尾市的主力动作往往能够发现主力的现状与第二天可能的动作。

（1）尾市的单笔单子上拉，代表主力近期的资金紧张或者实力有限。

（2）尾市的单笔单子下砸，代表主力近期将可能发动，特别是有上涨的下砸可能性更大。

（3）收盘后买卖盘上有大单是典型的资金短线的诱多行为，存在着中线风险。

（4）尾市的连续大单单向成交代表主力行动的决心。

六、消息组合异动本能技术

股价对消息的反应力度与灵敏度反映了主力对股价的认可度。

（1）出现好消息，股价立刻上涨的个股是短线积极的个股。

（2）出现坏消息，股价立刻下跌的个股是短线消极的个股。

（3）出现好消息，股价没反应甚至下跌的个股是中线坏股票。

（4）出现坏消息，股价没反应甚至上涨的个股是中线好股票。

七、规律组合异动本能技术

股价的规律波动往往是主力的行为，股价的随机波动往往是小资金的游戏。

（1）在大盘强势时，盘中经常有连续大笔成交的个股短线机会较大。

（2）如果股价给出波动规律，大众发现后，股价立刻上涨是好现象；如果股价给出波动规律，大众发现后，股价立刻下跌是坏现象。

（3）在大盘运行上涨趋势时，股价同步并强于大盘涨幅的个股（主流板块）以及股价异步于大盘上涨的个股（控盘板块）是重点做多个股。

（4）有前期被套迹象，没有任何短线发动征兆，突然发动的个股短线机会较大。

短线法宝06
短线投机客的实战习惯

短线套利技术是职业客的生存手段，也是许多业余爱好者非常希望掌握的。掌握短线套利技术的关键有三条：有良好的非本能的职业操作习惯；有全天候观察市场的精力和经历；有拒绝贪婪和恐惧的使用资金能力。下面我们来研究短线套利常规战术的整体框架，要熟练掌握并使用其来创造财富，还需要读者充实框架的细节以及形成本能习惯。

一、选股为主的思维

1. 核心思维

（1）有即时聚集人气的题材。最常见的套利题材有社会事件、上市公司经营信息、交易所制度信息、市场自发炒作热点、明确的双轨价格。

（2）有即时的活性成交量能。最常见的活性量能有独立于大盘的通道、连续积极的高换手率、强势明显的异动、正向的逆反逻辑现象、受到短线大盘阻碍的攻击。

2. 辅助思维

（1）最重要的基本面是主力的进出方向、主力的持仓力度、主力的即时习惯。

（2）最重要的技术面是生命线对股价的支撑与压力作用，短线生命线是10日均线，中线生命线是30日均线与60日均线，长线生命线是年均线与半年均线。

二、选时为主的思维

1. 核心思维

（1）大盘背景积极的时间。最常见的大盘积极的时间有市场成交量处于强势，市场处于严重超跌状态。

（2）特殊股票积极的时间。最常见的特殊股票有绩优强势股、强庄强势股、最新强势品种、个性强势品种。

2. 辅助思维

（1）强势重势头追涨热点重仓中线，弱势重质量低吸超跌轻仓短线。

（2）要注意有些品种是越跌越有机会的，这点是许多非职业人士不知道的。

三、新旧目标的区别

1. 长久跟踪的目标

在每个阶段，投资者都应该有一个股票池（自选榜），这个股票池应该包含那些基本面最突出的强势股、筹码最集中的基本面尚可的股票、存在双轨价格盲点的股票、运行规律容易掌握的股票。考虑到投资者的研究与观察精力问题，职业投资者一般波段跟踪一批股票，根据潜力值与时间变化每周替换一部分，在它们出现活性买点的时候进行套利。

2. 临时发现的目标

在大盘出现突然性的机会时，我们还需要根据即时的热点，操作那些当时更有效率的强势品种，这种操作应该是多股小仓位性质的。

四、短线操作的习惯

1. 时间习惯

每日的较好套利时间是下午两点半以后，其他时间则要参考多空变化指标；每周的较好套利时间是周五，其他时间则要参考 MACD 指标；每季的较好套利时间是报表公布与节日前，其他时间则要参考指数周 KDJ 与指数 PSY 指标。

2. 操作习惯

短线操作的资金，临时技术股应该小量一次性投入，跟踪技术股应该小量分批投入，强势题材股应该半仓投入，双轨价格股应该重仓投入。

3. 止损习惯

短线操作一定要有止损的控制手段，特别是对重仓股。最常见的止损方法有成交量低迷止损法、破位止损法、MACD 或 SAR 指标止损法。

4. 情绪习惯

每次操作需要重温职业纪律，关键时刻坚决执行职业纪律。越是关键的时刻越要克服情绪冲动，此时的操作对盈亏比率影响极大。

短线法宝 ⑦
怎样应付意外性的市场变化

多数投资者在买卖股票的时候考虑问题过于简单，他们的所有努力都放在了关注已成事实的黑马或者可能成为黑马的个股分析上面，对同样重要的后续操作却不是很重视。比如说万一自己对市场的分析出现偏差怎么办？市场背景出现你没有预计到的结果怎么办？

一个证券交易的全过程应该由三个部分组成：

第一，做出分析和做出决定。

第二，等待时机和执行决定。

第三，修正失误和应付变化。

要取得交易的最后成功，每一步都应该做好准备，且每一步都不能放弃，其中第三步是至关重要的，也是投资者所缺乏的。

下面我们把职业高手在这方面是怎样做的给大家做些介绍。

一、大盘利空因素的应变措施

1. 大盘在高位突发利空因素怎么办

大盘在一个获利盘较多的高位突发利空往往预示着一轮行情的结束，其后的下跌往往是非常凌厉的，途中反弹的力度也相当弱。在这个时候应该尽量地减低仓位，要坚决克服逢高出局的想法。

2. 大盘在低位突发利空因素怎么办

大盘在一个全线被套的长线低位突发利空往往会先出现短暂的急跌，然后极易引发一轮中级反弹行情，领头股常常是最近上市的低价次新股与阶段强势指标股。在市场成交量是地量的时候，是不存在长线利空的，任何触发市场的措施都有利于市场活跃。

3. 大盘在上升途中突发利空因素怎么办

大盘在一轮价量配合的行情初期出现突发利空因素，往往使得前期主力无法出局，又为踏空主力带来介入机会，往往会延续行情，特别是逆市上扬的低位股票容易成为黑马股，这种利空往往是一种理想的加大行情力度的利空，应果断加仓或者换仓进入强势股。

4. 大盘在下降途中突发利空因素怎么办

大盘在下降途中突发利空极易引起暴跌，这种下跌是全线方式的，此时应该尽一切力量杀跌。这种下跌常常是连续暴跌性质的，但是过度严重超跌后，会引起一些远离 10 日均线的低价超跌股的强劲反弹，可以对这种反弹进行短线套利。

二、大盘利多因素的应变措施

1. 大盘在高位突发利多因素怎么办

大盘在一个获利盘较多的长线高位突发利多往往会先出现短线高开，然后极易引发一轮中级下跌行情，这为一些获利的机构兑现筹码提供了机会。此时领跌的股票常常是利多针对的题材股和前一段涨势较好的股票。对于这种情况，投资者需要多加注意，一些中小投资者非常容易被局部高位利好所伤。

2. 大盘在低位突发利多因素怎么办

大盘在一个长线的低位突发利多往往会引发一轮中级上涨行情，有时这种上涨行情是看空性质的。在市场低位出现的行情初始力度越大，持续的时间与其后涨幅越乐观，大行情是不会在初级阶段慢慢上涨的。这时的投资者应该根据行情反应的力度强弱买进股票，所选的股票应是第一天和第二天的强势股。

3. 大盘在上升途中突发利多因素怎么办

大盘在上升途中突发利多极易引起市场加速暴涨，这种上涨是全线性质的，投资者应尽快抢进股票。但是快速上涨过后容易引发一次短线暴跌，但是短线暴跌后大盘还会涨，最好是能够躲过这次短线下跌，然后在下跌过程中选择跌幅较大的强势股票翻身杀回。

4. 大盘在下跌途中突发利多因素怎么办

大盘在一轮连续低成交量阴跌的过程中出现突发利多因素，会引起市场的短期强势，有时还会引发大面积的高开甚至涨停。这种情况会为前期被套的主力带来出局机会，这样市场短暂的几天或一天强势后会继续下跌，还可能引发前期抗跌的庄股出现新的跳水。该种性质的利多有一定的欺骗性，认识不到的话很容易出现深套。

三、个股突发因素的应变措施

1. 主力低位控盘的股票不论是遇到利空还是利多影响，都容易引发一轮上涨行情

根据利多的程度决定上涨的力度，这种上涨往往是跳空性质的。利空也容易引发这类股票短线振荡后上涨，如果这种利空是主力人为制造的震仓消息，往往预示着中线行情的来临。如果所遇是重大利空则应保持谨慎，有些即将退市的股票也会进行最后的挣扎。

2. 主力高位控盘的股票不论是遇到利空还是利多影响，都容易引发一轮下跌行情

根据利空的程度决定下跌的力度，这种下跌往往是跳空性质的。而利多也容易引发这类股票短线振荡后下跌，如果这种利多是主力人为制造的出货消息，往往是中线较大的急跌行情。

3. 对利多敏感反应的股票是好股票，对利多不反应的股票是坏股票

对利空立刻反应的股票是坏股票，对利空不反应的股票是好股票。板块联动中，率先领头涨的是好股票，后续跟风且力度不够的是坏股票。当然这种好坏的判断标准是短线的，与公司基本面价值也无关。

4. 与大盘的波动节奏相比，在大盘上涨时，价量配合的强势股是短线好股票，无量滞涨的股票是短线坏股票

在大盘强势调整的时候，逆势上涨的低位股是短线好股票，跌幅大于大盘的是短线坏股票。

5. 用于大盘的应变消息原则，对于具体个股也可适当参考

短线法宝**⑧**
超级短线盘口要诀

短线套利的利润累计率，关键在于投资者是否有一套行之有效，又形成操作习惯的方法。其中短线盘口应变技术是最重要的部分，职业高手经过多年的征战厮杀，总结了一些非常实用的盘口应变心得与秘诀。熟悉这些心得和秘诀，对短线操作很有帮助。

一、短线好股票的寻找、分析、判断

具有下列特征之一的股票为具有短线机会的股票：

（1）挂买单较小，挂卖单较大，股价不随大盘波动下跌的股票。

（2）买入量、卖出量均较小，大盘背景尚可，价格轻微上涨的股票。

（3）放量突破近阶段最高价，或者上挡重要压力线的角度变陡的股票。

（4）第一天放巨量上涨，第二天仍强势上涨的股票。

（5）大盘横盘时微涨，大盘下行或者上行时都加强涨势的股票。

（6）遇个股背景非实质性利空且放量而不跌，其后甚至上涨反击的股票。

（7）有规律地走上升通道，且成交量不是很大的股票。

（8）在大盘极弱背景下，无量大幅急跌的股票是超短线好股票。

（9）除权后很快又上涨的股票。

（10）重要均线或者支撑位对股价支撑力度很明显的股票。

（11）在大盘严重超跌的情况下，已经开始筑低位超跌平台的强势股。

（12）筹码集中或者基本面突出而又出现强势的股票。

（13）较大题材与通道趋势配合上涨的股票。

（14）在大盘处于下跌过程中，除非具有短线现金选择权的股票，其他的股票都不好。

二、短线坏股票的寻找、分析、判断

具有下列特征之一的股票为具有短线风险的股票：

（1）挂买单较大，挂卖单较小，股价不随大盘波动上涨的股票。

（2）买入量、卖出量均较小，大盘背景尚可，价格下跌的股票。

（3）放量突破下档重要支撑线的股票。

（4）第一天放量下跌，第二天仍弱势下跌的股票。

（5）大盘上涨或者反弹而个股不跟随涨的股票。

（6）遇个股背景利好且涨势不明显，或者涨一下又下跌的股票。

（7）流通盘子大，而成交量不是很大的股票。

（8）经常有异动而股价没有明显上涨的股票。

（9）除权后很快就下跌的股票。

（10）重要均线对股价阻力力度很明显的股票。

（11）大盘弱势背景下比较抗跌但有补跌可能性的股票。

（12）筹码集中或者基本面不佳而又出现弱势的股票。

（13）较大题材与通道趋势配合下跌的股票。

（14）在大盘下跌的过程中，只要没有短线爆破点的股票都是坏股票。

三、培养操作习惯的口诀

（1）每天下午两点半到三点钟是短线买股票的习惯时间。

（2）每天上午十点左右与收市前是短线卖股票的习惯时间。

（3）弱势习惯产生于黑色星期五与黑色星期一，因此星期二与星期四是短线避险日。

（4）强势习惯产生于红色星期五与红色星期一，因此星期一与星期四是短线选股日。

（5）分批买卖，不孤注一掷是短线操作的好习惯。

（6）有特殊事件发生的股票容易产生短线较大波动。

（7）有规律且熟悉的股票比陌生股票容易对付。

（8）设立止损位是短线操作的最后防线。

短线法宝 ⑨

短线买卖盘数量分析

短线实战看盘分析的细节主要体现在多空指标、股价均线以及股票的挂买单和挂卖单上。下面是一些职业高手的经验总结，对于累积收益率会有一定的贡献，需要在理解的基础上形成习惯本能。

一、多空指标应用原则

（1）当多空指标的走势与大盘指数走势是同步走势时，多空指标的方向趋势变化要比指数走势趋势提前几分钟，如果你事前已经有了买卖决定，此时可以按照该指标指数实施针对具体的买卖行为。

（2）当多空指标明显强势创出当天交易时间新高点时，但大盘指数走势依然比较弱势化，当多空指标一旦回落时，人盘指数将再下台阶，在尾市出现这种情况甚至容易出现跳水的走势。

（3）当多空指标明显弱势创出当天交易时间新低点时，但大盘指数走势依然比较强势化，当多空指标一旦回升时，大盘指数将再上台阶，在尾市甚至会出现抢盘的走势。

（4）当多空指标全天走势弱势化时，显示空方力量没有穷尽，第二天大盘依然不乐观，应考虑短线适量减仓；当多空指标全天走势强势化时，显示多方力量没有穷尽，第二天大盘依然乐观，应考虑短线适量加仓或持仓；当多空指标全天走势均衡化时，显示当天的走势在第二天继续。

（5）可以把 K 线的形态理论，如头肩底、双底、三重顶和双重顶等常见经典研判方法移植到多空指标的分析上来。

（6）每个星期五、星期一的多空指标分析对下周或者当周的走势有一定的指导作用，因为它会影响投资者的情绪与计划制订。

（7）在使用多空指标指导实战时，要注意，这是一个超短线的技术指标，因此要同时考虑到大盘的均线系统趋势和成交量动能的强弱，对于短线方向与波段方向一致时的信号，一定要坚决进行相应的买卖措施。

（8）进行股指期货 T+0 超短线投机时，可以参考多空指标指导操作。

二、大盘委比指标的应用原则

（1）这是一个判断大盘走势的关键技术指标，准确地说，这是一个在大盘的生命均线系统（60 日均线）处于多头走势情况下判断股票指数波段高低点的指标。

（2）委比是当时市场的具有买卖意愿的力量对比，当委买手数大于委卖手数时，委比的数值是正的，说明多方的力量已经加强，一旦主力发力，市场存在上涨的可能；当委买手数小于委卖手数时，委比的数值是负的，说明空方的力量已经加强，一旦主力发力，市场存在下跌的可能。

（3）当大盘指数从短期高位回落几天后，某天或者连续几天出现委买手数开始大于委卖手数，说明多数主力机构已经开始承接筹码，说明指数下跌空间的时间已经有限，其后大盘的成交量一旦达到阶段低点，再度放出成交量，这是一个非常好的波段买点，这种情况如果发生在重要均线附近，准确率会更高。

（4）当大盘指数已经涨到远离重要均线的短期高位时，某天或者连续几天出现委卖手数开始大于委买手数，说明获利盘已经开始回吐，在这种情况下，保持大盘连续上涨的沪市最低成交量应该是当时的强势水平以上（需要较大的成交量，甚至天量）。

（5）在大盘成交量保持强势水平以上时，在委卖数量在合适时，主力有能力继续上攻；在委卖数量在均衡水平时，市场可能维持个股活跃，维持大盘的平衡状态；在委卖数量达到比较大的水平时，应注意此时的市场抛压已经相当大了，需要高位减少筹码，不要再考虑买进股票。

（6）当大盘的均线系统呈现空头走势，市场成交量一直处于低位时，说明市场缺乏主力机构的活动迹象，这种大盘的走势结果只有下跌和平盘，任何看多的指标都不会起作用，同样，上面介绍的短线委比分析也不会起作用。

（7）当指数已经下跌一阶段，出现急跌后，市场成交量放大，同时委卖数量超过委买力量，这是一个非常好的短线抄底信号，选择的个股应该是大盘大跌时，已经放量止跌并且对某一个价位进行护盘的个股。这种操作是超短线运作，不论盈亏都不要持股时间过长，因为此时的市场趋势是空头的。

短线法宝⑩
股价波动的技术性研究

股价最常见的波动现象有四种：支撑现象、阻力现象、偏离现象、加速现象。对于这四种现象进行客观的研究，是职业投资者非常需要注意的，只有研究透了这四种现象，我们才能选择合理的追涨、杀跌、低吸、高抛的具体操作。下面我们就细节问题进行研究。

一、支撑与阻力的研究

（1）股价上升的时候，若碰到成交量较大的前期底部区域，那么上升的阻力就大；股价下跌的时候，若碰到成交量较大的前期顶部区域，那么下降的支撑力就大。

（2）股价遇到阻力区或者回到支撑区前，股价涨跌的幅度越大，则上升的阻力或者下降的支撑力也就越大。

（3）股价遇到阻力区或者回到支撑区前，股价此前波动的时间越久，上升的阻力或者下降的支撑力也就越弱；时间越短，上升的阻力或者下降的支撑力也就越强。

（4）当股价在密集形态中，有大成交量出现的地方，以及成交量骤降的地方，常常是具有威力的支撑或者阻力区域。

（5）当股价强力上升之后，回档 1/3 或 1/2 是比较常见的现象；股价强力下降之后，回升 1/3 或 1/2 也同样常见，黄金分割线附近是比较强的支撑或者阻力。

（6）以往的股价一再重复出现的区域具有较强的支撑或者阻力，这个区域也是比较常见的阻力区或者支撑区。

（7）前一段的交易历史，在某一天股价在一个区域出现了巨大的不常见的成交量，这个价位是比较常见的阻力区或者支撑区。

（8）股价上涨或者下降产生一个明显的趋势箱体或者单边走势的引导线（常常是 10 日均线），此时的箱顶或者箱底连线以及引导线成为支撑压力价格。

（9）股价突破一个支撑区或者阻力区有下列几种方式：大盘指数有力的带动；个股放出大成交量突破；经过三次量能适当放大的冲击。

（10）在股价遇到支撑或者压力的时候，投资者对于买卖行为应该保持谨慎心理，如果持有该股则需采取对应的行动。

二、偏离与加速的研究

所谓股价的偏离度是指股票的收盘价格偏离移动平均线的程度。职业投资者喜欢利用股价的偏离度进行抢反弹或者收回档的超短线套利，其套利思维如下：

（1）在成交量变化不大的情况下，10 日均线偏离度大于–4%时，是投资者超短 T＋0 买进的时机；若偏离度在 5%以上，则为投资者超短 T＋0 卖出的时机。

（2）30 日均线偏离度如果大于–7%，则为投资者超短买进的时机；如果在 8%以上，则为投资者超短卖出的时机。

（3）60 日均线偏离度若大于–11%，则为投资者超短买进的时机；若高于 14%，则为投资者卖出的时机。

运用偏离度确定股票的买卖时机的基本原理是物极必反，这项技术的运用难度较大，要有较好的盘感。在实际运用的时候，还需要根据下列情况进行必要的修正：

（1）低价投机股、传统活跃股的偏离度要高于一般股票。

（2）偏离度不适用于庄家控盘的股票。

（3）公司出现重大利空或者庄家资金出现问题时不能使用偏离度操作法。

（4）偏离度操作法可以适当参考大盘的心理线指标提示。

（5）偏离度较好的股票常常被短线大户进行主动性的短线利用。

股票波动的加速是利润和亏损产生最快的时候，股价加速的常见现象有：股价贴近均线；股价脱离支撑或阻力区；股价出现连续单向攻击；股价刚刚构筑逆大盘的小平台。

<h1 style="text-align:center">短线法宝⓫
股市常见事件应对法</h1>

最近有一句很引起操盘手共鸣的话：细节决定成败。在证券市场这句话确实是一个真理，在实战中常常会遇到这样的情况，你的分析与操作都是对的，但是一个微小的细节出现了问题，就会使一切努力全部白费。还有一种大家不注意的情况，职业操盘手在每次操作中多挣几分钱，经过一年的累积，将会增加10%的利润。

下面我们就来谈论一下股市实战中常常能够预见的细节问题，以及正确应对这些细节的策略。

一、分红派息前后的投资策略

上市公司如果产生了利润，在每年年报后应该分配利润，如果上市公司进行现金派息分配，投资者则需要知道股权登记日和除息日这两个日期，由于在两个交易日期间交易所要对股价进行除权，并且国家对于派息要进行征税，这会在一定程度上影响投资者的市值。

在市场处于强势市场时期，职业投机者一般不理会除息的事情，因为股价可能会填权，甚至主力会因除权而发力。在市场处于弱势市场时期，职业投机者一般会选择卖掉股票，因为股价可能会受到下跌与征税的双重打击。

二、股票融资前后的操作策略

能够公开再融资的一般是基本面较好的股票，也常常会对上市公司的业绩和股价产生明显的影响作用。一般情况下，弱势市场的普通融资消息和新增股票上市都会对股价构成打击，而在强势市场中，小盘股的配股有时会构成操作性的利好。

股票在融资前，上市公司常常为了使融资容易完成，而对上市公司的业绩进行阶段的包装，甚至有时也会在一定时候适当地维护股价稳定，但是这对冲不了消息公布日与实施前夕对股价的冲击。

三、股票放量前后的操作策略

股票成交放量是股价呈现强势的重要表现，如果股价只是一天当中的短期放量，或者是一天因为消息的放量，其后股价有回跌的风险；而股价是一天当中的连续放量，或者是连续两天以上的放量则需看好甚至追涨。

开盘时的第一笔大成交量也是股价准备产生大波动的信号，此时非常容易产生缺口。如果股价这个缺口上方走势越来越软，则要当心股价的长时间下跌；如果股价这个缺口上方走势越来越硬，则可看好这个股票的后市。

股价的放量是自然的、持续的，单笔成交大的是好现象；股价的放量是消息的、非持续的，单笔成交多而小的是坏现象。

四、股价涨停时的操作策略

涨停板也是大家经常看见和遇见的情况，在大盘处于大成交量的强势背景的时候，股价涨停板是股价涨升的最强劲信号，可以考虑适当的追涨，这样常常可以获得快速的短线利润。对于股价出现第二个涨停也是职业投资者比较重视的，第二个涨停带来第三个大阳线的可能性会更大一些。需要注意的是涨停板，不能是媒体短线推荐的结果，而是机构力量的作用。

在弱势市场中，涨停板往往会引来巨大的买盘，也很难出现持续的涨升，因此，此时投资者千万不要追涨。持有股票的人要注意涨停板上的封单情况，如果封单较大且成交不大，则可以持股；如果封单不大且成交较大，则可以果断地出货。

五、超买超卖时的操作策略

中短线常见技术指标出现超买超卖也是很频繁的现象。在强势市场，有成交量配合的股票，在股票的中短线技术处于高位强势区，则是股价走势最强硬的时候。如果股票没有成交量的配合，则需当心股价的回落。在市场处于弱势背景的时候，个股的中短线技术指标处于高位回落的时候，股价则面临着较大风险，此时不能追高，持有的人还可选择减仓处理。

<h1 style="text-align:center">短线法宝 ⑫
超短线盘中实战技法</h1>

投资者要想获利，必须顺应当时的最新背景，特别是要让思维活跃起来，多一些主动性的方法。下面我们就把职业机构习惯的一些超短线盘中实战方法给大家作些介绍，相信能使读者更好地把握股市赚钱的机会。

一、候选股票的短线操作法

1. 注意那些已经初步启动的股票

一旦因为技术性的调整或者大盘短线下跌而给出买入时机，应该采取果断的分批低吸的手段。一般情况下，这种股票是强势中比较容易把握的品种，投入的资金应该占到50%以上，并且一旦买进，在没有拉出大阳线或者判断出大盘行情见顶可中线持有。买入的价格一般是重要均线附近、密集成交区附近、技术指标到位附近或者是大盘短线的急跌。

2. 有潜在的热点题材短线操作法

在每个阶段都有一些市场短线明星股，这些短线明星股极易引来其他机构的模仿，因此与这些短线明星股题材相近但股价还未大涨的股票应该列入候选股，最常见的现象有行业、区域、业绩、股本结构等具有同一概念的题材，一旦这些候选股出现价涨量增的时机，则应该果断短线介入。对于这一类股票应该采取轻仓中线和重仓短线相结合的方法，如果涨升的股票业绩好、力度适中则应该中线，如果力度猛、业绩一般则应该是短线。

3. 有目的地伏击目标短线操作法

有时候有一些有明确的题材，并且这些题材又是有明确爆发时间的，比如说业绩良好容易送股品种的年报公布时间，类似于奥运申办、防治"非典"等重要社会题材。对于这类题材的操作应该知道"利好出尽是利空，利空出尽是利好"等规律。需要注意的是，还有一种股市题材是沪深股市的板块热点有跟随美国股市和期货市场的特点，这样也需要对关联市场的品种走势进行跟踪。也有一些投机者喜欢伏击主力的重仓股，这需要熟悉主力的操盘风格和当前态度等情况，采取的方法应该是局部坚守与短线追击的思路。

二、有专门的实战技术短线操作法

1. 有消息配合的股票短线操作法

在强市市场中有一些股票会因为媒体公布的消息因素出现初步的上涨。如果这个消息是具有实质性的利好成分的，股价又快速积极反应则可以短线追进，股价反应不积极的则不应考虑。需要说明的是那些股价先是不反应，随后的半天或者一两天又突然上涨，这类股票是超短线最好的股票，是有新主力进入了这个股票。如果这个消息是非实质性的，出现的下跌很快受到反击，这类股票短线机会也比较好。

2. 有经典技术的时机短线操作法

出现短线不是决定性的消极市场背景，但是股价有积极反应的股票短线机会大。

出现短线不是推荐性的积极市场背景，并且股价有积极反应的股票短线机会大。

在大盘成交量足够大的市场背景下，整体形态低位，价涨量增的股票短线好。

尾市大盘处于相对稳定的局面，但是低位的小单急跌或者大单急涨的股票短线好。

3. 一些常规的技术观察手段

乾隆盘中的78、79键是统计最新大单成交的，大单成交笔数较多的股票是热门股，可以进一步用技术分析和基本面分析印证。

乾隆盘中的81、83键是统计短线上涨最快的股票，这类股票有人为的拉升或者连续买盘出现，可以提示我们注意其是否有短线机会。

乾隆盘中的特别报道中成交量排名也很重要，一方面可以发现成交较大的股票的特点属性，另一方面可以发现哪些股票交投活跃，那些交投最活跃的非大盘股，如果是价涨量增的往往短线机会较好。

短线法宝⑬
怎样寻找短线即将暴涨的股票

当市场在资金面与政策面的推动下，出现了价涨量增的走势，其中沪市持续成交量达到超强市特征水平的时候，两市每天会有多只股票涨停。在此时，如果投资者操作得当，会获得令人欣喜的收益。

下面笔者就介绍职业高手在这种情况下寻找即将暴涨的股票的方法。

一、近期出现逆市现象的股票容易暴涨

沪深股市中有一种主力是企业机构（非证券市场专业机构），它们在市场不明朗的时候一般不轻易介入市场，但是一旦市场出现超强势，它们往往会携巨资对于严重超跌流通盘子适中的次新股进行果断的建仓，其特征是在大盘指数强势上涨的时候股价表现一般，而大盘指数出现较大下跌时却逆市上涨。这种股票容易在股价突破底线后略微停顿几天，有时也出现小幅洗盘，然后在消息面作用下出现大涨。

二、经典底部图形突破的股票容易暴涨

黑马股冒出的最经典图形是双底突破图形与头尖底突破图形，尤其是带有基本面题材配合的头尖底图形一旦向上突破，其涨幅有时会让人高兴得晚上睡不着觉，对于这类股票在一轮行情只要抓住一只，此轮行情就足够让人满意的了。一般情况下，这种图形的股票往往是两个极端的股票，要么是市盈率比较高的低估绩优股，要么是 ST 重组股，它们在底部的时候往往先是连续的小阳线，然后逐渐爆出连续大阳线。

三、低位螺旋桨突破的股票容易暴涨

沪深股市历史上的每轮牛市或者中级行情，涨幅最大的股票都是主力筹码异常集中的低位螺旋桨股，尤其是那些经过长期下跌市依然抗过来的主力重套股，一旦这类股票开始上涨，往往具有强烈的报复性和失去理智的疯狂

性。螺旋桨股票启动的时间有时会落后大盘一个节拍，因为主力需要先出一些资金作为拉升资金。对于这种股票，发现其在盘中出现了拉升征兆，应该立刻介入。

四、前一时期比较活跃的股票易暴涨

在每个阶段都会有一些活跃的股票，这说明这些股票的主持主力是活的，它们对于市场自然反应得比那些已经不看盘的主力快速与猛烈。同时在前阶段爆发过比较大的题材的个股也值得注意，比如说前一阶段发生过收购、增发、配股等都需要注意。在技术上应注意那些刚刚出现大阴线，然后很快就出现大阳线的品种。

五、要注意个股的轮涨次序

在市场开始初步上涨的过程中，短线选股要非常注意板块轮涨节奏，只有注意到这种轮涨节奏才能选到短线爆发力强的股票。

在大盘的第一轮上涨过程中，由于为了追求建仓速度，基本上会有一个普涨的过程，几乎所有的股票都会上涨。只有一种股票除外，这就是前期未下跌的庄家控盘股。在这轮行情中，相对来讲，严重超跌的低价股与严重超跌的次新股容易成为爆发力最强的股票，甚至出现连续涨停的股票。其中那些在下跌过程中经历过利空打击，但是这种利空的作用已经过去，这种超跌股基本上都会涨停，或者形成板块联动作用。如果这些股票具有一定的题材配合，有时甚至涨幅喜人。

经历过第一轮超跌股领涨的普涨后，大盘会出现短暂的强市调整。在大盘调整后，有时就在大盘的调整过程中，一些有一定下跌幅度的机构重仓股会开始突出的表现，这种表现是非常顽强的，后市短线连续涨幅最大的股票很容易出自这个群体。需要注意的是，这类股票的操作稍微有一点难度，因为庄家控盘股在一轮行情的表现往往是两个极端的，要么特别黑，要么死也不动。因此不能事先打埋伏，一旦出错急死人。要选择一批这类的股票放在自选榜上盯着，一旦启动果断追进，有时给你追进的时间是比较短的。在大盘二次放量的时候，一些大盘强势股和历史活跃股也会有很好的表现，特别是一些基金重仓的强势股，这类股票往往有固定的机构持续关注，把握机会的原则是熟悉这些股票的股性与主力操作习惯。

再后面容易放出短线大阳线的个股容易是那些小盘股与基本面尚可的滞涨股。小盘股的建仓难度大，这个时候已经差不多了，就开始表演了，这种表演的单根阳线不如前面的强势股大，但持续性要好一些。另外一些前期踏空的机构会选择基本面尚可的滞涨股套利，这种股票往往会突然放量上涨，连续拉几根阳线后就停止了，东一个西一个的，需要注意量能捕捉。

六、短线的时候兼顾中线仓位

中线的选股思路最主要的是注意强势题材板块与上升通道股，这两类股票虽然在初期短线不会拉出大阳线，甚至有时大盘大涨的时候也涨不多，但是一轮行情中依然是累积涨幅最大的股票，且操作心态会保持得比较好。

强势题材股往往形成板块效应。在上涨的过程中成交量非常的大，经常进入涨幅第一版，除了大盘指标股就数这个板块的龙头股，强势板块往往有一个龙头股，几个跟风股，有时这个板块就是大盘的"领头羊"群体。

在大盘进入第二阶段后，就可以发现上升通道的股票，它们具有独立于大盘的走势，沿着某条均线顽强爬升，有时连续走出小阳线，没有板块特征。这类股票常常是有利好配合或者是题材未过气的股票，也可能是大比例送股的未抢权除权股，也有些基本面高成长的股票。

股市加油站

1. 搅咖啡

小朋友问：圣诞大叔，你搅拌咖啡的时候用右手还是左手？圣诞大叔微笑着说：右手。小朋友说：哦，你好厉害哦，都不会怕烫，像我都是用汤匙的。

2. 男友的工作

蜻蜓结交了男友蝉。蜻蜓妈妈不放心地问：他做什么工作呢？蜻蜓：那可是歌手哦！蜻蜓妈：歌手？他以前不是矿工吗！

3. 整容

猪八戒到韩国做美容，成了帅哥，平安夜到迪吧找美女。散场后八戒问美女：知道我以前有多丑吗？我是猪八戒！美女大惊：二师兄，我是老沙！

第四章　妖精铃铛

PART FOUR

关键语：

铃子花又称妖精的铃铛。得州扑克牌的江湖中曾有这样一个传说，一位牌手在参加世界扑克大赛时，为他服务的美女服务员在他的座位后面放了一盆铃子花。结果小伙子获得了金手链（冠军），赛后两人成为恋人。此后，铃子花成为金钱智力游戏中的幸运花。

妖精铃铛 01
极端情况下的投机者命运

股市中的价格波动具有强烈的投机性，这种特性会导致市场周期性出现阶段性的极端表现。当市场处于高潮的时候，股市鸡犬升天，运气好的人可以一个月本金翻番；股市忽然又暴跌不止，曾经的黄金不知怎的又变成了"狗屎"，大家避之唯恐不及，等到消灭了一批长线痴呆者后，新来的人又发现此时的"狗屎"就是黄金，还奇怪那些股民怎么这么傻，股价已经这么低了还乱卖。

投机精英们发现，参与大牛市，捕捉大牛股，规避大风险，防止大归零，这四项技术是股市中的所有技术之王，我们不得不学、不得不精。

一、疯狂的市场

每几年市场都会出现一次指数单边的大幅度上涨，在这次涨势中指数会连续上涨 30%以上，许多个股也会在此时出现短线快速暴涨的现象。比较经典的例子有 1994 年 8 月 1 日开始的阶段行情，沪市指数在一个月的时间里，从 333 点涨到 1052 点，指数涨了 3 倍，一些个股一天的涨幅就达到了 100%。1999 年 5 月 19 日沪深股市也出现了一轮让人难忘的上涨行情，指数在一个多月的时间里从 1038 点涨到 1700 多点，其间有多只股票连续涨停。2000 年春节后开始的机构投资者扩容上涨行情，2005 年下半年开始的股改上涨行情，2008 年底出现的资金宽松行情，也都给有心者带来了丰厚的投机收益。

A 股出现大行情的常见条件有：

（1）发生在一次大熊市之后。所以，我们不应该害怕跌市，只有跌市，大跌市，才能造就大牛市、大机会。

（2）有新投资者大扩容。在市场具有投资价值的时候，还需有资金推动才能上涨，存量资金难以造就大行情。

（3）疯狂行情爆发的时候，常常有重要的消息刺激市场，大盘的成交量也会因此急剧放大到一个非常的水平，积极响应的股票数量也会较多，有明显的领涨股。

（4）有时大行情在指数长线低位再次出现短线暴跌时开始。

在市场处于低位的疯狂时，敢于适当"博傻"的人是聪明的人，头脑过于冷静的人反而是傻瓜。

二、市场的崩溃

在大牛市的后期，市场必然会出现"泡沫"，"泡沫"终有破灭的一天。一旦股市的"泡沫"开始破灭，其杀伤力是巨大的，也是许多没有经历过股灾的人难以想象与承受的。许多机构会在股灾时破产倒闭，这也包括一些实力很强的机构。

股市的阶段崩盘是任何一个股市都可能出现的，因为大崩盘的发生不是上市公司、股票经纪商、投资者依靠自身的努力就能够抗拒的。任何一个公司或者一个投资者如果被一次大崩盘所伤，基本上公司的前景或者个人的一生就被彻底毁了。

市场出现崩溃的常见情况：

（1）在市场出现长线上涨后，市盈率已经达到一个明显离谱的状况，有一个大盘股或者股票板块的领跌现象（可能含有利空或者市盈率奇高）。

（2）由一个板块题材引发的急速中级行情，该行情的题材已经兑现引发的快速下跌。

（3）供求关系发生失衡可能引起的大跌市或者急跌。比较典型的是无节制的扩容积累，或者是连续的下跌累积导致的持股者恐慌。

（4）市场弱势情况下的突发利空消息。

让我们以史为鉴，不要有逆势长线持股的思想，不要轻易借钱炒股票，要有止损的投机习惯。在市场成交量严重低迷处于下降通道时不要轻易地抢短线反弹。在熊市来临时，不能有扳本心理，不能有生存压力，要有相对固定的收益。

三、大牛股

大牛股最常见的情况是：

（1）低位的好股票须有一个好题材。股票有了好题材，高市盈率，犹如"山有仙，水有龙"。这样的股票一旦起涨，常常会演绎出众人拾柴火焰高的局面。

（2）低位的好股票须有核心上涨动能。这个股票的上涨与重要机构的动机和努力有关，如有实力的机构因二级市场重套，从而自救。

（3）低位的好股票是新行情的主流股。如果出现一轮新上涨行情，其新出现的主流股的涨幅会远远强于普通股。

（4）低位的好股票可能是一些绝对价格最低的具有重组前景的股票，以及一些流通市值最小的高成长股。

四、股市毒品

股市中有一些毒品，不能碰，一旦被其粘上，非死即伤：

1. 归零品种

比如，无价值的权证，退市可能比较大的股票。

2. 弱趋势波动的品种

比如，长线持有下降趋势的股票。

3. 逆双轨博弈品种

比如，同一阶段中，有一些股票具有不同的成本，而你的成本比较高。

4. 昏迷状态品种

比如，没有可满意的分红又不活跃的股票。

妖精铃铛02
最常见的亏钱炒股法

由于证券市场具有高风险、高收益的特点，许多投资者一旦进入市场，往往使自己的智力水平下降几个档次，会过于注意股价波动的表面迹象，并且不自觉地进行无理性的情绪化操作，笔者通过总结部分能够长时间持续盈利的投资者的操作方法，发现他们除了具备一些获得盈利的攻击性方法外，更重要的是有一些有效的避险措施，并严格机械性地牢记。下面的一些条款是部分职业高手的铁律，供读者在实战中参考。

需要强调的是，每个人的避险方式可能不同，但避险的措施一定要有，这句话的价值可以说是本书中最重要的一句话，是成千上万的投资者惨烈的教训与刻骨铭心的代价总结出来的，希望看过本书的读者不要再出现这类过于惨痛的教训。

一、不考虑系统风险逆势操作

沪深股市最重要的系统风险有以下几条：

1. 政策性的窗口指导

每当市场处于比较大级别的高位和低位时，有关部门会用窗口指导的方式，指引他们可控制的机构资金进行倾向性的买卖，或者直接进行媒体公开强硬性的引导。

2. 市场低迷不振

典型特征是中长期均线（30 日或者 60 日）运行方向向下，市场的总体成交量持续低迷。

3. 市场上涨趋势扭转

最为典型的是强势市场中指数有效跌破 30 日均线，其后大盘成交量开始缩减。

4. 你持有的品种出现持续下跌并且没有短期题材

这时你需有"死猪不怕开水烫"的想法。

二、不考虑心态状况进行操作

心态最容易失衡的几种情况：

（1）不要狂热迷恋已经上涨较多、散户普遍都已经认同的热点股票，这种股票最害人。

（2）不要冒你心理上难以承担的风险，过分的担心一定会影响你的心智能力。

（3）在股票出现了违背你买进理由的情况，依然没有明显的止损行为，放任错误继续。

（4）由于前期出现失误影响心态，导致买股票过于凑合，比如侥幸心理、扳本心理。

（5）因为自己的仓位情况，导致分析问题以偏概全，在任何时候都应该尽量发现反面分析，并且知道反面分析的影响力度，以及反面分析出现后的应对措施。

三、不考虑主力目的进行操作

（1）不考虑主力的成本与现在市价波动的逻辑关系。有的筹码集中股的股价波动特点就是：买的人多主力拉绳套鸟，买的人少主力就撒米引鸟。

（2）不考虑是否有更大的因素制约主力的操作，如后续利空、资金原因、低位筹码不足，大盘背景因素。

（3）不考虑当前的市场热点。股市投机的最重要内容就是时机和节奏，既要考虑大盘的时机，也要考虑个股的时机。

（4）不考虑主力的目的是必要性的还是非必要性的，有时主力的行为是随着条件的变化，以及能力的能否实现而变化的。

（5）不考虑技术图形或者盘面是否存在主力诱骗行为，异动必须与结果形成合理的逻辑解释。

四、不考虑个股价值和动能进行操作

（1）强势背景下出现高位技术性背离性调整的个股不能考虑。

（2）基金群体明显减持的个股不能考虑。

（3）沿着中期均线（30日或者60日）无量下跌的个股有较大中线风险。

（4）有双轨价格成本拖累的个股。

（5）定位过高的最新上市的个股杀伤力特别强。

（6）出现利好，盘面反应不积极的个股是反动股。

（7）基本面下滑，没有重组希望（总盘子大，没有强有力的股东背景）的个股是坏股。

（8）因非实质性利好兑现刚出现过大涨的个股是短线坏股。

（9）没有成交量配合的超级流通盘子个股是股性呆滞的睡眠股。

（10）盘面有诱多嫌疑（阴线吞阳线反向K线）的个股特别坏。

如果你的投资活动不是纯娱乐性的，那么从现在开始一定要制定几条措施，加入你的选股选择或者操作原则当中去，在进行每一次重仓操作前，都应该对照一下你自己是否存在犯这些错误的可能，最好是能够背下来，如果你自己管不住自己的话，要么把这些原则告诉一个能够提醒你的人，要么先把你的资金存一半到银行中去。

妖精铃铛 ⓪③
解决盈亏问题的实用方法

股市套利犹如打猎。如果你的武功高，一击而中，则可收获猎物；如果你的武功不高，一击不中，则不但收获不到猎物，还浪费了宝贵的子弹，甚至可能会受到猛兽的伤害。因此，猎人在打猎前，必须要寻求合适的武器，并且还要有熟练使用武器的能力。有一些投资者会说，你说的这些问题我都知道，其他一些问题我也知道，但是就是不知道具体解决盈亏结果的方法。其实，解决股市投资的盈亏问题也不是一件难事，关键是读者自己愿不愿意解决，愿不愿意为解决问题付出必要的努力。

下面我们就来讨论这个问题的细节。

一、需要找到适合的方法

股市谚语："10 个人在股市中套利，最后的结果是 7 人亏 2 人平 1 人赚。"

我们经过研究发现，造成这种结果的最重要原因是：亏的 7 个人一定是使用了错误方法，赚的 1 个人一定是使用了正确方法。平的 2 个人中，1 个是使用了错误方法但运气好的人，另 1 个是使用了正确方法但运气不好的人。

股市套利，正确的方法有下面几个特征：

二、适合于股市的环境

投资者要清楚市场每个阶段存在的机会，只有存在机会才有可能获利。根本不存在的机会，无论你怎样努力都不会有好结果。

从股市经典原理来看，股市最常见的机会有：

（1）股价波动投机。

（2）股票稳定分红。

从股市潜规则来看，股市最常见的机会有：

（1）无险长线投资。

（2）短线盲点套利。

（3）波段题材投机。

（4）单向趋势利润。

（5）人生命运赌注股。

需要说明的是，现在那些学院教材所提供的技术分析与基本分析理论大多是尽人皆知的，也是荒谬无用的。只有那些揭示潜规则的技巧，才能告诉人们股市的真相。

三、适合于自己的能力

每个人掌握的资源不同，因而每个人的能力也不同。只有掌握那些自己能够稳定把握的利润，才能是胜利者。如果你只有开汽车的本事，却非要去开飞机，那样只会出大事。

股市中投资者的能力是能够通过努力来改善的，加强改善的角度可以从以下几个方面考虑：

（1）系统投资，建立自己的交易系统，并形成习惯。

（2）信息渠道，不断地发现和跟踪适应自己交易系统的候选投机股。

（3）盈利模式，有几个小绝招。

（4）自我控制，不要随意自由发挥，行为必须有理由，有后续手段。

四、适合于正确的目的

在清楚了股市的环境与自己的能力后，就可以树立自己的盈利目标。根据盈利目标，等待和抓住那些概率较高的机会。

大家都知道，不论市场的好坏，如果你铁下心来想获得每年20%左右的利润，其实很多人都能够实现。

做到了这点，你每年投资20万元就能够获得小康的生活水平，比打工强多了。在你心理平和下来的时候，一定会有好运气获得更多的收益。如果不用这20万元的收益养活自己和家庭的话，每年获得20%的收益，完全可以进入百万富翁甚至千万富翁的行列。

现实就是这么残酷，缺乏自控的贪婪，导致很多投资者操作随便，或者妄想获得不切实际的利润，而成为亏钱的"7人"之一。熊市中更是如此，很多人都想快速扳本，使得一些能力较强的人也陷入了亏损的泥潭之中。

五、常见疑惑和简洁经验

1. 怎样提高交易能力，成为职业投机高手

股市的投资结果是：1赢2平7亏。

如果解决了空仓和时机的问题，就能晋升到"1赢2平"；又解决了强势时跟上大盘涨幅的选股问题就能进阶到那个"1"；再解决稳定性、选股绝招和经历经验的问题，就能在股市中赢得暴利，成为股市中的詹姆斯·邦德。

2. 炒股，有多大的利润才应出击

不论利润，只论把握性。黄羊也打，兔子也打，老虎不打。在股市中，不能因为自己有根棍，就认为自己是武松。

3. 是不是大资金稳健是对的，小资金则应该激进些，如逆势抓黑马、追高强势股、归零品种也可以干

不论大资金和小资金，都希望也应该在任何时间段都抓涨幅第一名的超级大黑马，问题是你是否有这个能力？

在股市中，实事求是、力所能及好，还是贸然上景阳冈冒充武松打老虎好？

六、要解决熟练度的问题

解决了方法问题还不能算最后解决问题，实战操作中知与行还有较大的差距。人们的行动通常不是取决于知识，而是取决于习惯。一切希望都不如习惯更有力，以至于一个人尽可以诅咒、发誓、夸口、保证，到头来还是难以改变一种习惯。在证券市场中，投资者长期按照一种错误的习惯操作，久而久之，就会形成一种固有的行为模式。这种模式一旦形成，同样具有顽固的、令人难以改变的力量。

因此，在有了新的正确方法后，要像小学生背乘法口诀、汉语拼音或者像运动员训练那样上万次的重复。在股市里经常有人妄想短时间内通过一本好书、一个经典指标，就把股市中的所有问题一举拿下。这无异于天上掉元宝，是不可能出现的。

任何一项高级技术，首先是知道，然后是熟练运用，还需要一点运气。只有把这几个方面结合起来，你才能成为那最优秀的 1/10，财富会随着你的优秀而来。

最后，需要补充的是，投资方法不是大家熟悉的指标分析、价值分析、庄家分析、题材分析，这些东西只是相当于数学中的勾股定理或者方程式。投资方法是把这些数学定理和方程式结合起来，有针对性地最后解题。

如果你不能找到适合自己的方法，或者找到了不能熟练使用，或者能熟练使用却缺乏自控力，那么就只能说明你不适合股市投资。这样的话，退出吧，不然的话，这个"无底洞"会毁了你的生活，甚至会要你的命的。

<h2 style="text-align:center">妖精铃铛 04
股市实战精神财富清单</h2>

最近在总结自己的精神财富清单，股市当然是其中最重要的部分，最重要的核心词语有 12 个：①顺势应对；②题材第一；③盲点套利；④热点；⑤爆破点；⑥复利；⑦逆反逻辑；⑧连续逻辑；⑨心障；⑩大数运气折中；⑪信息与效率资源；⑫最后防线。

稍微解释一下：

（1）顺势应对：老花在股市中不预测未来，也不相信他人用大众技术预测的未来，只依据量价关系应对市场，兵来将挡，水来土掩。在疑惑的时候，按照坏的可能性应对。

（2）题材第一：价格变动的直接动力是供求关系短期失衡，题材是失衡的最常见因素，它重于人们熟悉的基本面和技术面。题材可分为突发题材、可预见常规题材、策划题材。

（3）盲点套利：这是老花的独家饭碗，核心内容是：价格、时间与利益博弈的确定性。

（4）热点：最看重的热点是波段行情的主流资金热点与涨速活性股套利法，以及强势股的第一次振荡。热点看似激进，其实稳健。

（5）爆破点：常规自选股、目标题材股和人生赌注股，要破解其技术爆破点和题材爆破点。"有知者无畏"是股市的最高境界，也是赚大钱的最重要手段。

（6）复利：股市成功的最重要因素是稳健持续的盈利，是许多小胜利的叠加（能力）+加上偶尔的大胜利（运气），因此老花的持股习惯是不炒"非赌注股"。

（7）逆反逻辑：该涨不涨理应看跌，该跌不跌理应看涨；均线乖离是短线手枪的扳机；好股票的真谛是：闻起来臭，吃起来香。

（8）连续逻辑：股市的判断思维常常存在着一个真假度的问题，多年的经验让老花把这个度设置为连续的两天。

（9）心障：股市中的人都会有心障，克服的难度也是比较大的，因此必须用文字刻意强化的手段警醒自己。最常见的心障：主观急躁心理、市盈率、市场气氛、K线低位、错误纠偏。

（10）大数运气折中：股市投资是六分心态三分技术一分运气，解决心态的最好办法是：仓位＋概率＋底牌。决定人们行为的因素是习惯，细节决定成败。

（11）信息与效率资源：现在社会是资源社会，股市中的最重要资源是：上市公司的重要常规信息（全天候）＋市场客观统计（适应自我能力）＋有实力的人（强势市场中）。

（12）最后防线：股市是高风险市场，防范风险是投资工作中的重中之重，职业投资者是不容自己有一次重大失误的，因此，必须要有自己的最后防线。

妖精铃铛 ⑤
最新机构盘面语言集锦

在沪深股市的股价具有投资价值之前，盘面语言的认识和分析是投机的最重要信息之一。目前沪深股市，几乎所有的参与者买卖股票的第一目的都是追求差价利润，这种动机势必使得人们的操作心理不自觉地反映到盘面的量价关系与即时挂单和成交上面，一些经典的盘面行为会重复出现，从而为有经验的狙击者带来短线机会。但需要注意的是，通过盘面发现其背后的本质意图是最重要的，适当地运用逻辑推理可以发现一些偶然巧合和盘面骗术。

一、通过 K 线位置分析盘面语言

盘面异动是盘面语言的最直接行为，凡是在 K 线高位的任何异动大多属于熊吼语，特别是大盘弱市的时候，除非具有明显的盲点利润。这个时候异动语言越明显危险越大，比如，高位的大阳线、盘面上的大买单、个股的非实质性利好，这个时候蓄谋的主力正在时刻准备没收"三无概念"的"现大洋"。

凡是在 K 线低位的大多异动属牛语，特别是大盘弱市的时候，牛市中则需要多份小心。股价超跌又再度超跌的非退市股票如果异动，需要加大注意力度。在 K 线中间位的异动与大盘的强弱有关，异动后很快就涨的股票比较好，异动后不涨不好。弱市的盘面异动不涨代表机构受不了啦，强市的异动不涨代表机构实力不强。

二、通过前后 K 线组合分析盘面语言

1. 后组合的盘面语言分析

凡是出现大阳线后，紧接着有强烈抛压出现，或者是出现大阴线，紧接着有收复性的反击出现。这是一种经典的组合，需要注意股价将与第一天的运行方向有着强烈的逆转。凡是出现大阳线或者大阴线后，接着是星线，或者再度强势，则股价可能继续加速。

2. 前组合的盘面语言分析

前期有过危险 K 线组合的任何现时异动都需要警惕，前期有过利好 K 线组合的仟何现时异动都需要进一步注意把握机会。

三、通过关联品种分析盘面语言

目标个股与关联品种的不一致交易状况也是一种典型的异动，关联品种都在明显涨时，不涨的那个品种特别坏。关联品种都在跌的时候，不跌的那个品种比较好。

四、通过消息面分析盘面语言

（1）对消息敏感的股票是活股票，对消息麻木的股票是死股票，投资者应该多注意活股票。

（2）有消息出台，消息平息后，股价依然是活的，该股属于强行活股。

（3）先异动，后面出现消息，再后面股票是死的，该股特别坏。

（4）要注意消息面对股价异动影响的程度，特别是关键时间的影响程度。

五、量价关系的盘面语言

（1）成交量大，股价涨得多，趋势继续上涨。成交量小，股价涨得少，

趋势继续小涨。

（2）成交量大，股价涨得少，趋势可能反转。成交量小，股价涨得多，趋势可能反转。

（3）成交量大，股价跌得多，趋势继续下跌。成交量小，股价跌得少，趋势继续小跌。

（4）成交量大，股价跌得少，趋势可能反转。成交量小，股价跌得多，趋势可能反转。

六、买进股票的七种提示语言

（1）盲点套利机会的出现，根据风险和效率积极操作。

（2）大盘出现连续大成交量的时候个股波段机会来临。

（3）上升通道个股是较好的机会，特别是大盘影响到该股走势。

（4）大盘与个股连续严重超跌的时候个股短线机会来临。

（5）个股出现题材热点，技术套利的机会来临。

（6）特殊事件来临，如股东大会临近、年报中报临近、意外利好公布、短线机会来临。

（7）控盘股在低位出现第一天强势征兆，波段机会来临。

妖精铃铛06
沪深市场职业投机定式

概率论与数理统计已成为当代社会最重要和最活跃的数学学科之一，它既有严密的数学基础，又与其他各学科联系紧密，在自然科学、社会科学、管理科学、技术科学和工农业等各个学科和领域中都得到了广泛的应用。不过最初刺激数学家思考概率与数理统计的却是来自掷骰子游戏。

有投机者据此研究了中国期货市场和证券市场的投机技术输赢率，下面我们就把这份研究成果中关于股市的部分内容简述如下：

一、弱势市场定式

弱势市场的定义是：沪市综合指数的重要均线（年线、半年线、60 日均线、30 日均线）呈现空头走势，沪市的大盘成交量持续处于低迷水平，此时的市场被称为弱势市场。弱势市场的实战策略是长空短多，控制仓位非常重要，实战操作的大忌是持股不动。

1. 超跌反弹定式

买股时机原则：沪市大盘的 PSY 指标跌破 16，市场存有较大面积的个股跌停现象，沪市的成交量此时有止跌征兆出现。

个股选择原则：中线严重超跌，中短线有大阴线。近几天走势是抵抗性小平台，且成交量略有放大。

2. 风险锁定定式

风险防范原则：所选品种没有风险，或者风险短线可控。这类品种多数情况与衍生品种或者股票的选择权有关。

资金效率原则：无风险或者风险可控品种的最大缺点是效率低，对于这类品种要长线跟踪，把握住其价格爆发点。

二、强势市场定式

强势市场的定义是：沪市综合指数的重要均线（年线、半年线、60 日均线、30 日均线）呈现多头走势，沪市的大盘成交量持续处于强势水平，此时的市场被称为强势市场。强势市场的实战策略是长多短空，长线持股非常重要，操作的大忌是持股过于单一。

1. 上升通道定式

个股选择原则：基本面好或者有显著题材，股价沿着上升通道运行，机构持续买进痕迹比较明显。

买股时机原则：当股价贴近 30 日均线或者 60 日均线受到支撑的时候。

2. 热点爆发定式

买股时机原则：在大盘指数相对安全的时候，个股的成交量持续放大。

选择仓位原则：根据题材热点、基本面消息、主力重仓等因素选择仓位与持仓时间。

三、均衡市场定式

均衡市场的定义是：沪市综合指数的重要均线（60 日线、30 日线）基本横向走势，沪市的大盘成交量持续保持在中间均衡的水平，此时的市场被称为均衡市场。均衡市场的实战策略是参考技术指标（MACD 与 KDJ 周线），个股选择很重要，此时操作的大忌是追涨杀跌。

1. 预期题材定式

个股选择原则：常见的预期题材有重要报表、股东大会、个股消息、社会题材、市场热点、其他助涨题材。

持股时机原则：在题材爆发前的几个交易日中，大盘背景尚可，目标股出现强势。

2. 价量支撑定式

个股选择原则：个股明显有下档支撑，下档支撑点是由主力护盘造成的，而不是跟随大盘指数波动被动出现的。

持股时机原则：在股价支撑点附近出现价涨量增的状态时是买入时机。

四、职业经典定式

1. 衍生品种定式

品种选择原则：衍生品种必须具有制度机会性、低风险性以及主品种的联动性。

时机操作原则：主品种技术性风险和机会作为操作的前提。

2. 融资品种定式

品种判断原则：大多数品种的融资属于利空，但是有逆反逻辑表现的品种特别有潜力，但再融资品种有定价原则和时间范围可供投机者利用。

时机操作原则：要考虑到利益博弈。

五、定式设计原理

1. 定式选择说明

上述定式最适合原设计的市场背景，但是投资者可以根据自己的风险偏好和投资者的自我实战经验进行套用和复合组合使用。一个品种如果能够同时符合多种定式，或者在不同的时间符合不同的定式，该品种的潜力更值得重视。

2. 定式设计原理

定式的设计必须符合高概率性原理，必须符合价格高概率性或时间高概率性中的一种。

妖精铃铛 07
必然性机会的分析捕捉

中国股市充满了不确定性，这种不确定性让多少金融大鳄折戟沉沙，这其中既包括世界级的无敌血刀老祖索罗斯，也包括神话般的英雄智勇西北大侠唐万新。劫后余生，一些侥幸躲过沪深股市近几年残酷大扫荡的"职业杀手"发现，沪深股市也有其内在的必然性，这种必然性给盲点套利流派带来了投机机会。发现这种必然性，以及合理地运用它来套利已经成了许多"职业杀手"的重要功课。下面我们进行必然性机会的分析以及实战技术讨论。

一、交易品种的形式转换必然性

1. 封闭基金转开放的必然性

中国股市交易品种的转换需要利益集团的推动和合适的契机，封闭基金对于这两项条件都符合，封闭基金套牢的重要对象是保险基金，而封闭基金是有存续期的。因此这种必然性只是时间问题，关键是注意到封闭基金的价格与净值的价差满意度，同时要考虑时间满意度。

2. 可转债券转股票的必然性

可转债券的存在周期一般是五年，往往在第四年，针对的股票如果出现明显低于转股价格的时候有较强的套利机会，这种必然性在弱市转强市的过程中是最具吸引力的。

3. 非标准股转 A 股的必然性

非标准股的种类主要有国家股、法人股、B 股、吸收合并股。这种必然性的把握需要掌握政策动向与制度项目的策划。当然也有反方向的，如债转股、回购国家股等项目。吸收合并是资产重组与获得低价流通筹码的最新盈利模式，市场中也有老股转新股的吸收合并的方式，如果价差合适就存在机会。

二、时间周期的对手博弈必然性

1. 低风险激活的必然性

在弱市市场中，会出现一些明显没有风险的品种，如说低于面值的转债、小盘低价高成长股。这些品种在大盘转强的时候，一定会出现主力的激活措施。对于这种品种，主要是采取心理预期的持有和制造新题材的操作。这种项目一旦成功，往往收益极大。

2. 高控筹变现的必然性

股市的投机性一万年也不会变，市场的每个熊市阶段都会涌现出一批被深套的高控盘股，只要主力没有被彻底击垮，等待合适的时机解套甚至疯狂是必然的，长时间的跟踪是必要的。

3. 强异动投机的必然性

沪深股市最具机会的时刻有两种：一种是市场的成交持续保持强势的高量能的"博傻"阶段；另一种是市场出现崩溃走势的阶段。在这两个阶段的最具潜力的品种是成交量最大的和严重超跌的低价非退市股，当然如果两者结合成一体将会创造财富奇迹。

三、灵活制度的优胜劣汰必然性

1. 杠杆市值的必然性

如果大股东实力足够强，持股足够大，出现一个明显有利于操控者的新项目是很容易的，这种利用杠杆提升市值的神话在股市中会经常上演，特别是在持续几年的大熊市后。

2. 强者利益的必然性

强者的利益得到保证和扩大化在很长的阶段依然成为现实，精明的投资者除了对这种违反三公原则的做法进行指责，还需要认识环境、利用环境。沪深股市的强者现象主要有：网下配售新股、大盘新股的保驾护航等，我们要事先预见并顺应潮流。

3. 汰陈强新的必然性

沪深股市的实用性功能是非常强的，由于历史的形成原因与市场后续的做法不同，沪深股市的龙头股总是用后发行的品种替代原先的品种，这是个规律，长江后浪推前浪，前浪死在沙滩上。

必然性机会的捕捉要点：

（1）必然性的捕捉需要足够的耐心。必然性的捕捉，特别是熊市中的必然性捕捉需要冷静的耐心以及排除不成熟的机会，不具备这两点素质是绝大多数投资者失败的最重要原因。

（2）必然性的捕捉把握较低的成本。较低的成本指的是你自己的心理成本和分批吸纳成本，在熊市中通常给你提供的价格比你想象的还要低。

（3）必然性的捕捉要有较高的效率。有的必然性机会是有时限的，一旦机会爆发，往往会把压抑几年的能量集中爆发，因此不存在最具效率的理想效率，要把握分批建仓的原则，这样也可以让自己有一个稳定的心态。

妖精铃铛 08
民间炒股高手绝招集锦

为了更好地研究沪深股市的套利技术，笔者曾经研究了上百本的股票技巧书籍，也与许多民间高手交换炒股绝招，发现了有一些民间的土方法在特定时期也是比较有效的，这些土方法也更适合于在综合技术方面比较欠缺的中小投资者，下面笔者就举出部分民间高手的炒股绝招，供读者参考借鉴。

一、技术面的绝招

需要注意的是，技术面绝招操作的关键是有大盘强势背景的配合，且是短线波段。

1. 追强势股的绝招

这是绝大多数散户和新股民非常追求的一个方法，最常见的方法有三个：

（1）超强势背景追击相对低位的第一个领先涨停板。

（2）强势尾市买有大单突击成交股。

（3）低位连续堆积大量的再次上攻强势股。

2. 超跌反弹的绝招

这是一些老股民喜欢的一个操作方法，主要是选择那些连续跌停，或者下跌 50% 后已经构筑止跌平台，再度下跌后开始初步走强的股票。

3. 技术指标的绝招

一些痴迷简单单维技术的中小资金比较喜好这个方法，最常用的技术指标有三个：

（1）在大盘处于强势时，多头趋势波动个股的宝塔线，配合成交量的三平底翻红的提前量。

（2）弱势中大盘指数的心理线达到 16 以下，兼有多只股票跌停后的止跌，做小平底的超跌股。

（3）在大盘强势稳定的同时，考虑那些有题材爆破点或者热点强势的带量双 MACD 股票。

4. 经典形态的绝招

这是一些大户配合基本面、题材面的常用方法，最常用的经典形态有：

（1）二次放量的低位股。

（2）回抽 30 日均线受到支撑的初步多头股。

（3）突破底部箱体形态的强势股。

（4）与大盘形态同步或者落后一步的个股。

这些都是建立在大盘成交量够大的强势基础上的。

二、基本面的绝招

需要注意的是，基本面绝招操作的关键是目标股必须有连续成交量的配合。

1. 成长周期的绝招

部分有过券商总部和基金经历的业内人士喜欢的方法，因为这种信息需要熟悉上市公司或者有调研的习惯。一般情况下，这种股票在技术上容易走出上升通道，如果发现上升通道走势的股票要多分析该股的基本面是否有转好的因素。

2. 扩张信息的绝招

有时候有的上市公司存在着股本扩张或者向优势行业扩张的可能，这种基本面分析要用在报表和消息公布前后时期。

3. 资产重组的绝招

资产重组是中国股市的基本面分析博弈的最高境界，这种绝招需要收集上市公司当地主流媒体报道的信息，特别是年底要注意公司的领导层变化与当地高级领导的讲话，同时要注意上市公司的股东变化。

4. 环境变化的绝招

时间阶段不同，流行不同的基本面上市公司。

三、题材面的绝招

需要注意的是，题材面绝招操作的关键要打提前量，而且要设好止损位。

1. 社会题材的绝招

这一点与社会事件和发展有关，比如说奥运举办、政策倾斜、新行业出现等。这类题材是非常重要的。

2. 热点题材的绝招

由于主力关注的问题，把技术与热点结合起来也是很重要的。

3. 低价绩优的绝招

有些习惯于中线波段的年纪大的高手喜欢这个方法，即在股价最低的100只股票中找基本面相对最好的几只股票，同时考虑到技术性的强势。

4. 制度题材的绝招

制度缺陷、制度创新、制度利用是沪深股市最大的特色。特别是上市公司融资成功后出现技术强势的公司，往往成为涨幅最大的一类股票。

四、经验面的绝招

需要注意的是，每次都要注意经验依赖的背景是否发生改变。

（1）熟悉主力的绝招：瞄着熟悉研究透的券商、基金、机构、研究报告打伏击。

（2）背景习惯的绝招：每个阶段专门做几个较活跃的、自己熟悉股性的个股。

（3）龙头个股的绝招：有的投资者专做阶段龙头股（成交量最大、换手率最高）也是非常有效的方法。

（4）偏锋品种的绝招：偏锋品种中经常出现低风险的盲点品种。

妖精铃铛⑨
股市"老鸟"的经验谈

一、不预测，没想法

①没有自己的想法，只服从系统模式；②线下休息，积累中线信息；③线上工作，效率与概率为王；④永远留有余地，无法实现完美；⑤不顺利时可以注意期货与现货对冲，先进技术不能不用；⑥规律性和观察比赌博冲动重要，预备队也很重要；⑦心态平和，不受其他因素影响。

二、不胡思乱想

股市中的人最大的特点就是想象力丰富，这一点不改变就永远出不了帅。业余股民与职业操盘手的主要区别是：①操盘手顺势而为，股民百年老炖；②操盘手实事求是，股民胡思乱想；③操盘手依赖系统模式，股民情绪变化无常；④操盘手炒股是工作，股民炒股是娱乐。

三、股市关键词

①周期循环；②量能趋势；③顺势趋势；④题材第一；⑤连续攻击；⑥逆反逻辑；⑦大数原则；⑧有知无畏；⑨平和中庸；⑩适可而止；⑪本能习惯；⑫与人同乐。股海成功的捷径也许是：淡泊地争取，平凡地奋斗，寂寞地忍耐，宁静地获取。

四、悲观主义

①天堂是地狱的终极，地狱是天堂的走廊；②任何博弈高手都是悲观主义者，股市高手也是这样；③非常残酷，非常容易，非常中暑，非常娱乐；

④淡出是淡入的基础，淡入是淡出的必然；⑤三匹黑马可重筑人生，一次股灾可毁了你的世界。

五、反对赌博

股市本质是高风险和不确定性。最常见的提高股市技术能力的思维是：在高风险中追求低风险或者无风险，在不确定性中发现确定性争取最大化的有知无畏，并形成整体网状思维的简单的系统。最忌讳的是无视高风险和不确定性进行随机性赌博，或者没有客观依据的盲目的幻想的多动或者固执。

六、一叶障目

许多股市投资者最常见的错误是：一叶障目，不见泰山。比如说，同一种现象特征，在市场的不同背景趋势、不同点位、不同基本面等情况下，其后续的结果可能是多样化的。但初学者往往只看见了叶，没有看见泰山。执迷于技术形态者、思维欠缺整体网状者最容易犯这种错误。股价波动的原因是多样和综合的。

七、没有完美

股市中正确的方法能保证终局获胜，但局中可能丢几分；股市中错误的方法会导致终局失败，但局中有时也会因为运气蒙几个好球。股市初学者最忌讳的事情是：把运气归为技术，把幻想归为事实，把诱饵归为底气，流寇思想、赌徒思想、狂妄症思想都要不得，否则会输钱、会毁掉人生。

八、成功、失败

股市中成功者的最大共性是：顺势而为，注重选时，看不清楚时按悲观可能性处理，有知者无畏。股市中失败者的最大共性是：胡思乱想，一叶障目，看不清楚时按乐观可能性处理，无知者无畏。

九、职业炒股

（1）构建适合自己的阶段盈利模式，应分为多头、平衡、空头三种，适应于市场，该长线就长线，该短线就短线，该空仓就空仓，不要一根筋。

（2）建立自己的信息跟踪表，追求有知者无畏。

（3）要享受生活，炒股是为了更好地生活，不是为了当苦行僧的，要向巴菲特、洛克菲勒、布兰森学习。

十、逗你玩

股市中有博弈，特别是均衡市和弱市中，不同的队伍不会像强市那样形成联合战线。所以破解异动规律重仓股时，不能被那些常规的短时期的强势所诱惑，你买了跌，不买涨，就是逗你玩；要注意反复护盘的特殊的异动股，以及可以破解异动规律目的，已经无法放弃的重仓股，在合适时机攻敌必救之价位。

十一、跟踪自选股

在股市中，有些异动值得后续跟踪注意。

（1）不常见的异动，这种异动非常激烈，有时配合小利空玩孙子兵法（虚虚实实）。

（2）有明显规律可破解目的的异动，走势形成箱体或者敏感时间爆破点，可周期性地反复伏击。

（3）形成与一个重组事件或者再融资事件挂钩，与大盘配合规律的异动。

十二、准确率

提高买卖准确率的最简单方法是：

（1）顺势操作，只抓最佳机会，只在大盘明显处于多头强势时做多持股。

（2）有知者无畏，对于个股的波动规律解破，特别是价时规律的硬性条件必然性。

（3）折中分批原则，足够的下注次数能够稳定心态并增大赢的概率。

（4）等双轨价格，有成本优势，攻敌必救之处。

十三、久赌必输

在股市中，许多半懂不懂的技术分析"高手"，最常见的坏习惯就是空不住手，永远在找寻强势股操作，这种操作可能会因为运气原因获得一些胜利，但是持续长时间做，很难赚钱，而且可能亏几次大钱，从而影响信心。做股票，准确率是非常重要的，如果没有这点，基本上就是赌博，久赌必输。

十四、股市技术学习的第一课

古代有一人，想学立身的本领。经过反复比较，决心去学屠龙之技。他拜名师，日夜苦练，终有所成。他会怎么样呢？同学们兴致勃勃，说他能成为英雄、明星，受世人崇拜。老师摇头："这个人一定会潦倒一生，因为世上根本就没有龙。"

十五、事后祥林嫂

股市事后猪八戒、事后祥林嫂是很难成为"花样顽男""花样女神"的。即使是当初看对也做对了开始，只要没有实现，就是属于事后猪八戒、事后祥林嫂。投资技术的组成是六分心态三分技术一分运气，心态占了六分，快速提高收益率的诀窍是清楚现有的客观，在现有客观的基础上发挥出正常技术。

十六、自由的定义

生存自由 360 万，不高兴时可以骂领导，不怕掉饭碗；旅行自由 1080 万，可在蒙特卡罗赌博，也可在三亚躲避寒冬；生命自由 7200 万，可去瑞士静港年轻身心；支配自由 10 亿，可买一支模特队或足球队，也可学布兰森的生活方式；完美自由是 60 亿，可用涨停板，代替献花或放焰火。

十七、股市中暑秀

①胡吹牛皮；②相信拙劣的牛皮；③不切实际地胡思乱想；④忘了自己是谁，以为自己的盲目和固执是真理；⑤需要外界对自己的错误进行安慰；⑥失眠、焦躁、具有语言攻击性；⑦推卸自我责任，寻找替罪羊；⑧侥幸赌博心理和扳本心理；⑨羊群跟随心理；⑩一根筋心理。

十八、心理障碍

许多老股民，包括老花在内，过分地注重股票的市盈率，而忽视股票的股性；过分地注重股票的技术高低位，而忽视即时强势股的力量；过分地注意最佳买卖点，而忽视分批行动的力量。

十九、极端情绪

以为自己的盲目和固执是真理，阶段性的"一根筋"，左右倾或者右左倾现象随着不断碰壁交替出现。所以，必须要服从系统的指引，追求有知者无畏的境界，以及采取中庸的行为，追求可接受的结果。

二十、独门绝技

本能信息＝一周公告汇总＋自选股跟踪＋阶段规律统计＋短线绝招集锦＋双轨价格。

行为智慧＝借势用力＋命理风水＋统计总结＋社会资源＋吃大放小。

二十一、人生赌注股

问世间股为何物？直叫人以中暑相赌！多数人进入股市的第一目的，不就是为了发横财得暴利，尽早地获得第一桶金，争取到自由，改变命运吗？股海人生的最高境界，不就是捕获几只人生赌注股吗？

二十二、革命

没有受过上乘武功熏陶的人，在股市中必定有"贪婪和恐惧"的痼疾，越是关键时刻越会犯病。投机者不把坏毛病去掉，好方法、好习惯永无出头之日！股市出师学成的难度，不亚于一次革命成功的难度。

二十三、鞭刑

精英的经验，无论多么珍贵，获得的代价多么惨痛，对平庸者都不起作用。只有鞭子抽到了身上，才会知道疼，此后依然无穷无尽地重复着别人曾经无数次犯过的错误。

二十四、赌徒

大多数人都是赌徒。伪价值赌徒、波浪赌徒、时间之窗赌徒、K 线赌徒、消息赌徒、基金赌徒、周易赌徒、神经质赌徒、学院派赌徒、短线赌徒、长线赌徒、无知无畏的赌徒、不断吃亏却不接受教训的赌徒、自欺欺人的赌徒、平时不去赌场的赌徒、自己不认为自己在赌其实在赌的赌徒、晚上在澳门赌白天和大盘赌的赌徒。

二十五、客观

环境的客观：环境到底能够提供什么样的大概率的机会！

自我的客观：在当前的环境中你的能力能够实现什么程度的操作结果！

目的的客观：你追求什么？你对什么结果满意，什么结果不满意，甚至会让你悔恨？

二十六、耐心

客观的耐心：股谚和阶段的统计结果是最客观的！印钞工印钞票也不是随心所欲的！

周期的耐心：没有只涨不跌的股市，没有只跌不涨的股市，我们应顺应潮流！

行为的耐心：折中机会和风险的行为是保持良好心态与股民健康的好习惯！

妖精铃铛 ⑩
花荣答股市常见问题集锦

• 怎样比较满意地卖股票？

答：这是一个世界性难题，想有意卖在最高点的方法老花一直没有发现。老花是这样卖股票的：①大盘出现系统性风险；②个股炒作题材已尽；③股价与 10 日均线的葛兰维定律关系；④有更好的目标股票选择。

• 股票涨跌最常见的原因是庄家操纵吗？

答：好多股友在分析个股涨跌时，常常有庄家随意操作股价涨跌的思维，这是不对的，股价的涨跌最常见的是受到大盘系统涨跌和机构大户的偶然性买卖影响。目前的市场，基本上那种控盘的庄家很少，那种刻意洗盘的庄家基本没有。股价下跌就说庄家洗盘，都是无稽之谈。

●如果有一只股票被套了，这只股票的潜力未尽，你会补仓吗？

答：会补仓。补仓的办法是在这只股票再次走强时再补，不会在其弱势时去补。如果没有一次解套，可以多操作几次，每次救一部分。如果该股有题材时间窗口，也可以在题材爆发点前补仓。但是在大盘处于低量下跌途中，也许尽快地止损更明智。

●A股与周边股市的联动关系是什么？

答：A股强势时受周边股市的强势影响，不受其弱势影响；A股弱势时受周边股市的弱势影响，不受其强势影响；当然特别大的变化会有所影响的，这个原理也可以当作非实质的利空利好消息来处理。

●有股友问，怎样成为炒股高手？

答：①培固基础素质；②有一个好师傅；③排除非客观与跳大神的本能；④题海战术练习；⑤没有生存压力。（注：老花不是高手，与普通散户的要求差距很大，不是谦虚，是真心话）

●提高人的素质方法？

答：①睁眼看世界，读万卷书，行万里路，经十年事；②好坏没有绝对，只有比较；③正义、民主、公平、善良、诚信是行为的基本标准。

●股友问怎样获得股市暴利？

答：获得暴利的前提是不能先出现大失误。有了大失误就会变成股神的，正常的能力和运气就没有啦。而且会在相当长的时间内挣扎在解套被套的怪圈循环之中。稳利＋复利，次数多了，10只股票内总会碰见一两匹黑马的。

●你怎么知道每天的涨跌？

答：我哪会知道？我炒股就是依据两个原则：①选时机＝生命线上做多or生命线下做空＋乖离率修正过度；②选股票＝题材明确or主力明确＋热门活跃or股性熟悉＋利润稳效or高市盈率。决定人行为的因素是习惯，有了赢习惯的人炒股就不会大脑 *&^%$#@! ~。

●炒股的精髓是什么？

答：①大机会＝雪中送炭＋闻起来臭吃起来香；②小机会＝锦上添花＋闻

起来香吃起来也香；③没机会＝自欺欺人＋闻起来香吃起来臭。

• 成为股市职业侠客的条件有哪些？

答：①天赋兴趣；②基础素质；③真功夫，比如说"超级操盘系统"。大家喜好的那些发明者自己也搞不懂的，或者学习难度太大的理论等可不行；足够时间的多角度阅历，瞎猜、胡思乱想或者以散户之心度机构之腹不行。

• 对于多数人来说，炒股最难的是什么？

答：炒股最困难的不是选股，也不是买卖，而是等待；而人生最困难的不是努力，也不是奋斗，而是抉择。

• 股指期货操作原则是？

答：①避免随意性，行动点比预期过一点；②注意敏感时间的风险和机会；③注意大波段，不与主趋势抗衡；④注意逆反逻辑，和急速涨跌追击；⑤如果开仓很快就证明错误，要立刻反向加倍；⑥小仓位要耐心，大仓位要折中；⑦注意状态，不要有赌徒的报复交易心理。

• 大牛市产生的条件有哪些？

答：①投资者需求大扩容；②市盈率足够低；③有重大社会题材推动。大牛市展开的特征是成交量足够大，指数和均线多头趋势。

• 说说做短线有什么技巧吧？

答：我是这样认为的，①在大盘合适时机用异动窗口观察；②看异动股的技术高低位；③选取符合自己习惯的少量介入；④介入多只赢取大数概率；⑤涨的卖掉，跌的如果没发现失误就补仓；⑥大盘趋势弱时清仓。

• 你是专门做短线的？

答：不完全对。在大盘低位时做中线；在非低位时做短线。该怎么做就怎么做，服从大盘趋势。不会逆潮流，"一根筋"。

• 新老股民的最大区别是什么？

答：老股民的第一思维是防范风险，因为已经出师的老股民对过去的亏损教训不堪回首；新股民的第一思维是防止踏空，因为新股民一旦踏空就心如刀绞。

• 你算股市中的高手吗？

答：我很想是高手，但可惜不是啊。我比较佩服司马懿，以忍和稳见长，没有什么奇迹，偶尔露峥嵘，这不能算是高手，只是运气好。三国人物中，诸葛亮那样的人才是真高手，空城计、八卦阵、隆中对令人神往，多神奇神气！好像股市中的绝大多数人也是这样认为的。

●怎么样才能成为资本高手？

答：①有天赋，有基础素质；②多角度磨砺；③与真高手切磋，得到真武功秘籍；④足够的时间磨砺；⑤有一轮大行情证明成就；⑥得到业内的认可。我私自认为，股市真依靠能力持续盈利的操盘高手不多，运气高手不少，裘千尺也比较多。

●一个资金量小的散户，如果想成为一流高手，除了学习加感知市场之外，还应加强操作次数，但凡一切可以拼的机会都去拼，方才有可能达到小资金的高收益并以最短时间成为一流的超短线高手？

答：不对，坏习惯一经养成，这个人就废了。一个吸大烟的赌徒，何谈成为股市高手？

●为什么你反对"只选股不选时"？

答：只选股不选时，就像只问敌人在哪里，不问敌人有多少。很容易被敌人咬住，甚至被"包饺子"。虽然每根阴线都是金条，也不能半空中接，要等到满地黄金时再动手，那时会是"钱到用时方恨少"的。

●你炒新股的经验是？

答：①大盘极弱时；②个股题材特好；③市盈率非常低且异动。中签新股的处理经验：开盘时涨幅超过30%，就等到下午卖；如果低于30%，就立刻卖掉。不是科学，只是统计和感觉习惯。

●股市操盘手的基本素质有哪些？

答：①平和耐心；②正确的习惯；③相信复利和积累的力量；④了解自己的局限；⑤了解市场的本质；⑥注意细节；⑦多维视角；⑧注意力集中与变化并轨；⑨留有余地，不追求完美；⑩独立自主，自己决定命运；⑪最佳机会和人生赌注；⑫信息统计与结果比较。

●什么是吃饭行情？

答：过去，在股市中的主要主力机构是券商和一些民营机构，它们的主要投资方式是坐庄。因此，当行情长期低迷一段时间后，他们为了自己的生存，就会心照不宣地发动行情，有人把这种行情叫作吃饭行情。但是，现在市场上的主力是基金公司，他们的盈利与行情无关，同时市场又有做空机制存在，所以已经不存在吃饭行情。

● 熊市的最典型特点是？

答：熊市：来一个套一个，缘分啊；走一个赔一个，谢谢啊！

● 被深套了，怎样才能快速扳本？

答：①找出被深套的原因，用心学习提高炒股能力；②放弃快速扳本的想法，耐心地等待下次牛市的来临；③烧香拜菩萨，祷告自己被套的那只股票成为逆势大牛股。

● 你在股市中最无奈的事情是？

答：每次在熊市中，看到一些股友正在走向深渊，但是自己毫无办法，用尽一切办法都拦不住。难道人在股市里，真的有命运吗？

妖精铃铛 ⑪
职业杀手的伏击圈选股法

在股票投资的实战中，对市场的认知力求客观是十分重要的。然而，要做到这一点却十分困难。通常，一旦把一笔钱变成一份金融资产，在心理上，我们就会变得十分感情用事，主观希望往往会一叶障目。在金钱面前，任何偏见都可能表现出来，而且一旦开始一项背景复杂的投资，就会产生更多的偏见。因此投资从选股开始就应遵循一定的交易规则，别让情绪左右了你的决定。下面就为读者介绍京城职业机构大户在实战中的"伏击圈选股法"。

一、跟随大势选股法

这种选股法适用于强势市场之中，强势的判断标准是沪市成交量活跃、重要均线向上运动。

跟随大势选股法的核心是：

（1）选股比选时机重要，中线比短线重要，热点强势比价格相对低重要。

（2）选择相对股价和绝对股价都较低，成交量最大，均线组合处于初步多头且黏合在一起的一类股票。

（3）选择绝对市值最小，股价异常活跃的庄家股。

（4）选择该轮行情的主题题材领头股。

买入的时机是股价在重要均线附近；持股方法是大仓位中线波段持有，小仓位跟热点；卖出股票的原则是均线转势或者大盘见顶。

二、常规套利选股法

这种选股法适用于非强势之中，非强势的判断标准是沪市成交量小、重要均线不向上。

常规套利选股法的核心是：

（1）选时机比选股重要，短线比中线重要，价格低比前期强势热点重要。

（2）用心理线选择大盘的短线低点，用政策倾向选择大盘的波段低点。

（3）短线低点注意最超跌最严重的放量低价超跌股和小平台抵抗的低价超跌股。

（4）波段低点注意有发动征兆的庄家重套自救股，与中短线技术指标好的放量题材股。

买入的时机是恐慌绝望的时刻；持股方法是大仓位短线套利，小仓位赌特质筹码集中股；卖出股票的原则是参照技术指标、股价强弱、大盘走势。

三、人生赌注选股法

这种股票的选股法主要是以娱乐为目的，不计较小的得失，希望博到大黑马。

人生赌注选股法的核心是：

（1）在屎壳郎股中找黄金，在主力重仓被套股上博黑马，在基本面独特的个股上赌明天。

（2）买入理由要充分，买进筹码要分批，持有要耐心，获利要丰厚。

（3）人生赌注股的魔术师是主力，而不是赌公司的自身成长性。

四、盲点套利选股法

这种选股法是最职业的方法，以获利持续性、稳定性、主动性为主。

（1）精心研究上市的基本面，注意股价与价值的高度背离。

（2）熟悉金融创新、交易制度、融资手段，关键时间要有凶悍主力的风格。

（3）了解市场各方利益的盈利模式、关键点与软肋，采用博弈手段。

（4）注意市场的特殊题材、关联题材、可预期题材。

（5）把股价、主力、基本面、股价预期、消息面结合起来逻辑性判断。

买入的时机是发现市场必然性机会，用主动性的手段提前这种必然性。追求低风险、收益稳定，不追求完美。这种选股法不是以个股为整体操作，而是盈利模式为一个整体操作。

五、选股总则

（1）涨时重势，跌时重质。

（2）小钱重黑马，中钱重模式，大钱重操纵。

（3）选股要素排序：题材第一、主力第二、时机第三、基本面第四、技术面第五。

（4）只单纯注意某一个技术指标，或者不考虑股价的基本面，是市场中新股民最常见的选股错误。

妖精铃铛⑫
十种有趣的盘面现象

在实际交易过程中，有一些盘面现象经常出现，许多读者感到有些莫名其妙。下面来做一下解析：

一、做收盘

（1）收盘前瞬间拉高——在全日收盘前半分钟（14:59）突然出现一笔大买单加几角甚至 1 元、几元把股价拉至很高位。

目的：由于机构资金实力有限，为节约资金而能使股价收盘收在较高位或突破具有强阻力的关键价位，尾市"突然袭击"，瞬间拉高。假设某股 10

元，庄家欲使其收在 10.8 元，若上午就拉升至 10.8 元，为把股价维持在 10.8 元高位至收盘，就要在 10.8 元接下大量卖盘，需要的资金必然很大，而尾市偷袭由于大多数人未反应过来，反应过来也收市了，无法卖出，庄家因此达到目的。这种情况经常出现在大跌后，或者重要的财务结账期。

第二日的走势：多数情况下不佳。

（2）收盘前瞬间下砸——在全日收盘前半分钟（14:59）突然出现一笔大卖单降低很大价位抛出，把股价砸至很低位。

目的：

1）使日 K 线形成光脚大阴线，或十字星，或阴线等较难看的图形使持股者恐惧而达到震仓目的。

2）使第二日能够高开并大涨而跻身升幅榜，吸引投资者注意。

3）操盘手把股票低价位卖给关联受益人，这类股票一般情况是有一些潜力的，可以继续观察追踪。

第二日的走势：多数情况下高开强势，甚至涨停。

二、做开盘

（1）瞬间大幅高开——开盘时以涨停或很大升幅高开，瞬间又回落。

目的：

1）突破了关键价位，庄家不想由于涨势而引起他人跟风，故做成阴线，也有震仓的效果。

2）出货前的征兆。

3）这种高开是由于媒体宣传或者利好刺激造成的，弱势中很快会回落。

4）筹码集中股的常见挣扎手段，一般情况下管用的不多。

（2）瞬间大幅低开——开盘时以跌停或很大跌幅低开。

目的：

1）有利空出现，有持股人急于出货。

2）为了收出大阳使图形好看。

3）操盘手把筹码低价卖给关联受益人，这种情况下股价常常会很快出现强势。

三、盘中瞬间大幅拉高或打压

主要为做出长上、下影线。瞬间大幅拉高——盘中以涨停或很大升幅一笔拉高，瞬间又回落。

拉高目的：

试盘动作，试上方抛盘是否沉重。瞬间大幅打压——盘中以跌停或很大幅度一笔打低，瞬间又回升。

打低目的：

（1）试盘动作，试下方接盘的支撑力及市场关注度。

（2）操盘手把筹码低价卖给关联受益人。

（3）做出长下影，使图形好看，吸引投资者。

（4）控盘机构资金不足，抛出部分后用腾出来的资金拉升股价。

四、钓鱼线

在个股当日即时走势中，开始基本保持某一斜率地上行，之后突然直线大幅跳水，形成类似一根"鱼竿"及垂钓的"鱼线"的图形。此为控盘机构对倒至高位，并吸引来跟风盘后突然减低好几个价位抛出巨大卖单所致，此时若接盘不多，出不了多少，可能庄家仍会拉回股价，反之则一泻千里。

五、长时间无买卖

由于庄家全线控盘或多数筹码套牢在上方，又无买气。有时这类股票经常出现长上影线和长下影线，我们把这类K线图称为螺旋桨图形。

六、在买卖盘处放大买单

此举往往为庄家资金不雄厚的表现，企图借此吸引散户买入，把价位拉高（机构如欲建仓，并大幅拉高，隐蔽还来不及，怎么会露于世人：我要买货）。强市中如果卖盘挂有大单，如果股价不跌，这是在消化阻力位。买卖一、二、三上下顶大单，庄家欲把价位控制在此处。

七、与日均线对照

如果股价多数情况下在日均线上方运行，均线对股价有支撑，股价短线是强势；如果股价多数情况下在日均线下方运行，均线对股价有压力，股价短线是弱势。

八、涨跌停板的情况

（1）大单封死涨停，次日还会上涨；大单封死跌停，次日还会下跌。

（2）高开后立即冲向涨停板，次日还会上涨；尾市冲向涨停板，次日可能调整。

（3）低开后立即冲向跌停板，次日还会下跌；尾市冲向跌停板，次日可能回抽。

（4）由于大盘下跌原因，涨停板打开后又封死，该股次日可能上涨；由于大盘上涨原因，跌停被打开，次日可能继续下跌。

九、与大盘走势对照

（1）大盘成交量较大的时候，个股股价强于大盘，并屡创高点的股票是短线超级好股票。

（2）大盘大跌后的下跌市道下，或者 PSY 指标跌破 16 时，挂买有不断的承接单，该股在随后的反弹中可能大涨。

（3）大盘强市调整中，在大盘下跌的时候逆市上涨的股票是好股票。这类股票经常是筹码集中股，如果不是筹码集中股，则是新主力股，特别好。

十、盘中大单对敲

强势对敲是好事，可以视情况加分；弱势对敲需警惕，不要轻易上当。

妖精铃铛 ⑬
新老股民的股市感悟对比

下文中阿拉伯数字后面的内容是老股民的总结：炒股真的不难；中文数字后面是新股民的总结：炒股真的很难。

①掌握好了均线理论就能够赚得盆满钵满。

㊀我是盆满钵满的时候开始学习均线理论的，现下盆和钵都见底儿了。

②一年只买卖一只股票就够了。

㊁忘了听谁说的，盆儿里、碗里、锅里都要放上一只鸡蛋，结果我理解错了，用2万块钱买了7只股票，尚有余额，就问人家3股卖不卖。

③如果你的资金在100万以下，一年增加一倍并不难。

㊂我五个变一个了——平地抠饼对面拿贼——跑赢大盘了。

④每日亲手翻一遍个股K线图，才会让你的思维波动和主力一致。

㊃这才是永动机中的战斗机。

⑤真的不要太贪，因为股市里的钱是赚不完的。

㊄我真的不贪，是太仗义了，不信看我的账户。

⑥真的不要太怕，因为国家是不会让股市崩盘的。

㊅百分之七十几也够肝儿颤的啊！

⑦主力也很难，他们都很怕出不了货。

㊆他们净花花肠子，好歹也能把货倒给小散们。

⑧底部放量突破就该关注了，不管是真是假。

㊇问题是，真的放量突破我空仓歇了，假的放量突破我老跟进去。

⑨也许再坚持一会儿，洗盘就结束了。

㊉我就是这样被如来"熊掌"拍着的！

⑩中线心态，满仓一只股，手里留点，逢高出点，逢低接点，滚动操作。

㊎我总是逢高追点，逢低出点，滚动操作，那点家底儿全给秃噜了。

⑪看图才是最需要锻炼的功力。

㊏看图比看画儿难多了。看图愁眉苦脸，看画儿赏心悦目！

⑫做短线最主要的是看成交量和换手率。

㊀站得高尿得远，这道理明白，可多高算高，多远算远啊?!

⑬每日的量比排行榜和成交金额榜就是短线的"黑马榜"。

㊁黑马长了几根白毛，没看清就上去了，摔得够呛!

⑭买入正在上涨的股票才是最安全的。

㊂这事干过，蹬鼻子上脸跟着起哄架秧子——让人放好几回鹰了。

⑮看到长期横盘后底部带量向上突破的缺口，就说明你的财运来了，即使这个缺口只有一分钱的价差。

㊃他们说横有多长，竖就有多长，我拿尺子比着，然后等在那儿准备出货，可总是还没到那个高度就下来了。

⑯最管用的是技术指标的背离，而不是这个指标当前的数值。

㊄距离多少是背离呢? 也用尺子量吗?

⑰把大盘和个股的 K 线图叠加起来，就可以判断该股有无主力，主力强弱。

㊅我叠加过，没一个跟大盘丝毫不走样的。

⑱敢于适时斩仓才是在这个场子里生存的根本。

㊆斩仓的勇气我有，可我现在实在是无仓可斩了。

⑲无论什么方法，你只要掌握了一种就足够了。

㊇我已掌握了多种方法，可我觉得还是不够用。

⑳分时走势中，白线和黄线距离突然垂直向上拉大很多，就是短线出货的绝好机会，因为你一定有机会再补回来。

㊈我在 9 块卖出攀钢，很是赚了一把，然后等它下来，闲得无聊时，在股市中消费了一圈儿，又在 9 块把攀钢接回来了。

㉑洗盘和出货最重要的区别就是在于一个量缩一个量增。

㊉分不清好坏人，给块糖就跟着走，老给弄反了。

㉒短线一定要看 15 分钟的 K 线图，根据 KDJ 可以找到当日的进出点，根据 OBV 可判断主力的意图。

㊋比较可气的是，J 到底了，我奋勇进去，结果丫还贴着地皮儿爬挺长一大段。

㉓如果你真的要做长线，就把 K 线图设置成 30 日、60 日、120 日。

㉓当长线跌破 30 日、60 日、120 日线时，我咬牙发狠：我就不信这辈子就再也不上 30 日、60 日、120 日线！直到它徘徊数月，我才幡然悔悟，果断斩仓！

㉔如果你有足够的技巧和胆量，大盘放量上攻时，你完全可以追龙头股的第一个涨停，说不定一周就能盈利 50%。

㉔二把刀半吊子，一动真格的腿就软了。

㉕强势上攻的个股，出风险提示公告可理解为"开盘就追吧，至少还有三天的涨头呢"。

㉕强势上攻封涨停，开盘追不到，我总是在第三天才能幸运地追到。

㉖短线可在 ST 摘帽前介入，你要坚信丑小鸭已变成了白天鹅，怎么着也得扑腾几下。

㉖谁知他们有什么猫腻儿，出什么幺蛾子啊，让股评家们忽悠怕了。

㉗新股上市的第一天，开盘 30 分钟的换手达到 40%以上，就已经说明了问题。

㉗这 40%中，就有我 0.1415926%换过来的票。

㉘真正的高手不会在股票明显进入下降通道的时候出货，而是更早。

㉘不在股票明显进入上升通道的时候出货，而是更早，算不算高手啊？

㉙在股市里，会休息的人才会工作，为了自己的钱袋而工作。

㉙时间紧任务重，为股市工作的时间不长了，没时间休息啊！

㉚如果你能做到"有风驶到尽，无风潜海底"，那你就会发现炒股票是很轻松的！

㉚风来的时候，我已是汪洋中的一条破船，快沉底儿了。

㉛我也曾经亏了很多钱，才知道的这些！千万不要告诉我，其实你不懂我的心！

㉛我现在正在亏钱，还不知道跟哪儿亏的！一定要告诉您，天亮了，您老别一个人走，拉兄弟们一把。

股市加油站

1. 意外

圣诞节一早，一只老鼠误入花店，被一只猫追赶，老鼠发现无路可逃了，就顺手拿起一朵玫瑰花准备抵抗，猫看到立马低下了头，羞涩地说："死鬼，太突然了！"

2. 歌词

刚听了一首英文歌，歌词写得挺有意思的：好男人是一条狗，一条智慧的狗，一条幽默的狗，一条有担当的狗，一条能打猎的狗，一条能遵守三从四德的狗，一条外圣内王的狗，一条给他一些奖励就很高兴的狗，一条能不断创新生活浪漫的狗，一条我走到天涯海角都离不开我的狗。

下篇

千年狐

《玄中记·说狐》："狐，五十岁，
能变化谓妇人；百岁为美女，为神
巫……能知千里外事，善蛊魅，使
人迷惑失智；千岁即与天通。"

第五章 投机手记

PART FIVE

关键语:

　　股市在许多人的心中,犹如一座捂不热的冰峰,你热情如火,它却冷若冰霜。但在现实的梦境中,股市又是许多人距离蓝天最近的一个阶梯。它凝聚了太多人的希望,在诚挚祈祷的时候,看到的都是太阳之辉煌。无论投资、投机、赌博,在那搅不散、推不开的梦境中,一个长满皱纹的传说,在轮回着春夏秋冬,在殷殷的诱惑,在深深地冥思,在苦苦地等待,在谆谆地教诲。

投机手记 ①

"327 风波"亲历记

　　1995 年初,我在一家独资房地产公司任职。那时,国债期货市场已经红火了一年,且仍有雄风不减之势。这引起了一些敏感公司的注意。一天晚餐时,我和葛总讨论了这个现象。经过一番分析和争论后,葛总决定从股票投资账户中拿出 60 万进入沪市国债期货市场,并和我约定:由我操作,如盈利,我可提成 8%;如亏损,我要贴连 3%。那个时候,老百姓的工资低,这个条件还是能够接受的。

　　在 1994 年多空之争中,多头依仗通货膨胀居高不下,保值贴补连创新高的基本面优势,大获全胜;空头则丢金弃银,成了资金"运输大队长"。鉴于此,我认为应该在合适的时机开多仓,并且开龙头品种"327",这体现了我原来在股市上喜做龙头股"陆家嘴"的习惯,当然更多是"327"确实有许多利多因素。但在此时,有部分超级主力却加入空头阵营,演出了 1 月

● ● ● 183

份像模像样的空头中级行情。后来，正当空头欢呼"转势"时，孰料多头再度凭借资金和基本面的优势卷土重来，在 2 月下旬发动了一场致空头于死地的"轧空"战役。2 月 23 日惊心动魄的轧空行情开幕，绝无退路的空头主力硬着头皮铤而走险，掀起轩然大波。

有人说期货中的多空之争是地道的现代经济肉搏战，这话我深有体会，而"327"可谓是一场空前的决定命运的多空大会战，也是一场缺乏规则、混乱一片的大搏杀。

参加这场多空大搏杀的，既有实力雄厚的证券公司，也有腰缠万贯的实力大户，甚至有不少从股市上转战而来的中小散户，但会战的主力要属上海的万国证券公司、东北的辽国发公司和北京的中经开公司（中国经济开发信托投资公司，是财政部旗下唯一的信托公司，以下简称"中经开"）。

在那些日子里，心情一直处于紧张状态，确实玩的就是心跳，跟玩股票没法比。有些事也是稀里糊涂的，各种传闻都有，也分不清楚，也不如现在有家难归。一些内幕的具体情况是后来才听人说的。

1994 年 1 月，中国债市上资金最雄厚的北京中经开公司应势率先在多头品种"316"上做空发难，自认空头实力大增，引发了一段中级空头行情，"316"的价位从 132 元高位上剧挫至 128 元以下。

正当空头全面发难时，骨子里是多头的北京中经开公司在另一多头阵地"327"品种上做多被套（148 元以上），其自恃财大气粗而顽强抵抗，至 1 月 19 日摆下数十万口"327"买盘，一副搏命姿态。其时，周边品种阵地全是空头天下（"31""33"系列），但空头无可奈何，只得在"31"品种上获利平仓。中经开使尽浑身解数，凭借保值贴补上升之势，将"327"上推至 148 元。

春节过后，悲剧的主角——东北辽国发公司登场。该公司与中经开在期市上有宿怨，其在 1994 年充当"316"多头主力获利极丰，此时充当空头主力，在"327"品种上与中经开等多头展开了多空对峙。多头主力围魏救赵，在周边市场（北京和深圳交易所）呼应下，开拓"31"及"33"系列多头新战场。其实，"327"的价位相对来说明显低于其他品种。我就是在这个时候和葛总商量后开的"327"多仓。听说也就在这时，上海万国证券公司——又一悲剧角色加入空头队伍，在"327"品种上做空封盘。

僵持之际，形势朝着有利多方的方向发展，持续高涨的保值贴补新债大量不上市以及加息传闻使空方压力日益加大，而"327"持仓量在 2 月 22 日已增加到空前的 3638878 口，空方预感不妙却已无退路。

惊心动魄的事件终于在 2 月 23 日爆发，在加息已成定局的消息刺激下，先行开盘的深圳和北京期市空头主力在 148.30 元价位上挂出 200 万口卖单，在 2 分钟内即被汹涌的买盘消灭。沪市开盘后，该品种价位更呈火箭式上升，一路上扬 151.30 元以上进入横盘。显然，成本价在 148 元左右的空头主力全面爆仓。

正当人们准备收盘的时候，16：22 平地掀起风雷，百万口抛盘从天而降，一路将"327"从 151.30 元砸到前一日收盘价以下，然后在 148 元赫然出现 700 万多口的卖盘，在汹涌的买盘下毫无退却，并在最后一笔以百万口砸至 147.50 元低位。风云突变，顿时令市场所有人目瞪口呆。

那天，人们在大户室久久不愿离去，众说纷纭。在和葛总通电话时，我们俩说到后来声音都有些抖。许多持有"327"仓位的人就像心脏被放进洗衣机里搅拌一样，七上八下的，经受着意志的考验。这时，上交所通过交易系统公告，声称尾盘有人蓄意违规，管理部门将紧急研究处理办法，我这才定了一下心。

次日上午上海期市停盘，交易所通知 23 日最后 8 分钟属无效交易，予以作废。14：30 期货开盘，同时设立 0.5 元的涨跌停板，这给许多本想观望的人指出了方向，当日所有的品种全部以涨停板报收。周三财政部发行了 1992 年 5 年券，同时发布 1992 年券国债贴息公告。

事实的真相交易所至今尚未公告，市场说法是，空头两大主力之一——东北辽国发公司在 23 日高位平仓，损失惨重，共计达 12 亿元；而上海万国证券公司则持百万口空仓在尾盘蓄意以恶性违规事件来呈请行政干预，估计损失达 6 亿元以上（公司总裁管金生后被捕入狱），多头主力北京中经开创利达 6 亿元之巨，为以后在四川长虹方面再奏大捷创造了资金条件。据传，24 日中小散户有的抱头痛哭，有的在睡觉时仍然高兴地傻笑。

由于问题没有解决，空头无法平仓，匆忙复市的上交所在 2 月 27 日再度停市，并推出新举措，将个人和机构持仓量限制从原来的 3 万、5 万口降至 1 万、3 万口，并规定 27 日、28 日两天为协议平仓日，3 月 1 日起将对超仓部分强制平仓。

期市振荡带来了股市动荡，周五空头狂抛股票套取现金，股指大跌30余点（当时沪市综合指数500多点）。

经过此次风波，我对期货市场的认知、炒作、功能都有了一个新的认识，就像一个当兵的经过了大战的洗礼，特别是知晓了"炒"字的确切含义。炒是由"火"和"少"合成，炒得得法，如财源滚滚，炒火如荼；炒得不得法，则越炒越少，引火烧身。现在，有一些有搏击精神的公司，短期资本的经营已经变成最引人入胜的话题，精明的企业经营者也对虚拟资本市场的机会更加关注，但应量力而行。

2005年后入市的股民可能根本没有听说过"中经开"这个名字，但在中国金融市场初设的年代，中经开绝对是纵横捭阖的江湖霸主。银广夏造假、长虹转配股上市疑云、东方电子欺诈案……背后都有中经开的身影，20世纪90年代，中经开始终以凶悍的手法著称，而最牛的，莫过于"327国债"。

2002年6月7日，中经开因严重违规经营被中国人民银行宣布撤销。

图1是中经开曾经的重仓股银广夏从1999年到2000年的股价走势图，大起大落，惊心动魄，持股者的命运变化无常。

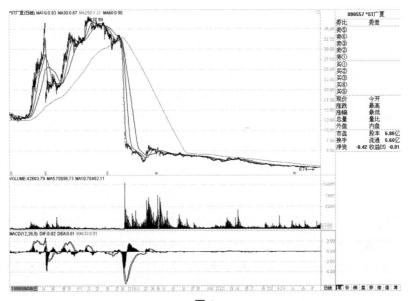

图1

投机手记 ②

难忘的 1994 年

1994 年的中国股市是股市早期投资者具有非常感受的一年。在这一年股市大振荡中，有不少投资者发生了命运的改变。

那时，我在广州的一家民营机构供职。公司的老板是依靠认购原始股发迹的，因此对实业经营并不是太感兴趣，除了参与经营一些地产商铺、酒店业外，对股市中投资运作情有独钟。公司的总资产非常大，但是有很大一部分是融资。公司只有十几个人，大多是当地人，有些媒体将这种机构称为股市中职业机构。

在当时的中国证券市场，沪、深两地的投资者并没有像现在这样两者融为一体，上海人普遍只买卖上海股，深圳人很多只买卖深圳股，由于上海股市更为活跃，深圳也有大比例的外地人，虽然两个交易所当时的定位一样，但上海市场显得更强势一些。当年 9 月，广东梅雁就是在这种情况下放弃在深市上市，改在沪市上市的。我在上交所学习过，许多同事朋友在上海交易所场内当红马甲，这也是我在公司里的优势。

5 月，我与一个在上交所做场内交易员的朋友通电话时，她告诉我有庄家要炒爱使电子，我便告诉了老板，他没有什么表示，后来爱使电子果然爆出收购题材并成为那段时间的明星股。估计老板看到了这种情况，老板召集我们投资部门的人开会，让大家发表对股市走势和机会的看法，多数同事都对股市缺乏信心，只有少数几个同事认为深发展可以少量地参与。之前，我一直没有吭声，这时老板问我的看法，我直接地表达了沪市有机会的观点。显然，老板早就心中有数了，会后把我和另外两个同事留下来谈话。他告诉我们将成立一个新的项目小组，由我负责，一个同事为助手，另一个负责监盘和资金调度。

我没有什么思想准备，刚想说什么，但老板没有给我说话的机会，说项目小组第二天就开始工作，并且尽快地完成几个候选股的选择、操作计划和新账号的开户。

开始，我主要以当时的热门股上海本地股作为主要候选目标，但市场成交量太小，几只价位、基本面合适的品种都不适于大资金的运作。

5月20日，新股内蒙华电上市，在当时，这相对是一个中盘异地股，相对成交量比较大，上市公司位于少数民族地区，有一定的神秘性。

市场还处于弱势中，内蒙华电的股价很快就跌近了原始股的发行价3.90元。根据经验，新股在跌到新股发行价时会比较抗跌的，于是就向老板汇报说这只股票的综合情况不错，请示看能不能把它作为投资目标。老板研究了一天，说电力新股比较稳妥，市盈率低，退可投资，进可投机，就确定内蒙华电作为项目的主打标的。

在操作的初期，我看到大盘没有转强的迹象，建仓的速度压得比较慢，基本上以低挂承接的方式逐渐买进。但老板认为指数已经非常低了，建仓太慢可能会错失机会，要求我们加快进货的速度。于是，我们就改为挂承接单和主动买同时进行。在进货的时候，我发现我们越买，抛盘越大，老板说没有关系，这说明高位有大户被套了，这时候忍不住割肉了，这是好事情。后来，果然抛压减轻，但是在我们把建仓的资金用完后，大盘不但没有丝毫的好转，而且开始加速下跌，我们的内蒙华电刚开始还好，几天后就不行了，跟大盘的跌幅也差不多。

这时，老板还能沉住气，说没关系，这是暂时的。随着6月的大盘出现一周起码跌四天的情况，老板的脸色越来越难看，一些"上当了""太相信你了"的话不时地嘟哝着。

7月初，市场股评家们为股民列出沪指下档支撑位为430点，后市仍然看淡，数十只新上市的股票破发行价30%以上。大户室开始出现一些大户因投资损失过大被券商清理门户，与我们中午经常一起玩牌"拱猪牵羊"的几个人从此再也没有见到过。我们还经常去大户室，在公司里我们小组的三个人好像是犯了错误的右派一样，有点灰溜溜的，有一天老板甚至开玩笑说："就是把你们三个卖了，也挽回不了损失了。"

7月中旬，沪市指数开始接近400点，之后很快就击破400点，凡是有股票的投资者好像眼睛都是多少有点红血丝。许多股民彻底丧失了持股信心，晚卖一天就会多一分损失，越早割越好。

7月底，一个同事告诉我，他听见了老板在办公室里对另一个董事说，如果内蒙华电跌破 2.2 元就让我们两个滚蛋。听见这个消息，我情绪挺坏的，后悔当初扔掉"铁饭碗"来广州。并想，下一步怎么办？自己会不会在广州火车站过夜啊？想不明白，第一次操作大资金就遇到这样残酷的下跌行情，遭到这么大的精神打击，这行情，换谁也不行啊。

7 月 29 日，深市一度跌到 93 点，沪市跌到 333 点，内蒙华电跌到 2.32 元。非常庆幸那几天我们老板不在公司，去云南了，否则我们提前被炒也说不定。

7 月 30 日，星期六，休市。

7 月 31 日，那天我几乎全天都在考虑火车的车次信息。晚上习惯性地收听收音机证券广播网节目的时候，听到了"三大救市政策"的重大利好的公布。我平常不抽烟，不喝酒，那天买了一包烟，买了一瓶酒。

8 月 1 日，沪市跳高 61 点开盘，狂涨 112 点，升幅 33.53%。当天尾市收盘，渤海集团涨幅突然就达到 100%，周二稍有回档，周三沪市涨 90 点，周四一开盘就涨 36 点，周五飘升 120 点，以 683 点告收，周升幅达 104%，内蒙华电由 2.32 元升至 7.11 元，我们的平均浮赢收益近 90%。我们这个小组创造了公司 1994 年个人盈利第一的业绩。当时，我忽然有些恍惚，仿佛刚刚坐了一次过山车。

不久，我们开户的那家证券公司的老总请我吃饭，说想请我去他们证券公司投资部工作，他们原来的操盘手辞职了。

于是，我跳槽换了一个地方工作。

图 2 是内蒙华电在 1994 年 8 月 1 日前后的股价走势图；图 3 是 1994 年 8 月 1 日前后沪市指数的走势图。

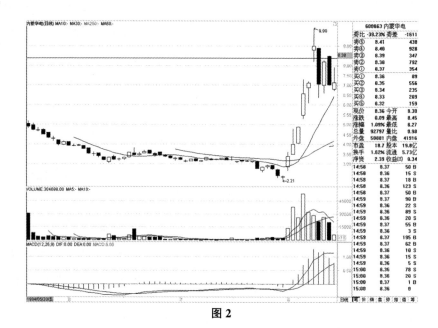

图 2

图 3

投机手记 03
给我"第一桶金"的 5·19

打开尘封已久的记忆，总有一些片段令人难以忘怀。尽管事情已经过去了十多年，但只要一提起"5·19行情"，老股民的眼中都会泛起亮光。

1998年，我原来工作的那家金融机构，在这年中的全国金融机构整顿撤并中被撤销了。我也不想再给别人打工，就成了职业股民。虽然，家里也有网络、电脑、电话委托，但是那时网速比较慢，我还是习惯在距离家比较近的一家营业部的大户室炒股。

在1997年我曾经成功地投资了深发展，在大户圈内有一定的名气。在得知我到那家营业部炒股后，一些职业炒股的大户也迁户到了这家营业部，其中的何老师曾是一家国企的厂长，人很好。我们成了股友，经常一起讨论行情。

1999年上半年，股票市场已经经历了长达近两年的盘整行情，整体一直处于下滑状态。由于行情低迷的原因，我们这个圈子的股友认为是：第一是1998年的东南亚金融危机的阴影对我国的金融业依然有影响；第二是这 年有一个重要的时间节点，就是《证券法》将要在7月1日开始实施，1998年12月29日，九届全国人大常委会六次会议以135票赞成、3票弃权的绝对多数，表决通过了《证券法》，这使得一些以做庄操纵市场为盈利模式的券商自营比较收敛，一股重要的做多力量突然沉寂了。

我们这些老股民对于行情的低迷已经习惯了，认为中国股市的波动特点就是"三年不开张，开张吃五年"。在弱势市场中，我也很少操作，耐心地等待"开张吃五年"的时机来临。晚上没事的时候，在总结写作一本股市实战技术书籍。此前，我已经出版了一本书《智者无敌》，尽管比较受读者欢迎，但是我自己对这书不是很满意，想写一本更系统一些的书。

沪市指数1999年第一个低点是2月8日的1064点。在那次跌破1100点的时候，我就发现盘面有大资金吸纳的迹象，就做了短线反弹，还跟何老师说："中国股市最大的庄家是不是有关部门啊？股市每次到低点的时候，比如说接近 1000 点，就会先有机构凶猛震仓，然后出现吸纳迹象，然后利好救市井喷。我觉得这是个规律，可以当绝招用啊！1000 点这个点位不知道是不是有关部门的心理底线？"

5 月 8 日是周六，美军轰炸了中国驻南斯拉夫大使馆，国内、国际局势紧张，市场担忧情绪进一步加重。周一开市，市场果然大跌，我们几个股友讨论行情时，我却感觉股市可能有一个明显的大机会要出现，我还给他们举了 1997 年 2 月 20 日那次行情的启动征兆。

下午刚收市，有一个股友到大户室找我，说他认识一个很有名的上海机构，有一只股票马上要启动，可以找一笔资金跟庄，最低限 500 万元，可以给出买卖点，但要求 30% 的收益提成。我说我可以介绍合适的人给你认识，具体的事我不参与，我也不要中介费用，买卖那只股票时告诉我一下就行。他担心我的资金太大，会影响机构的操作。我当场就把我的股票账户给他看，只有 18 万多元的资金量。我之前一直给国企打工拿工资，没有什么钱，虽然此时已经有了一些名气。

我给这个揽客股友介绍认识了一个民营机构，他们一拍即合，很快就谈好了合作意愿，并告诉我那只股票是三峡水利。我看看三峡水利的图形，确实是 K 线螺旋桨的形态，筹码非常集中的样子。我想，我资金量小，可以先买一半仓位，等它启动时再把剩下的资金全扑进去。

随后几天，我的注意力一直集中在三峡水利上面，但是我感觉盘面的表现与那家上海机构说的情况有点不一致，好像有机构出货的迹象，也猜疑这是不是最后的震仓行为。

5 月 17 日，指数下探到了 1047 点。

5 月 18 日，深圳的一家券商的操盘手与我通电话讨论行情。他的姐夫是这家券商的总裁，与我早就相识了。1998 年，这个操盘手的姐夫介绍他与我相识，并让他跟我一起学了半年炒股，然后就去了这家券商的证券投资部工作，有空时经常与我通电话讨论行情，还邀请我去深圳讲过课。在那次通电话中，他告诉我第二天有关部门将在北京召集全国的大券商和基金公司开会，研讨二级市场。

5 月 19 日，上午市场就显得比前一天要强，但三峡水利机构出货的迹象很明显，中午深圳券商的操盘手打电话告诉我，券商、基金可能要动手了。

他有些迟疑，与我讨论敢不敢满仓杀进，买什么股好。果然，下午大盘的走势更强，而这时三峡水利走得很弱，我就把剩下的资金全部买进了当时的一只强势股综艺股份。

5月22日，上海的那个机构庄家打电话说，让把三峡水利卖掉，换成合金股份。于是，我就把三峡水利卖掉了，也没买合金股份。同时，对那个跟庄三峡水利的民营机构说，你需要再好好与那个上海机构沟通一下，看看到底可靠不可靠？

后来的大半个月中，我每天收市后都要把所有股票仔细翻一遍，专门找强势股满仓进出做短线，收获了不少涨停，资金翻得非常快。

6月15日，前一天大涨就收出了大阳线，当天又高开，我担心市场有些超买，同时我妻子进入了临产期，每天收市后非常忙，要去医院送饭，不能花那么多的时间去找短线强势股，我就想试一试波段持股的炒法。指数一冲高，立刻把手头的股票都卖掉了。刚把股票卖掉，大盘就出现了急跌，真的非常幸运，大盘临近收市的时候，我看见清华同方大买单很多很坚决，走势非常强，又忍不住全仓买进了这个股票。

我女儿是6月22日出生的，在这段时间我就一直持有清华同方，没有再像前段时间那样频繁换股。清华同方也非常争气，我31元多买的，一直持到6月29日，《证券法》生效的前一天，涨到了68元多，我是在股价振荡时67元多卖掉的。

7月1日，《证券法》生效，股市暴跌，很多股票跌停，行情重返跌势。

我又做了一个股票飞彩股份，逆市赚了三块钱。这时，我刻意地看了一下总市值，80多万元，心里非常高兴，这算是自己的"第一桶金"吧。

在有女儿前，我对钱多钱少没有什么感觉。有了女儿后，挣钱的动力明显要比以前强了很多。

1999年十一长假后，我来到了北京，住在牡丹园，成了一名"北漂"族。

图4是1999年"5·19"行情中的清华同方走势图；图5是1999年"5·19"行情中的沪市指数走势图。

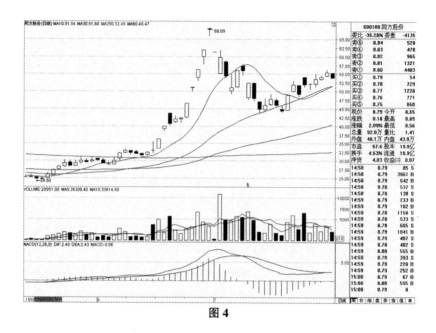

图 4

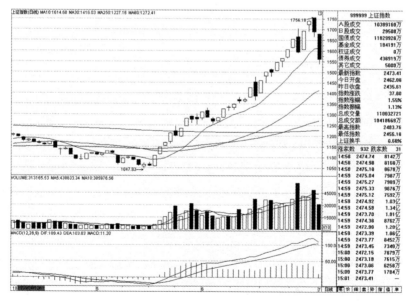

图 5

投机手记④

让天再借我 500 年

中国社会比较复杂，尤其是户籍、地域、行业、人的圈子，这些能决定人命运的关键因素具有非常多的层次，足以决定一个人一生发展的难易。同样的一个人，在年轻的时候，把他放到不同的环境里，几年后的变化可能会有非常大的差异。同年龄、不同地域的两个高中毕业生，同样的高考分数，几年后在一个建筑工地相遇，就可能一个是甲方监理工程师，另一个是民工。虽然是社会分工不同，但是其中的不公平显而易见。

北京的个人发展机会是其他地方不能比拟的。举个我自己的例子，我在1999 年写了一本股市操作技术的书籍，在某省会城市找到当地的出版社，出版社的人说，"出版可以，但是需要作者先掏出版费，保证出版社一个书号的最低盈利额"。但北京的出版社看到书稿后，很快就决定出版，而且有不菲的稿费。

1999 年 9 月，我写作的《猎庄狐狸》由中国社会出版社出版了，并成了当年很热的一本畅销书，其后还引发了中国股票图书的出版热。有许多书商和出版社都想尽办法约我写书稿，并争相竞价和预付稿费。那时书商支付的股票书稿费挺高的，我的头脑不太开窍，如果尽全力写书的话，以我当时的收入来看，应是不错的一个活儿。但是，我喜欢炒股，不愿意集中精力写书。在这种情况下，我也基本上保持着一年出版一本书的速度，销量很不错。2001 年，我就是用出书的稿费在北京买了一套房子。中国人就是这样，住在自己的房子里和住在租来的房子里，心情是不一样的。

事业进展得比较顺利——在好几个机构有兼职，一个星期去这些机构上班两个小时，就有月薪收入。股票也炒得不错——抓住了几个不错的机会，记忆比较深的是 2000 年的上海梅林、南化转债、新疆屯河。南方一家媒体组织的选股比赛，参加者几乎涵盖了全国所有股市名家，我获得了第一名，盈利的百分比把第二名落下好多。

2001 年，是我自己股市实战信心最膨胀的一年。那年，在海融 158 网和特区证券举办的机构论坛上，基金经理不愿意说股票，证券公司的高管不敢说股票，我敢，而且是大盘高价股五粮液，五粮液也真的连续涨停，连涨十几元。

运气不会总降临在一个人身上的。在 2001 年下半年，我重仓买了 3 只股票，五粮液、重庆啤酒、中成股份。其中五粮液、重庆啤酒是我自己选的，是当时涨幅最好（大盘暴跌，五粮液接近涨停）最抗跌的股票，因此在最高点卖掉了，只留了一个消息股，大主力南方证券重仓的中成股份。

熊市无情，在 2001 年下半年和 2002 年上半年，就中成股份这一只股票，把五粮液、重庆啤酒的盈利全部赔光还不够，还贴进了本金的很大一块。有自己的股市投资资金，有券商给的带有高利息的融资，也有一些帮朋友炒的钱。当时几乎是天旋地转，至今回想起那时的处境，眼泪就控制不住地流。

幸好，遇到 2002 年的"6·24"行情，我极力说服合作伙伴把所有的股票逢高卖出，并把所有的非自己的资金还掉。在当时的合作伙伴中，我的经济实力最差。所有的事情结束后，我的所有财富是维持基本生活的 5 万元钱、《淘金狐狸》的未付稿费（扣税后是 7 万多元），全家没有任何薪水性收入，还要支付每月几千元的房贷、几千元的房租以及养活 2 岁的女儿。

2002 年，《经济观察报》曾经刊登过一篇文章，全国许多网络和媒体都转载那篇文章，说我把自己的 2000 万元全亏完了，生活都困难。

那段时间心情极差，好长时间晚上失眠，甚至一度想到死，还好挺过来了。

2001 年下半年国有股减持引发的那轮大熊市，一直跌到 2005 年。"6·24"行情也许是这轮大熊市开始后的一次最佳出逃机会。相对来说，我的结局比起当时的许多投资者和机构是幸运的，"6·24"行情没出货的同楼层的大户全"死"，连那家因给我融资我不愿意接受，而嘲笑我胆小的券商也因挪用保证金做自营惨败给跌没有了。我的熟人当中，有死亡的（大户室在我隔壁）、有坐牢的、有下落不明的、有离婚的、有在最低点公司倒闭的、有千万身家全亏完大牛市来时又没敢做的。中小投资者处境也好不了，好多人连账户都不敢看，以至于密码忘了。那时真是通杀，股票跌 80% 的多得是。我相信，有过 2001~2005 年股市经历的投资人，在看到这段话时，有许多人的眼睛都会潮湿的。

股市投资的一些经验确实是用血的教训铸成的。每当熊市来临的时候，我都要看到一些股友遭受打击。我在股市中最大的苦恼就是，有时看到朋友在"干傻事"，在走向深渊，但是你没有办法，你拦都拦不住，难道股市中的人真的是各有自己的命运吗？

图6是沪市指数在2002年"6·24"行情前后的走势图。

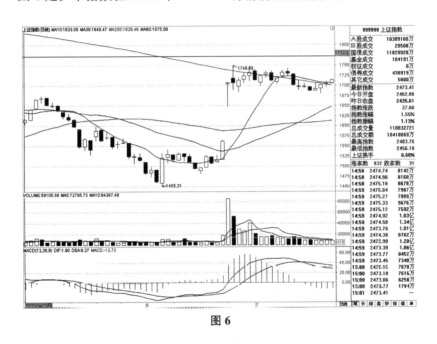

图 6

投机手记 ⑤
杰克船长又杀回来了

可能是因为有一点知名度的原因，我每年都会结识一批股友。有的是一面之缘，有的保持了纯股友关系，有的则成了生活中的朋友。

我是2003年认识老王的，相识的过程还颇有些故事性。那时我每天在一家银河证券的大户室炒股，我们这一层的大户都是这家券商资金量最大的客户。由于行情不好，这一层的客户中来营业部看盘的经常就我一个人。

有一天，刚刚收市，手机就响了。我打开手机，听见了一个声音很洪亮的中年男人的声音："喂，请问你是花荣吗？"

"我是。请问你是？"

"我是老王，也是银河证券的大户，我们营业部的江总介绍我给你打的电话。是这样的，我们这个圈子里的股友，都看过你写的书，写得挺好的。我们这个周末，有个饭局，大家聊一下股市行情，不知道你有没有时间和兴趣？"

那个时候，经常闲得无聊，周末还要自己做饭吃，巴不得有人请吃饭。刚想回答说有时间，还没说出口时，老王声音又响了，"参加我们这个饭局的人，男的基本上都是北京第一批的老股民，不少是亿万富豪，比如说李总，他还是北京的邮票大王。女的都是美女，比如说小陈，是北京环球小姐比赛冠军"。

我一听，厉害。回答说："真的，那我得去。"

哈哈，是不是有点意思。老王与我一样，是个职业股民。他喜欢热闹，人也大方，爱交际，爱张罗饭局、群体活动，爱帮助人，用北京话说是个社会活动家，屁精屁精的人中。

通过老王，我认识了北京的许多炒股富豪，其中不少人都有自己的人生传奇。

老王电话里提到的那个李总，他似乎天生有着经商的头脑。6岁时（1960年）适逢三年自然灾害，他就尝试着用烧饼换烧饼，"用烧饼去换东西，再把换来的东西换烧饼。这样，换来换去，烧饼就比原来多了许多"。

藤总也很有意思。去歌厅唱歌，听一个外地来的服务员女孩子说，想上学，不想在歌厅工作。结果，他真的就资助了那个女孩子上了大学。女孩子毕业后，让她在自己的餐厅当主管，还为她找了个非常优秀的、朴实的帅哥嫁了。

张总更是赫赫有名，创建了大中电器，并成了国美电器的董事长。他是个孝子，他在母亲王佩英诞辰95周年纪念会上的那篇感人至深的演讲稿非常有名——《我的创业资金是母亲用生命换来的》。

后来，毕总、谢总、童总、林总、丁总、徐总，我们都成了生活中的朋友。特别是毕总，每当我有什么大的投资计划时，总喜欢征求他的意见。

2003年前三个季度的股市，行情始终比较平淡。11月，新蓝筹股长江电力上市，市场出现了强势，"五朵金花"的投资价值被证券投资基金挖掘了出来。钢铁股是以宝钢股份为首，汽车股是以长安汽车和上海汽车为代表，石化股则以中国石化为"头羊"，能源电力则是以华能国际和长江电力为先锋，金融股是由招商银行带头。市场中的一九现象非常严重，少数大盘股走出上升通道，大多数股票依然弱势。这种情况，大多数投资者有心理障碍，不习惯，赚了指数不赚钱，甚至亏钱的情况非常普遍。

我在这时已经形成了自己的操作系统，只盲点套利和应对热点。这种投机方法的最大好处就是不受惯性思维影响，服从市场数据，跟随市场变化，因而抓住了长江电力和宝钢股份这两只股票的上涨机会。可惜的是，2004 年中期的股市行情依然熊市情绪浓重，刚刚在市场出现的五朵金花的价值投资行情被镇压了。

不过，2014 年中期的股市暴跌，倒使得我把握住了一个新的机会。2004 年初期的时候我就发现了一个非常好的潜力股，这只股票真是完美，基本面超预期高成长，技术面主力异动迹象明显，又符合当时的价值投资热点思潮，相比五朵金花板块中的多数股票流通市值还比较小，我认定这是一只非常好的人生赌注股。在年初的时候，我就做了一把，大盘 4 月初出现了下跌，为了回避系统风险，我获利卖出了，但我一直在密切地跟踪它。

2004 年 6 月，中集集团 10 送 6 除权，我看它的 K 线图形形成了螺旋桨的波动组合，就更有信心了。我是 14 元多重仓介入的，1/3 的仓位一直一路持有，1/3 的仓位高抛低吸做波段，1/3 的仓位作为预备队或者超短线做其他股票。中集集团非常争气，它那年的涨幅好像是 2004 年沪深两市所有股票涨幅的第一名，那年的指数可是大跌的。

我 2004 年做中集集团的时候，北京的许多大户都知道，但是跟的人不多，只有一个对股市不太懂的新股民跟着我一起死捂着做了将近一年的这只股票，2004 年 6 月送股除权后进的，2005 年 4 月除权前出的，赚了 1000 多万元。

尽管我在中集集团这只股票上赚的钱并不是很多，但是这只股票极大地为我在北京的股市大户圈中树立了威信，我自己的信心也恢复了，那个自信、好运、职业的操盘手，杰克船长又杀回来了。

图 7 是中集集团 000039 在 2004 年下半年的走势图；图 8 是沪市综合指数在 2004 年的走势图。

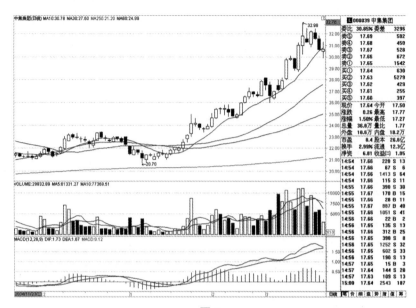

图 7

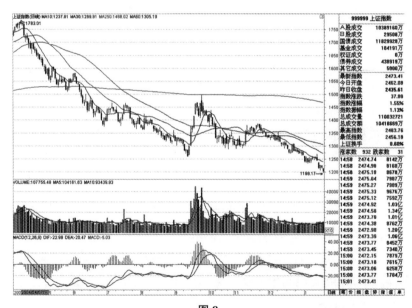

图 8

投机手记 06
上海汽车股改护盘记

原本以保护投资者利益和维护公司形象为主要目的的股改增持计划，最终却演变成了一场市场资金套利的盛宴。上汽股份砸向市场的 10 亿元护盘资金，截至 2005 年 10 月 27 日收盘账面亏损 1.4 亿元，接近 15%。

1. 股改一诺

2005 年 9 月 29 日，上海汽车公布了股改方案，其独特的增持承诺成为市场关注的焦点："方案公布两个月内，如果公司股价低于 3.98 元，大股东上汽股份将连续投入资全按集中竞价交易方式以每股 3.98 元价位申报买入，累计资金不超过人民币 10 亿元，除非股价不低于每股 3.98 元或 10 亿元资金用尽。"上汽股份同时承诺，其间如果累计购入股数达到其总股本的 5%，上海汽车将进行公告，并在公告两日后继续购入。

承诺竟然真的一语成谶了，事态的发展似乎真就顺着这条轨迹前进。10 月 24 日，上海汽车复牌首日，上汽股份即以 3.98 元的价格挂出 1.5 亿股（总股本 5% 的上限）的买单参与集合竞价，但很快就被汹涌的抛单一砸而光。当晚上海汽车公告称，因增持比例达到 5% 的上限，隔两日后将再次增持。10 月 27 日，上海汽车再一次重复了两天前的走势，在集合竞价以 3.72 元成交 8746 万股以后一路下行，最后收盘 3.35 元。上汽股份投入的 3.48 亿元，增持 9367 多万股上海汽车，此时护盘资金已经"弹尽粮绝"。

古人以一诺千金描述一个人的良好信用，而上汽以亿金的代价，兑现了自己在股改方案中的承诺，虽然悲壮，但不得不令人钦佩。

2. 谁不了解谁

"遭遇如此大的抛盘，应该说是投资者对公司的基本面不了解。"上海汽车董秘张锦根说，"虽然公司遭遇了三次季报预警，但这都是与去年同期的高增长数据对比的，而二、三季度的盈利状况已明显改观。上汽股份当初制定承诺条款时对市场有信心，认为股价应该能够维持在 3.98 元以上。而在 3.98 元价上集合竞价增持的承诺，本意也是为了更切实地保护流通股股东的利益。"

一家律师事务所的合伙人对上海汽车当时的事态发表了看法:"参与股改的各方对目前上海汽车的走势都始料未及。当初制订方案时上汽股份比较顾及股改能否成功,对于增持也是以理想化的模型来制定的,对二级市场考虑得太简单化了。"

"不是投资者不了解公司基本面,而是公司太不了解这个市场。"一位市场人士提出了与上海汽车董秘张锦根完全不同的观点,就单个企业谈投资价值,本身就是对市场的不了解。从不否认上汽的长期投资价值,但是,中国股市经过漫长的下跌,目前投资机会俯拾皆是,而对于投资者而言,机会还有大小的差异,另外,这个市场本来就不能单以投资看,投资和套利,是驱动资本市场发展的两个动力。只看到投资,不看到套利,是要在市场面前吃大亏的。

"整个事情就像一个陷阱,上汽好像掉到了套利资金的陷阱里,不信你可以去看看上海汽车的 K 线图。"

3. 资金大转换

根据上海汽车的股改方案,原流通股东每 10 股获赠 3.4 股,而上汽股份承诺的增持价格为每股 3.98 元,相当于原来的每股 5.33 元,那么,股改之前在这一价位之下购入的股票,在上汽回购中他们可以获利。

在股改除权前一天的 9 月 29 日,上海汽车的价格为 4.59 元,按照上汽股份承诺的增持价格,在股改前半年内买入上海汽车股票的投资者,平均获利 16.12%。即使是按照 10 月 27 日上汽增持的价格每股 3.72 元,复权后每股价格仍然高达 4.98 元。

这样的收益,对于机构投资者,是一个很高的回报了,哪里还有不抛的道理?所以,上汽进来的时候,获利的机构乘机就胜利大逃亡了。10 月 27 日的收盘价每股 3.35 元,相当于除权之前的每股 4.49 元,已经低于股改前半年的平均持股水平。

当年南方证券坐庄上海汽车,动用的资金也不过 8 亿~9 亿元,而上汽一个星期内就消耗了 10 亿元,一口气持有上海汽车的股票达到当前可流通股份的 18%左右,这一部分股票的抛售会面临比较大的困难。说有人利用股改和上汽的诚信与善良暗算了一把上汽,你可能觉得我是危言耸听,但你能说不是吗?

4. 老花感悟

第一,熊市中人是非理性的,一只股票无论论是否已经价值低估,只要它的股价不稳,就会引来大量的抛售。股价的低位,不相信估值,不相信口水,只相信泪水和血水。

第二,在熊市中套利动作一定要快,特别是明显的套利机会,一定要有比别人更低的心理预期,否则会偷鸡不成蚀把米。

第三,大股东是最了解上市公司的,它的实质性的态度一定要重视,上海汽车在股改后的最低价是 2.98 元。2007 年,股价上涨到了 32 元,涨了 10 倍。

第四,一轮大跌市的结果是:消灭一批投资者,造就一批投资者。而且,思维方法是如此的简单,只要把持股时机把握好就行,何去何从,该怎样做呢?

图 9 是上海汽车 600104 在 2005 年股改护盘时的走势图。

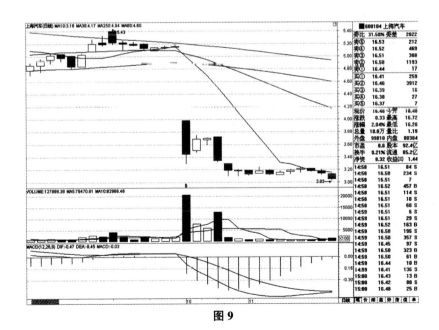

图 9

投机手记 07
让财富成为优秀的副产品

作为在投资界声名卓著的过来人，坦普顿先生认为，一个人靠投资取得的财富，是由这个人的内在财富决定的。如果一个人没有内在财富，就算靠运气获得了意外之财，也难以守住。想要积累外在的财富，必须先积累内在的财富；要致力于获得外在的财富，必须先获得内在的财富。获得内在的财富是有章法可循的，与运气的关联性不是那么大。获得内在财富的方法，就是获得外在财富的方法。真正的投资者就像一个拾金者，他捡拾的是他内在的财富。他内在的财富越多，他拾到的外在财富就越多。

坦普顿爵士还使用了一个特别的概念：精神红利。精神红利来自一个人的精神财富。对投资者而言，精神红利有两种类型。一种是内在的红利，是对灵魂的回报，这种红利表现为你热爱你所从事的获得内在财富的工作；还表现为，你因为具有内在的财富而获得心灵上的安宁。而精神红利的外在表现是奖励与你的内在精神财富相匹配的外在的物质财富。

在坦普顿看来，所谓投资，就是发现并遵从内在财富的法则，积累你的内在财富，适当的时候，打开你的精神财富的水龙头，你的物质财富将汩汩流出源源不断，并成就你的卓越和你的生命！因为你的内在财富决定了你的外在财富。

我觉得坦普顿说得挺对，或者是我自己原来就有类似的看法。这还真不是我自己吹牛，在我看到坦普顿这番见解前，就在我博客上发过一篇博文："让财富成为优秀的副产品"。

2005年7月，沪市综指三次探低1000点的时候，盘面都是明显地显示出来有大资金坚决的护盘。此时，市场已经达成共识，股改"开弓没有回头箭"了。我直觉一次改变命运的机会来了，我知道这不是自己在胡思乱想，所有的因素都指向着，大机会就在眼前。

市场还处于乍暖还寒的状态，我去北京电视台做节目，在节目开始前沟通看法的时候，主持人问我对市场的前景怎么看？我说我是个谨慎的人，但是这次我已经把房子抵押贷款都买股票了，买的中石化和中信证券。旁边的人听见这话的时候，都很惊讶，问："要是再跌一年怎么办啊？有不少专家嘉宾可是看到 700 点啊！"

一个大户朋友，在国外做外贸生意，让我帮着看他的股票账号。他那个账户里有 5000 万，相对他的实力来说，我觉得有点少，给他打电话让他赶紧回国往账号里加钱。他有点不经意，说："忙，回不去。"我说："再忙，比起现在股市提供的机会，百年难遇的发大财机会，其他的机会，包括你卖那些破烂，都是瞎忙。从今天起，就应该啥都不干，用尽全力来炒股。在历史低位买股票，还股改送股，这等好事全世界可就这一着儿，我就不相信你会放着天鹅肉不吃。"

2006 年，股改的时节，真过瘾。我专门买股改进行时的股票，买一个涨停一个，真是"钱到用时方恨少"，多数股改方案不错的股票不见三个涨停不能撒手。

十一个交易日拥有十个涨停板！这是多么美妙的梦想！这个梦想在我持有的一只股票上变成了现实，这个股票就是江苏阳光。2006 年 5 月 8 日开始，连续七个涨停板，而后高开低走振荡洗盘一天，接着拉出三个涨停板，十一个交易日共大涨 160%。

这只股票也是我之前盯了很长时间的一只股票。我重视它最重要的一个理由是，它发行的转债是在市场最低迷的时候到期的，转债最后的转股价高于市价，转债持有者转股会亏钱的，但是大部分转债竟然都转股成功了。我觉得这个股票有苗头，就一直跟踪观察着。当它的大股东发布"控股股东增持 4000 万股，股改的增持计划已经完成"的公告后，我赶紧买进，重仓啊，运气真好，公告完毕之后数个交易日，股价就开始飙升，就是巴菲特知道了，一定也会很羡慕，哈哈。不过，把江苏阳光卖掉的那天，牙掉了一颗。

还有一只股改题材的股票做得也不错，是可以作为"弱势拿明利、强市获暴利"的经典案例的，就是丝绸股份（现在更名为东方市场）。

当时看好丝绸股票的最重要理由是：其一，上市公司在股改时曾经承诺未来一年提供 3.5 元的现金选择权，大半年过去了，股价依然在 3.1 元附近，这样的股票没有风险啊，最大的风险就是只赚了 10%，牛不牛，我觉得中国股市还是不错的；其二，当时该股有转债进入转股期，转债的强制回购条款是股价连续 30 个交易日在转股价上方。当时的市场是强势，如果公司提前让转债转成股票，就可以节省不少债券的利息啊，这样的"下跌有保底，上涨有攻击动力，时间确定，价格确定"的完美股票，我哪能放过，仓位基本打满了，也告诉了不少股友，大家好才是真的好！大家可以看看它 2006 年的 K 线图，真是过瘾。

做完丝绸股份后，我把房贷款还了。平常我不喝酒，还完贷款那天，买了一小瓶小糊涂仙，自言自语道："干得不错！"不过，那酒真辣，不好喝。

图 10 是江苏阳光 600220 在 2006 年的走势图。图 11 是丝绸股份 600301 在 2007 年的走势图。

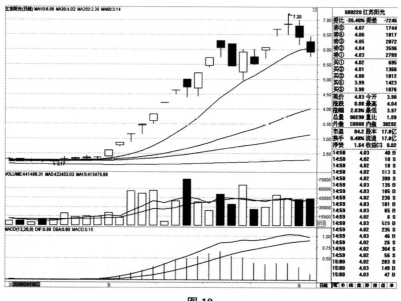

图 10

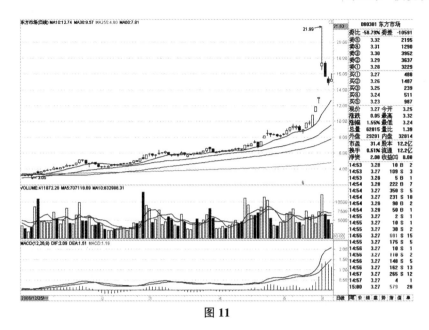

图 11

投机手记⑧
三打"白股精"的故事

　　股市上通常把那些股价走势奇特、怪异的股票称为"妖股"。它们走势与大盘或常理相悖，完全不符合基本的技术分析规律。妖股就是走势明显比别的股走势异常，不合常理，让人难以琢磨，一般的都是暴涨暴跌。

　　要说 2007 年上半年中国股市中最著名的妖股，杭萧钢构应该当仁不让。

　　在 2007 年 2 月 12 日之前，沪市综合指数由 1000 点附近上涨到 2800 点左右，指数大幅上涨了 180%。而杭萧钢构的股价始终是长时间的横盘，这阶段的涨幅非常有限。

　　2 月 12 日，星期一，杭萧钢构公司发布公告称，与中国建筑一局（发包方）签订《京澳中心地上钢结构加工、制作合同》及《京澳中心地上钢结构安装合同》，合同总价款 1.47 亿元。当天，杭萧钢构涨停。但在当天涨停的众多个股中，杭萧钢构的表现并没有引起人们多大的关注。

　　接下来几个交易日，杭萧钢构天天封死涨停，成交量越来越小，一只牛股逐渐显露峥嵘。

2月15日，公司终于就近期暴涨发布公告。公告称，公司正与有关业主洽谈一海外建设项目，该意向项目整体涉及总金额折合人民币约300亿元，分阶段实施，建设周期大致在两年。若公司参与该意向项目，将会对2007年业绩产生较大幅度增长。公司尚未正式签署任何相关合同协议。

原来天天涨停是冲着这个来的，而此后股价暴涨还没打住！2月27日，沪深股市暴跌，当天，杭萧钢构却很凑巧地以"因有重大事项披露"而停牌。

3月13日，公司正式宣布拿到了344亿元的合同——公司作为卖方及承包方与买方及发包方中国国际基金有限公司签订了《安哥拉共和国—安哥拉安居家园建设工程—产品销售合同》《安哥拉共和国—安哥拉安居家园建设工程施工合同》，产品销售合同总价计人民币248.26亿元，施工合同总价计人民币95.75亿元，合同总额达到344亿元。

从2月12日第一个涨停开始，杭萧钢构的股价至此已连续拉出了10个涨停板，其间最大涨幅高达159%，股价由4元多点，一口气涨到了10元多。其中，自2月14日到3月15日的7个交易日中，更是出现了开盘即封涨停的超级强势，涨停板上的未成交买单总数都是数千万股。

此时，妖股的戏法还没有完，尽管市场种种质疑，公司各种麻烦官司缠身，股价依然顽强奋飞，中间虽有振荡，到5月25日时，股价涨到了31.57元。真的是横有多长，竖有多高的。

然而，看见杭萧钢构的股价鲲鹏展翅，大展宏图。我有两个熟识的股友直拍大腿，想用头撞墙，痛不欲生，追悔莫及！

事情非常有趣。

我有一个熟识的股友，是上海人，他在2006年就非常看好这只股票，几乎是满仓持有，每次与我通电话讨论股市行情时都要提到这只股票。当然，我也会告诉他我看好的一些股票，那时市场是单边上涨市，我看好的股票不是妖怪股，是那种跟着大盘天天涨的股票。这让他很是矛盾，也让我对杭萧钢构这只股票不以为然。

有一次他来北京办事，周末我要打羽毛球，我们是在羽毛球场见面的，见面时还有一个他原来的同事，也是一位北京的成功人士。

说到股票，他免不得又谈起了杭萧钢构，说他已经被折磨得实在受不了啦。想卖出杭萧钢构换一个股。他那位北京同事此前话很少，听到他的这话后说："别啊。你受不了，就是快要涨了，千万别卖。这样吧，我也买一些，陪着你，再坚持坚持，胜利有时就是再最后坚持 5 分钟后获得的。"

那天，我打球时还把脚踝给崴了，就没有请他吃饭。

又过了两个月。这位上海股友在盘中给我来电话说，那次球场见面后，他那位同事真的把其他股票卖掉，所有资金全都买成了杭萧钢构。他也没卖，两个人一起坚持，结果还是跟上面压了一块铁板一样，看着大盘涨，杭萧钢构死也不动，两个月过去，两个人实在都没信心了，想现在把这个死股给卖掉了换一只股，问我看好什么股票。

我一听，乐了，不会你们卖掉了就真涨了吧？要不我也买进一部分陪陪你们？

他说就是第二天涨，他也不要了，真折磨人啊，无论如何也要换。

事实上，那天他也真换了。为了吸取教训，他卖掉杭萧钢构后，买了好几只股持有，"不把鸡蛋都放在一个篮子里"，符合狐狸作战思想，东方不亮西方亮。

那时，我满仓的 ST 股票。我觉得这个群体在前几年的大熊市中套的机构更多，也更狠，市场转好了，还不疯一下。

但是，我还是买了一些杭萧钢构。结果几个交易日后，杭萧钢构就变成了牛魔王，大闹天宫，齐天大胜啊。可惜的是，头得有点少，也没卖到太高的价位上。

股市中，要想运气好，经验、直觉、策略，真是一样都不能少。

图 12 是杭萧钢构 600477 在 2007 年的走势图。

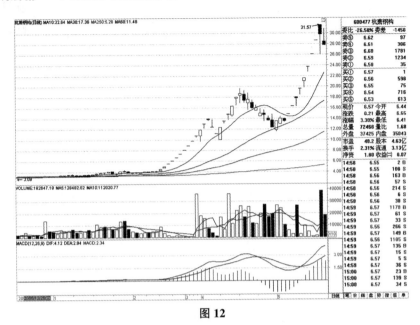

图 12

投机手记⑨
牛熊转换的秘密

我进入股市后，一直不停地在学习、总结和研究股市的投资方法，也不停地在接触、观察和研究各种类型的投资者。

我发现沪深股市中成功者的最大共同点是：没有被大熊所伤，没有出现重大的失败，没有一刻让心智和账户失去控制。沪深股市失败者的最大共同点是：被某一轮大熊所伤，出现过一次重大失败，在某段时间让自己的心智和账户失去了控制。

下面我就把我自己经历的牛熊转换过程，特别是熊市感悟总结记录一下：

一、第一轮牛熊更替：100点—1429点—400点（跌幅72%）

1992年5月26日，上证指数就狂飙至1429点，这是中国股市第一个大牛市的"顶峰"。在一年半的时间中，上证指数暴涨1300多点。随后股市便是迅猛而恐慌地回跌，暴跌5个月后，1992年11月16日，上证指数回落至

400点下方，几乎打回原形。

牛熊原因总结：

（1）走牛原因是股票规模太小，投资者扩容比较快，股票供不应求；市场受到"南方谈话"大题材刺激。

（2）大熊原因是股票市盈率太高，泡沫太大，缺乏长线机构投资者，投资者"羊群效应"。

投资者结果总结：

受益者：部分坐庄的券商以及投资放贷的券商经纪、一级半市场的捎客。

失败者：采取信用投资的个人大户（比如说上海八杰），部分技术不高的短线客。

我自己：由于资金少，一级市场申购收益大，尽管涨、跌都赶上了，是个娱乐性的小赢家。

二、第二轮牛熊更替：400点—1536点—333点（跌幅78%）

上证指数从1992年底的400点低谷起航，开始了它的第二轮"大起大落"。这一次暴涨来得更为猛烈，从400点附近极速地蹿至1993年2月15日1536.82点收盘（上证指数第一次站上1500点之上），仅用了3个月的时间，上证指数上涨了1100点。股指在1500点上方站稳了4天之后，便掉头持续下跌。这一次下跌基本上没遇上任何阻力，但下跌时间较上一轮要长，持续阴跌达17个月之久。1994年7月29日，上证指数跌至这一轮行情的最低点333.92点收盘。

牛熊原因总结：

（1）走牛原因是股票规模太小，机构投资者扩容，股票供不应求；政府救市，券商自救及坐庄发动行情。

（2）大熊原因是股票市盈率太高，泡沫太大，缺乏长线机构投资者，投资者"羊群效应"。扩容压力太大，政府抑制通货膨胀。

投资者结果总结：

受益者：部分坐庄的券商以及投资放贷的券商经纪、一级市场、部分职业投资者。

失败者：大多数非坐庄的投资者。

我自己：资金规模小，有一定的技术，参与一级市场，收益百分比高，但总收益有限。

三、第三轮牛熊更替：333 点—1053 点—512 点（跌幅 51%）

由于三大政策救市，1994 年 8 月 1 日，新一轮行情再次启动，这一轮大牛行情来得更加猛烈而短暂，仅用一个多月时间，上证指数就猛蹿至 1994 年 9 月 13 日的最高点 1053 点，涨幅为 215%。随后便展开了一轮更加漫长的熊市。直至 1996 年 1 月 19 日，上证指数跌至 512.80 点的最低点。这一轮下跌总计耗时 16 个月。

牛熊原因总结：

（1）走牛原因是股票有投资价值且超跌，机构投资者扩容，政府救市，券商自救及坐庄发动行情。

（2）大熊原因是股票市盈率太高，泡沫太大，缺乏长线机构投资者，投资者"羊群效应"。政府抑制通货膨胀。

投资者结果总结：

受益者：部分坐庄的券商以及投资放贷的券商经纪、一级市场、部分职业投资者。

失败者：大多数非坐庄的投资者。

我自己：由于介入点位和出局点位合适，为公司做贡献较大，自己所得有限。

四、第四轮牛熊更替：512 点—2245 点—998 点（跌幅超过 56%）

1996 年初，这一波大牛市悄无声息地在常规年报披露中发起。上证指数从 1996 年 1 月 19 日的 500 点上方启动。2001 年 6 月 14 日，上证指数冲向 2245 点的历史最高峰。5 年牛市累计涨幅超过 300%！自此，正式宣告我国持续 5 年之久的此轮大牛市的真正终结。

在第四轮大牛市的上升通道中，它所表现出来的"一波三折"行情，极好地化解了股市阶段性暴涨过程中所聚集的泡沫，这极有利于牛市行情的延长：512 点（1996 年 1 月）—1510 点（1997 年 5 月）—1047 点（1999 年 5

月）—1756 点（1999 年 6 月）—1361 点（2000 年 1 月）—2245 点（2001 年 6 月）。

请注意：由于处在大牛市上升通道中的每一次"回调"，其跌幅均未超过前期上涨的最高点的 1/2，因此，才将它视为一种"回调"，而不是一轮独立的"熊市"行情。

第四轮牛熊更替与前三轮牛熊更替的主要区别在于：第四轮行情是一轮"慢牛"行情，它表现为"一波三折"地上涨，同时也对称地表现为"一波三折"地下跌：2245 点—1500 点—1200 点—1000 点。正是牛市"一波三折"地曲折上涨，才有后来"一波三折"地曲折下跌。也正是这样，这一轮牛熊行情才能持久，前后持续 9 年的时间。

牛熊原因总结：

（1）走牛原因是股票有投资价值且超跌，机构投资者和投资者扩容，政府救市，券商自救及坐庄发动行情。

（2）大熊原因是股票市盈率太高，泡沫太大，缺乏长线机构投资者，投资者"羊群效应"。扩容速度太快。

投资者结果总结：

受益者：一级市场、部分职业投资者。

失败者：所有券商，绝大多数投资者。

我自己：1996 年到 2001 年上半年一直非常成功，但在 2001 年中期到 2002 年中期只亏了 10%（由于有融资杠杆），就基本清零。幸好 2002 年中期及时退出，否则后果不堪设想。

五、第五轮牛熊更替：998 点—6124 点—1664 点（跌幅 73%）

2005 年 6 月 6 日，上证指数跌破 1000 点，最低为 998.23 点。与 2001 年 6 月 14 日的 2245 点相比，总计跌幅超过 50%，故标志着此轮熊市目标位的正式确立。

2006 年初新一轮牛市启动。2006 年 5 月 9 日，上证指数终于再次站上 1500 点。2006 年 11 月 20 日，上证指数站上 2000 点。2006 年 12 月 14 日，上证指数首次创出历史最高纪录，收于 2249.11 点。8 个交易日后，2006 年 12 月 27 日，上证指数首次冲上 2500 点关口。

2007 年，大盘在 10 个月内连续攻克 3000 点、3500 点、4000 点、4500 点、5000 点、5500 点、6000 点大关，并于 2007 年 10 月 16 日创下 6124 点的历史最高纪录。大盘在 6000 点之上仅站了三日即掉头向下，这标志着本轮牛市的正式终结。

牛熊原因总结：

（1）走牛原因是股票有投资价值且超跌，基金和投资者扩容，政府救市，股改大题材。

（2）大熊原因是股票市盈率太高，泡沫太大，扩容速度太快，国际环境影响。

投资者结果总结：

受益者：一级市场、部分职业投资者、基金管理者。

失败者：绝大多数投资者、基民。

我自己：非常的成功，改变命运，在 6124 点跌到 1664 点过程也还获得了不错的盈利。

六、第六轮牛熊更替：该换了，主体应该是中小板指数和创业板指数

大过程正在进行中，目前还无法总结，有心者可以自己根据上述例子进行总结。

最后的结论：

（1）中国股市是周期循环的，其循环过程为：市场大扩容—供求关系失衡—股市抵抗下跌—暴风骤雨式下跌—救市反转—单边上涨（可能是一个板块指数）—市场大扩容。

（2）市场产生大行情的条件：市场具有投资价值、政府救市、投资者大扩容、大题材。

（3）牛股的产生群体：小盘高成长新股，重组股，行情热点题材股。

（4）投资者投资策略：波段持股，牛市做多，熊市做空。

投机手记⑩
忘记历史就是背叛

在你曾经操作过的股票中，哪几只你的记忆最深刻？为什么？如果没有，那可不对，忘记历史就等于背叛，也不利于进步。

我操作过的股票中，记忆最深刻的 9 只股票是：

⑨南化转债 100001：2000 年操作的，"北漂"后第一个经典战役，一天涨幅超 100%。

⑧西藏明珠 600873：1995 年"5·18"行情操作的，展现了自己疯狂的一面。

⑦中集集团 000039：2004 年操作的，2004 年两市涨幅第一名，恢复了自己曾经的信心，奠定了北京大户圈内的地位。

⑥内蒙华电 600863：1994 年操作的，第一次操作大资金，心灵经受了洗礼。

⑤深发展 000001：1997 年操作的，在职业操盘手圈有了一些影响力。

④东方市场 000301：2007 年操作的，盲点套利理论的经典战役。

③中成股份 000151：2001 年操作的，差点"死"在这个股票上。

②江苏阳光 600220：2006 年操作的，改变命运的一战。

①攀钢钢钒 000629：2008 年操作的，战胜了自我，确实干得不错！但不能骄傲，要继续进步！

其实，攀钢钢钒的投机成功，在我个人的生命中算不上一次非常重要的胜利，之所以把它列为记忆最深刻的股票，主要原因是，我买卖这只股票时是公开透明的，是在博客上公开过的，并且引起了许多电视网络媒体的公开讨论。曾经有一个知名的券商分析师在北京电视台的一档股市节目上说："攀钢钢钒这个股票的信息面是透明的，股价的表现大家也是全看到的，花荣的看法与绝大多数基金经理、券商分析师的看法不一样，相反地，其中必有一方是傻瓜。不是我们大家是傻瓜，就是花荣是傻瓜。"

最后攀钢钢钒展现的事实证明，花荣不是傻瓜，当然大多数基金经理和券商分析师也不是傻瓜，大家只是分析角度、投资习惯和股市操作风格不同而已。

有时候，一件相对重要事件的经历，并不是在这件事情上的得失，而是这件事情是对你这个人的精神提升是无价的，经百件事胜走万里路。曾经有一段时间，我对一些股友的投资行为特别不理解。这种不理解可能是互相的，这种不理解应该就是人的股市阅历不同造成的，也是不可避免的，清楚了这一点后，与人讨论股市时，我的态度就变得比较随和了。只表达自己的观点，不反对别人的观点，不争论。股市阅历不同的人如果发生争论，是争论不清楚的，如果碰见非常自信的人或者是媒体环境需要配合，我都会给予适当的配合。

这里，我还是想把 2008 年投机攀钢钢钒这只股票的过程记录下来，一方面激励一下自己，另一方面让有心人分享一下。股市投机的最高境界就是有知者无畏，其中的核心内容就是"价格确定、时间确定"。2008 年的攀钢钢钒就是一个这样的经典股票。

我是 2008 年 6 月初翻股票的时候，注意到了攀钢钢钒，并把它作为重点候选观察股列为自选股的。注意它最重要的原因是，攀钢系进行资产重组整体上市，该方案中给予持有攀钢系的三只股票现金选择权，其中攀钢钢钒的现金选择权是 9.59 元/股。

发现攀钢钢钒后，我一直在盯着它的走势，并与几个熟悉的股友交流着对这个股票的看法。当时大盘处于下跌的过程中，攀钢钢钒却一直很抗跌，形成了螺旋桨的 K 线形态组合。有股友担心攀钢钢钒会不会根本就不会跌，我说："放心吧，股市中傻子机构多的是，熊市中更不用担心没有好机会。"

耐心地等待，机会终于给等来了。

8 月 1 日，"攀钢系"一度全线跌停，我按照跌势中常用的折中交易方式，在跌停板的位置上先买了 1/4 的。8 月 2 日是星期六休市，8 月 3 日是星期日休市。星期天的晚上，一家券商请我吃饭，在座的还有几个基金经理，我们还谈论了一下攀钢钢钒，我说我要买攀钢钢钒，在座的几位基本上都持反对意见。

8 月 4 日攀钢系三家股票停牌，核查传言，因为市场有传言称，提供现金选择权的第三方鞍钢集团可能会撕毁协议。

8 月 5 日攀钢系三公司针对当时的市场传闻发布了澄清公告，攀钢集团没有任何对本公司重大资产重组方案进行调整的筹划。鞍山钢铁集团公司未作出任何关于撤回、终止、修改或以其他任何形式变更提供现金选择权承诺的决定，亦无任何类似的筹划或意向。

8月5日，攀钢钢钒开盘时高开，很快就又出现了下跌，整个上午股价一直在8.15元上下波动，下午开盘后我又买进了1/4的仓位，在买进这部分仓位的时候，我并不是没有经过充分分析考虑和思想斗争，从政治、利益、逻辑、市场规则、市场影响程度几个方面来看，我都不相信许多人认为的"①证监会不批准；②鞍钢集团单方面毁约；③重组时间无限长"这几种可能性。

出乎意料的是，还有十几分钟收市的时候，大盘突然凶猛地跳水，而攀钢钢钒的股价却逆势猛涨。出于弱势短线的本能，我在尾市攀钢钢钒上涨8个多百分点把前一次买进的仓位卖出。

之后三个交易日，攀钢钢钒的股价随着大盘的下跌，连续小阴线地往下跌，在股价跌破8元后我又一直在小仓位地买进。

8月11日，"攀钢系"再度全线跌停。

8月12日，攀钢钢钒收出小阳线，在这一天中我的仓位加到半仓多，这其中也有另外两只攀钢系的股票，在熊市中对于下跌途中的个股买进这么重的仓位，对于我来说不多见。

8月13日，类似的暴跌再度上演，"攀钢系"全线第三次冲击跌停。收盘时，股价略有反弹，但全线跌幅超过7个百分点。我的仓位上升到了3/4。

8月14日，上午，攀钢钢钒的股价继续下跌，股价最低跌到了6.25元，有不少好股友打电话跟我讨论攀钢系的股票，我说这是千载难逢的送钱机会，有一两个不懂股票又相信我的股友又加仓买了一些。但是多数股友说电视上的分析师、研究员的分析不是这样的，他们认为攀钢钢钒的股价参照宝钢的股价应该跌到3元，我后来知道还有好几个股友大户在这天最低价的附近把攀钢钢钒给卖掉了。尾市，攀钢钢钒的股价又故技重演，猛拉股价，我把最后的资金全部买进了攀钢系的三只股票。

8月15日，鞍钢集团发布公告：已经斥资17亿元全线举牌"攀钢系"。虽然我买进的时候很有信心，头脑也很清醒，但是终究还是有一些心理压力的，这个公告终于拨开云雾见阳光，让整个事情明朗化。

在这次攀钢钢钒的战役中，因为我的原因，一起买进攀钢钢钒的股友挺多的，有我们歌友会的歌友，有羽毛球队的球友，有熟知多年的股友，要是失败了，那还不瞎菜。

在我看好攀钢钢钒的这段时间中，攀钢钢钒在 8 月 1 日的收盘价是 8.12 元，8 月 14 日的最低价是 6.25 元，11 月 4 日的收盘价是 9.49 元。这期间，8 月 1 日沪综指指数是 2801 点，11 月 4 日的指数是 1706 点，大盘下跌 1000 多点，绝大多数股票暴跌。

由于我买卖攀钢钢钒的行为是公开的，有一些分析师在媒体上预言，5000 点消灭了谁，4000 点消灭了谁，3000 点消灭了谁，2000 点消灭的该是花荣了。

还好，"没死"。在大盘从 6124 点下跌到 1664 点的过程中，不但没赔钱，反而盈利不菲。

在下跌过程中，几次超跌反弹做得也很精彩。一次市场暴跌时，一家券商给我打电话，问我是否喝酒了？我说没喝，我不会喝酒。券商说，那为什么营业部所有的客户都在卖股票，只有你一个人在买？

结果是，尾市大盘就反弹，第二天绝大多数股票涨停。

图 13 是攀钢钢钒 000629 在 2008 年的走势图。

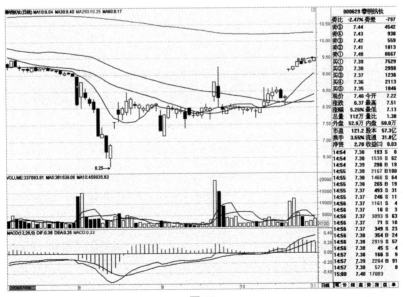

图 13

投机手记 ⑪
独行侠的感觉

有股友问我："你为什么喜欢投机，而不喜欢投资？"

我回答说："这是天大的冤枉！其实我更喜欢投资的，谁不愿意当懒汉，一劳永逸赚轻松的钱。但是沪深股市偏偏是一个重融资、轻投资的场所，投资的难度太大了。没办法，现实逼着股市中的人钻研投机技术，不这样，就得赔钱，晚上还容易睡不好觉。"

下面是我自己认为的比较经典的两次投机战役，都发生在2010年。可能会对一些朋友丰富自己的股市投机阅历、洞悉沪深股市的一些内在因素有些帮助。

1. 做空的魅力

2010年4月16日，是类似于我这样的投机者记忆深刻的日子。这一天，沪深300股指期货合约正式上市，标志着中国A股市场告别了20年的单边市，开启了"做空时代"。

沪深300股指期货首批上市的合约是2010年5月、6月、9月和12月合约，挂盘基准价均为3399点，较上一个交易日，也就是15日收盘的沪深300指数高出了4.4点。根据媒体报道，截至4月15日，累计开户9137个，其中自然人8944个，这其中就有我一个，哈哈，自信满满的"独行侠"来了，一般法人193个，没有机构的身影。

那天的情况我记得很清楚，早盘9:15，股指期货IF1005合约开盘报3450，上涨1.50%。其他合约方面，IF1006开盘报3470，IF1009开盘报3600，IF1012开盘报3618.8。至早盘9:17，IF1005最高报3487.6，上涨2.61，随后小幅回落，于3045点左右窄幅振荡。

开盘时，明显有一些人想抢交易的第一单，期货公司的工作人员还开玩笑地问我，要不要开盘时抢一下？我知道这不太容易，也对这个虚名不感兴趣，博弈场中相信的是输赢胜负，虚的东西没用。

前些天，我已经做足了功课，感觉这时的沪深300指数趋势不是太乐观，比较偏空。在看到沪市综指的分时多空指标有利于空方时，沪市综指基本上是与沪深300指数同步的，我就试探地开了一手空盘，尾市就平了，感受了一下做空的魅力。

周末从大洋彼岸传来的投行高盛公司欺诈案，以及政府对楼市调控的"国十条"政策的推出，明显的利空消息。于是，我心中有数了。

19日上午9:15，股指期货大幅低开后振荡下行，随之A股9:30时更大幅地低开振荡走低，我果断重仓地开了空单，很顺利，期货指数一路跟随现货指数，到10:00开始开始跌得更多，300指数同样开始下跌了，随后11:00至下午收盘，股指期货开始超越现货指数并一路领跌，黑色星期一成为了结局。

从走势来看，地产银行沦为重灾区，跌幅之深也是历史罕见。

媒体对这一天的描述是这样的："与以往不同，暴跌下的A股市场不再像以前那样，充满着抱怨和愤懑，仅仅一天时间，那些看空并且参与股指期货的空头们，便赚了近3个亿的资金。"

操作指数期货的波段，关键是开头，开好了头就容易把好运气进行到底。开仓的时候，我对这笔单子的预期是，每张单子会给最可爱的多方们留下1万块的吃饭和买绳子的钱，事实上空方的主力没有我这么善良，第一个近期合约的开头和结尾的全程盈亏刚刚是把倒霉蛋的保证金全部没收。

股指期货第一个月的交易，好像是我个人整个投机史上，事前最紧张过程又异常轻松的一次，这个结果也许是对自己多年磨砺的一种厚积薄发式的回报吧。

图14是沪深300指数在股指期货开设第一个月的走势图。

2. 钓鱼撒窝子

在股指期货4月16日开设后，我的精力基本上都用在了这个看似高风险，其实风险反而小于现货股票的期货指数上了，这句话对于普通的股市投资者可能是并不一定的，但是对于股市"老鸟"来说，还是比较切合实际的，可以多空两个方向选择，T+0交易，机会不缺，关键是水平怎么样？

9月底，我的注意力又回到了现货市场上。

这其中有两个原因，第一个是自从8月起，指数在一个小箱体内横向波动，对于这种走势我不敢轻易开指数期货的单子，很容易出现赚小钱亏大钱

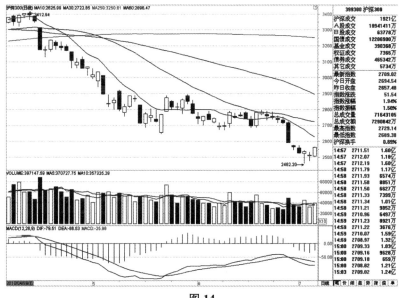

图 14

的结果。第二个原因是我发现了双轨价格的现货机会。

9 月 21 日，是江铜权证的最后交易日。江铜权证的价格这天大跌，我在尾市 2:50~3:00 期间，买进了不少这个权证。买进的理由是，以这天的收市价换算，买进权证换成江铜股份，其成本与江铜股份的股价价格相比有 17%的价差。这种套利模式，我过去也多次做过，基本上都是换股后立刻抛出。这次不同的是，此时有色金属股正好是市场的强势股，我就等了几天。

9 月 30 日，十一长假前的最后一个交易日。沪市综指在踩稳 60 日均线后，煤炭股突然发力，指数上涨了 1.72%。这是一种长假期前常见的情况，我并没有特别地重视，只是少量买了两只具有公开增发题材的大盘股申能股份和大秦铁路，也进了一些煤炭股恒源煤电，仓位很低，我自己称这种操作为娱乐盘。

长假期，去了戒台寺、潭柘寺，还参加了一场羽毛球赛，与歌友们 K 了场歌，K 歌时有个专业的女歌友还问了一下申能股份，她买时买高了一些，当时有一毛钱的浅套。我还没回答，另一个歌友说，放心吧，申能股份节后马上就会涨停。大家都笑了起来。

还别说，长假开市后的第一天，申能股份涨了 2.21%，第二天真的涨停了。

原来，长假开始后，大盘价涨量增，突然发力，一轮行情启动了。不过，这轮行情非常怪，银行股、煤炭有色等大盘股猛涨，指数每天涨得也很多，但80%的中小盘股反而下跌，其中的前期热门股医药板块更是整体大跌。

这轮行情，我前期做得还不错，虽然没有抓住涨幅最大的煤炭股，但是重仓的银行股和铁路股表现得也不错，市值涨幅没有输给大盘指数，一个月盈利800多万元。

行情结束的时候，做得却有些问题。11月11日，上午市场还比较平稳，下午临近尾市的半个小时，中石油突然发力有冲击涨停的架势，其他的股票绝大多数猛烈跳水，我根据习惯买了10万股中石油，没有卖股票的想法，这种情况在强势市场中也是经常出现的。不料，第二天周五市场巨变，在中石油、中石化两个大指标股上涨的情况，指数暴跌5.16%，跌停股票一大片，绝大多数股票跌幅都不小。

根据过去正常的经验，这种急跌不可怕，市场会很快强劲反弹，我与股友讨论股市的时候，有一个股友说，"浪大鱼更肥"；另一个股友说，"牛市只吓唬人，不咬人"。我比较认可，还引用到了我的博客的操盘日志中。

周一，市场继续下跌后，尾市出现了强烈的反弹，这也是一种正常的走势。过去的经验是，牛市上涨将会继续。

周二，11月16日，大盘走势出现了偏离我过去经验的情况，继续大跌，在沪市综指跌破30日均线的时候，触发了生命线，实战中的最后防线，这时市场空方气氛还很浓烈，有那种连续攻击的气势，于是我选择了清仓。清仓后，这轮行情的利润只剩下了80万元。

事后，我进行了总结：行情起始，中盘，我自己发挥还比较正常。可能会有股友也认为不理想，因为没有抓住涨幅最大的板块煤炭股。我自己还是认可的，只要跑赢大盘，进入前20%的行列里，我就是满意的，做不到每次都是完美的情况。收盘时，不是很理想，没有在第一时间撤退，损失了绝大多数的利润。

在分析收盘失误原因的时候，我自己觉得最重要的原因是没有及时地发现这轮行情的起因，就是为了配合几个大银行股的再融资，是一个保驾护航的性质。在这几大银行再融资成功后，行情也就结束，这种结束的方式是与正常多数行情的起落方式不一样的。

虽然，我以往也知道为融资保驾护航的这种性质行情，比如 1995 年的为仪征化纤顺利上市的波段行情，那次之后，我印象更深的都是个股的再融资行情。这次，没有看清楚，我只有安慰自己一下，不是咱们无能，而是大机构太狡猾了。

这次行情，让我对"钓鱼撒窝子"这词印象更深了。

注：撒窝子，是钓鱼的术语。在钓鱼之前往水中撒入鱼饵，用来引诱鱼儿，3~5 分钟之后，开始钓鱼。撒窝子又叫作窝子，又叫撒铒子，根据各地情况不同而叫法不同。

图 15 是沪市综合指数在 2010 年 10 月前后的走势图。

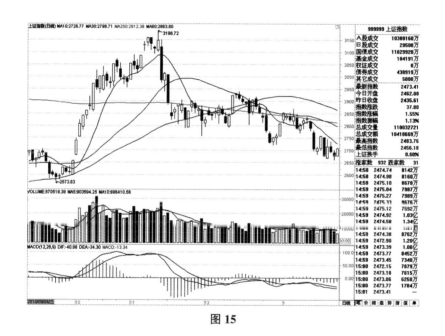

图 15

投机手记⑫
北京幽默股民老王

老花的股友当中，最有特色、最有幽默感的当属老王。虽然我们的生活理念严重不同：老花认为生命在于运动，人生应该多运动、多吃饭、多睡

百战成精——沪深股市专业投资原理

觉；而老王认为生命在于静止，人生应该少运动、少吃饭、少睡觉。但是，这一点儿也不影响老王成为老花来往较多的朋友。因为两人也有共同的爱好，喜欢助人为乐，喜欢炒股票，喜欢结交朋友。

老花认识老王，是在一次饭局上。记得当时与老王一起来的朋友还有两人，一人是北京的股市大鳄、邮票大王、油画庄家；另外一个是美女，健康的美女，她曾是北京亚运会的最后一棒的主火炬手，由她把火炬交给当时的北京市长，然后再由市长点燃火炬，宣布亚运会的胜利召开。

随着与老王的熟悉，老花知道了，老王的朋友特别多，在北京有"及时雨"之称，怪不得能与"小李广"成为朋友。老王的朋友圈很简单、很单纯，也很有特点。女的基本上是美女，男的很多是成功人士（注：善良的女性都是美女，心态健康的男性都是成功人士）。举个简单的例子就能说明，北京做股票规模比较大的个人男超级大户和喜欢炒股票的女明星老王认识很多。

老王炒股票的方法也同样单纯，以消息为主。战绩也很经典，ST 盐湖、ST 黑龙、ST 金泰都买过，也都告诉过许多朋友。但是，作为北京第一代老股民，北国投第一批大户的老王，在 1992 年就是几百万，现在炒股的本金还是几百万。用老王的话说是，这是由于自己喜好"对冲风格"造成的，但是老花不同意这种说法，是"猛冲"，而不是"对冲"；炒股过于静止容易坐电梯。

其实，老王人生最大的乐趣不是炒股，而是助人。

据老王自己吹嘘，他这辈子最大的成就是：在北京撮合成功了 70 多对婚姻。这数量已经令人惊奇了，但是质量更让人不容易相信。因为这 70 多个传奇般的爱情故事中，女的都是美女，男的都是成功人士，可谓是锦上添花。最令人感动的是，老王认为一个 22 岁的美女应该嫁给一个亿万富翁，通过 10 年的磨难、工作和努力，最终成功。

老王喜欢结交朋友，持续不断地结交新的有质量、有社会资源的朋友。其结交新朋友的优势就是他已经认识的大量的美女和成功人士。打人生这副牌时，老王手中的老 K、美丽的 Q 很多，还有几张"大猫"（也有人叫"大鬼"），当然容易赢更多的好牌。也许，老花也是老王手中的方片 J，老王因此是北京证券市场上的"交际树"。

老王在撮合微妙关系的时候，与大户炒股一样，先是不动声色，然后是大动声色。比较绝的是，还负责培训，这是提高选股成功率的必要手段。比如说，女的喜欢跳舞，男的不会。老王担心影响共同语言，就先让另外一个女舞蹈专业人员教那个一点不自觉的男的，而不能让直接目标教，担心会影响第一印象。

更绝的是，老王不光是撮合、培训，还负责拆。老王知道朋友手中持有坏股票时，常会劝朋友抛掉换股。对人也是这样，他认为你们不合适的话，会想尽办法把你们拆散，然后资产重组。当然，这种拆是善意的、体面的，有利于大家的，各有所得的。老王最大的杰作就是拆后重组多赢的，当然也有一方抛股后另一方又猛涨的，不过这只有一例。

因此，老王的观念是，人生最大的痛苦是，刚抛出的不涨股票，一天后连续暴涨。

老王很爱家，听老婆的话，人很随和，爱拉手风琴，热心助人，没有攻击性，有点小孩儿脾气，老王最喜欢唱的歌是花博音乐盒中的《阿美，阿美》。

但是，也不是没有缺点。有时候说话太直，让美女接受不了，因此美女在网上聊天时，管他叫"口无遮拦"。

老王心中存不住事情，他常对朋友说："你有什么秘密，千万别告诉我。我管不住自己，让我知道，就等于让全北京都知道了。"

老王幽默的事情很多，如果写成剧本会比《非诚勿扰》《贫嘴张大民的故事》精彩。老花有把老王的故事拍成电影的想法，常常与一些导演聊他的故事，也许《操盘手3》的男主角就是老王。

投机手记 ⑬
股海生涯不是梦

相信梦想，相信奇迹！让我们在股海中寻找自己的梦想、奇迹和自由！

1. 追涨杀跌方式的股票赌博

20 世纪 90 年代初，我在一个外贸大酒店工作。那时我爱好集邮，一个同事也喜欢集邮，有一天我听他说他哥哥炒股，刚刚大赚了一笔。于是，我也去登记公司开了股东卡，进了股海。

那时炒股的条件与现在不能比。我是在单位旁边的一个证券公司开的户，只能在中午 1~2 点这段时间到证券公司的散户大厅看看行情，然后把自己关心的几只股票价位变动范围记在笔记本上，下午收市后听一下广播，每周末买一份含有个股 K 线图和简单基本面的证券周报进行分析研究。

与绝大多数刚入市的新股民一样，很兴奋，被每阶段涨幅最大的那一类股票所吸引，时刻有心仪的新目标股票，空不住仓位，幻想替代了理智，懊悔和新希望的情绪交织。因此炒股结果是输赢交替，而我这时心中的目标却不小，我的炒股笔记本上第一页写的是："平庸不如死，燕雀安知鸿鹄之志乎！"

这时我知道自己的炒股方法和条件都不行，一定要想办法改变。

2. 技术分析和基本分析结合

事有凑巧，不久后我就在报纸上看见一则当地的一家证券公司招聘电脑工程技术人员的启事。

前不久，在微博上看过一个用姓名笔画测人生的游戏，我试了一下，结果是我的人生是靠异性吃饭。还真准，我当初从邮电系统调到外贸系统是一个女同事帮的忙，后来去广州、深圳工作也是美女帮的忙，再后来到北京也是在几个女性的帮助下才站稳了脚跟，我几次最重要的人生变化都是在不同的女性支持帮助下产生的，当然这次也是这样。

到了证券公司，炒股的条件可谓是鸟枪换炮。一台惠普电脑，专用建功、乾隆软件，每天读证券报刊，能知道一些大户机构的持仓，后来又参加了上交所的红马甲培训班。在那时，这可是全副的"美械装备"。

这段时间形成了我的股市基本投资思想，那就是把技术分析和基本分析结合起来进行实战。那时，资金小，这种简单朴素的方法还是比较实用的，有时结合一些特殊信息还能获得远超过工资的收入。

那时，证券公司做自营，自营的标的股是神马实业。他们委托我的一个同事（编程高手）编了一个小程序，在固定的价格波动幅度内自动低买高卖这只股票。我看到后，就专门低买高卖这只股，获得了较好的收益。那个同事还奇怪地问我："你看得怎么这么准，一买就涨，一卖就跌。"

我每个月的工资是几百元，自己的股市保证金非常有限，因此股市收益率很高，但是绝对收益有点不好意思，主要是积累了经验，对于股市的看法赢得了不少证券公司的红马甲小伙和美女的信任。

3. 猎庄、消息、黑马、价值投资

股市早期的证券公司自营基本上是以坐庄的形式存在，而证券公司的自营信息很容易通过集中在交易所场内的红马甲向全国的证券公司以及它们的大户传播，猎庄、消息、黑马成为一个时期的沪深股市实战的常用名词。

不久我已经就是一个在业内也有了一些名气的操盘手了，当然这名气是凭实力战绩博取的。在早期的机构自营中，操盘手都是领导自己或者其亲信，像我这种完全凭实力技术杀出来的很少，而且我的机会基本上都是在其他机构处于自营困难时候而充当救火队员的情况下获得的（年轻人不要指望天上掉馅饼）。

我记得自己买卖过的几个经典股票是：1994 年的内蒙华电，1995 年"3·27"国债期货、"319"国债期货、苏常柴，1996 年的吉林化工、华银电力。

可能最让老花名震江湖的股票还是深发展。

1997 年初，春节后股市有一次振荡（邓公辞世），在这次行情振荡中我发现深发展有大资金介入（后来了解到是华夏证券和深圳部分资金），加之我看好"九七"香港回归这个题材，因而看好深发展这个龙头股，并把自己的股市资金都买成了深发展，同时我建议公司的自营盘买进这只股票。

公司的自营比较谨慎，在我建议后，韩总开始有些犹豫，没有马上同意。但是，有几个比较熟悉的大户都同意我的看法并买进了。

几天后，公司邀请上海《一周投资》的应建中和国泰证券的许志林来郑州讲课，他们也很看好深发展，同时我们公司的第二大股东（一个期货大鳄）和第三大股东郑州证券也有类似意见。

于是，公司自营满仓买进了深发展，公司的几个股东也重仓买进了，还有一些认识我的广东、浙江、海南、河南的大户也买进了不少。

我们买深发展的时候，以为北京的券商、深圳和海南的信托机构是主力，谁知后来查阅流通股东，发现我们郑州的几家机构的持仓最多，并进入了十大股东。那时，市场传言郑州的机构是深发展的主力机构。其实不是，我们低位买进后一直是坐轿持股，深发展涨到 48 元时，我们公司卖掉了，而那个期货大鳄没有卖，结果又跌回去 10 元以下。

在深发展最高点的时候，我们关于是否卖掉深发展也是有分歧的。我认为香港回归题材已经接近结束的时间，深发展上的利润已有100%以上理应满意；而另外的一些意见是应该长线持有价值投资。我则认为，在高市盈率背景下不存在价值投资，空中楼阁也不可能盖得太高并长时间地矗立，让价值投资见鬼去吧！

做完深发展，以后我去北京、上海、广东、浙江这些地方，老牌机构大户对待我的态度都挺谦虚的，我知道他们有所误会，但也没有解释（那时的深发展相当于现在的中国工商银行和中石油）。

4. 稳利加复利，黑马靠运气

年轻的时候，我在股市中创造的经典案例挺多的，但是我自己的财富一直有限，虚的荣誉获得了不少，生活都由公司或者朋友照顾，我自己对钱也没概念，也曾经有人说我是书呆子，有点像《暗算》里的阿炳、黄依依。

我记得刚入市时我自己的炒股资金是3000元；1997年初是3万元左右，1999年"5.19"行情前是18万元，"5.19"行情结束时是80万元，2001年中期时是700万元，2002年中期是7万元，2005年中期是30多万元＋抵押房子贷了80万元。

1999年中期，女儿出生，身上的责任压力顿时重了起来。

好在"5.19"行情做得比较好，有了80万元的现金，摆脱工资薪水的束缚可以考虑开创自己的事业财富了。

当时有两个选择，一个是去一个期货机构当职业操盘手，另一个是来北京看看机会。我选择了北京。

这时，我在券商自营这一块人脉比较广，炒股的方法当然选择了在当时比较有效率的"消息＋技术"的路。

2001年，我的头脑开始膨胀。那年中期股市遇到了国有股减持导致的大跌，由于种种原因，导致了我股海人生中的唯一的一次亏损。虽然总资金百分比损失并不大，但是由于融资杠杆的原因，导致自己的财富被清零，甚至一度想到了死。

2002~2004年，市场不好，我对自己和股友的股市投资经历进行了总结和反省，并写了几本狐狸系列的股市技术书籍。

那段时间，我经常整夜睡不着觉，过去的一幕幕像放电影一样闪过。我终于顿悟到，在沪深股市，那些大众的技术分析、基本分析、赌博分析等常规方法都不行，必须寻找一条稳健持续简单易行的投资道路。只有这样才能救自己，实现自由的梦想。

我现在的投资思维就是在那时形成的，"稳利＋复利"＋"避险＋最佳机会"＝花式炒股法。

具体的股市应用分成四块：盲点套利，波段爆破，避险等待，双轨价格。

我记得，盲点套利技术应用的第一只股票是 2004 年的中集集团，其后在 2005~2006 年的股改中大显神威，帮助自己改变了命运（一些朋友应该也受益不少）。

自从悟出了盲点套利这套方法，自己的自信心增强了不少。原来，替一些老板操盘时要看脸色，老板的一些怪诞奇谈也要忍着。这时，已经敢对着拍桌子了。

2008 年，由于在上电股份等股票上的盲点套利成功，在 6100 点下跌到 1600 点过程中，也获得了不错的股市投资收益。

最近的一次盲点套利技术的应用是在 2011 年 9 月的江铜权证上，在江铜权证存续期的最后一天买进并在第二天转成股票并可获得 17% 的差价，其后江西铜业股票又暴涨。

随着社会的发展，股市投资技术也在发展，投资者也应该学无止境。华尔街没有新鲜玩意，股市如果研究透了，核心的技术就那么几项，关键是要清醒地认识自己、认识市场，并形成好习惯。今后股市技术的主要研究精力放在了股指期货交易上，希望能够获得革命性的突破。

图 16 是深发展 000001 在 2007 年上半年的走势图。

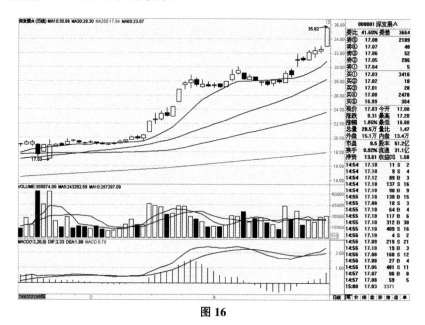

图 16

股市加油站

1. 生不如死

有一个不炒股的朋友问我炒股的感觉：①满仓的股票三个涨停板有什么感觉？我答：欲仙欲死。②满仓的股票三个跌停板什么感觉？我答：一头撞死。③满仓的股票长时间不涨不跌什么感觉？我答：可能会急死。④为什么都是死啊？我答：进股市本身就是找死。⑤不进股市呢？我答：生不如死。

2. 熊市壮志

自从练了飞檐走壁，正常走路，腰和腿都变得更直了，每次下楼梯时，都会喊，慢—慢—别碰我，痛！看样子，还真不能有"熊心壮志"？

3. 空军司令的熊市绝招

赔，陪；赔，陪；赔，陪；呸，赚！

第六章 传奇谱

PART SIX

关键语：

　　万贯钱财损莫哀，千金散尽终复来；身怀绝技何所惧，一息尚存运不衰。

　　人生难得敞开怀，自古世间真情在；心暖时时春意浓，情满处处桃花开。

传奇谱 ① 01

冒险家哈同，男股民的榜样

1. 苦难的少年

1851年，哈同出生于巴格达。他幼年生活很苦，靠拾破烂、捡煤块为生。1872年，哈同只身从印度东来香港，其过程非常艰难并经历了生死考验，第二年转到上海，在沙逊洋行供职。到上海的时候，哈同不满24岁，怀揣着6块银元，但这个年轻的犹太人天生具有好奇、冒险和奋斗精神。他在沙逊洋行的第一份工作是门卫兼清洁工。此时，哈同以同样是犹太人的老板沙逊为自己的人生榜样，并立志自己的人生目标是超过沙逊。

花荣评论：人的能力包含两个内容：一是知识，这是为打工储存的能力；二是胆识，这是为出人头地积累的能力。知识的储存方法，大家都知道了，无非在学校上学和在家读书；而胆识的积累则是中国青年非常缺乏的，这是需要人们的亲身经历，比如说走万里路。大鳄默多克在21岁时，已经让疾病缠身的父亲做了一件重要的事情，就是带着默多克做了一次环球旅行。

2. 传奇的姻缘

哈同夫人名俪蕤（Liza），号迦陵。罗迦陵自称是中法混血。父亲是法国侨民路易·罗诗。母亲沈氏，原籍福州闽县。1864 年罗迦陵出生在上海县城内九亩地。不久父亲回法国，六七岁时母亲也去世，由他人抚养。虽然识字不多，但聪明伶俐，机智多谋。为生活所迫，曾经做过外侨女佣、卖花女，阅历也很丰富，在逆境中自强不息，学会了说英语和法语。

在哈同未发迹时，见到了罗迦陵，认定这个小姑娘有助男运（旺夫运只可旺一只潜力股，而助男运可以帮助较多对其有好感的男士），哈同对同乡说：此生立志要娶这个中国姑娘，并因此赚钱动力剧增。在哈同获得"第一桶金"的第一时刻，果然实现了自己的誓言，在烟花巷中找到罗迦陵，娶其为妻。罗迦陵在哈同的人生中也确实给了极大的帮助。

花荣评论：男人在其一生中，是否能够遇见至少一个有旺夫运或者助男运的女人非常重要，比如说韩世忠（梁红玉）、皇太极（孝庄）等。

3. 投资客

真正给哈同的事业带来巨大转机的是中法战争。1884 年，中法战争爆发，中国军队在老将冯子材的率领下，接连挫败法国侵略军的攻势。这些胜利让中国人民欢欣鼓舞，上海的洋人却坐不住了，他们认为，中国打败法国后自然就会清理他们，于是纷纷逃离上海，上海的房价因此暴跌。哈同也想去香港躲避一下，而他的新婚妻子罗迦陵却认为这是千载难逢的好机会，并把自己的首饰卖掉，劝说丈夫倾其所有用于购买房屋土地。

这是一场可能倾家荡产的赌博，但是哈同赌赢了。清政府在军事上节节胜利的情况下"不败而败"，"洋大人"们又纷纷回到上海，"十里洋行"恢复了繁荣。哈同则名利双收，他购买的房产，也就是今天的南京东路一带，后来逐渐发展为上海的商业金融中心，在数年间地价上涨千倍以上。哈同从此成为犹太"炒房团"中最耀眼的一颗明星，并被人称为"远东首富"，声望果然超过了老东家沙逊。

花荣评论：每个人的一生都有几次改变命运的时刻，这一点上天绝对是公平的。人们命运不同的是，关键时刻来临时，你否抓住了机会，或者是你是否躲过了灾难。

4. 爱俪园

1901 年，罗迦陵聘请金山寺"乌目山僧"黄宗仰，策划兴建私家园林。于是，在一片近乎废墟的土地上，平坟地、掘湖池、堆假山、修桥铺路、营造房屋，用了不到三年的时间，一座中西结合的"海上大观园"拔地而起：1909 年，爱俪园花园扩建，由最初占地 50 余亩扩至 300 亩（20 万平方米），主要分为"大好河山""渭川百亩""水心草庐"三大景区，辟有"冬桂轩""挹翠亭"等 83 景。

爱俪园的园名起因是由哈同夫妇名中各取一字组成（哈同名欧司·爱，他的中国妻子罗迦陵，字俪蕤），不过老百姓却习惯称之为哈同花园。

爱俪园是哈同夫妇长期居住的地方，也是当时上海社会名流和政界要人经常聚会的地方。近代的历史名人孙中山、蔡元培等人都曾来过园中，辛亥革命后中山先生从海外返国曾在爱俪园小住，之后到南京就职中华民国临时大总统；章太炎与汤国黎女士的婚礼，也就在园中著名的天演界举行；而护国运动的功臣蔡锷将军，在东渡日本就医之前曾在园中养病。后来不少青年才俊、名媛淑女也受过园内资助。

花荣评论：现代社会是资源社会，而人生最大的资源就是有质量的朋友！

5. 仓圣明智大学

哈同夫妇热衷于中国古典文化，还在园内开办了仓圣明智大学。这是一所从小学到大学的全日制学校，学生的膳食、住宿和学杂费全部由园内提供。课程则侧重于中国古代文字、古董和典章制度，聘请的学者包括王国维、章一山、费恕皆、邹景叔等。他们还曾出巨资收集河南安阳出土的大批甲骨，并请著名学者罗振玉等在爱俪园进行整理，所以中国的不少甲骨文专家是从这里走出去的。国画大师徐悲鸿也是其学生。

哈同夫妇没有亲生子女，哈同领养了 11 名外国孤儿为养子女，罗迦陵领养了 9 名中国孤儿为子女。中国儿女一律姓罗，外国儿女统姓哈同。20 世纪 50 年代末到 70 年代初期有一个举国皆知的世界乒乓球冠军庄则栋，其父娶的第一任太太就是罗迦陵的养女，罗迦陵嫁女的重要理由是认定庄父这个当时还是乡巴佬的男人是一个有福之人，其子将有状元命。果不其然，庄则栋在乱世中多次获得世界冠军。

花荣评论：老花想办发迹博物馆和套利特训营就是受此影响。

6. 真正的人生

1931 年 6 月 19 日，哈同在爱俪园病故，享年 80 岁。可谓前 20 年苦难，再 20 年奋斗，又 20 年享受，后 20 年慈善。

一个有质量的真正人生！

传奇谱 02

奇女子训"黑背"记

唐朝天宝年间，有位常州刺史叫荣阳公，名望很高。他 50 岁那年，有一个儿子刚满 20 岁，长得聪颖俊秀，且有文才，深为同辈人所佩服。荣阳公更是喜爱并器重他，自己对自己说："这是我家的千里马。"

公子进京参加秀才科考试，临走时，荣阳公为他在行囊、车马等方面准备得很充分，满怀希望地对儿子说："依你的能力，应当一举夺魁。为你准备了两年的费用，并且富裕有余。希望你能不负家中的期望。"公子也很自负，笑着答应了父亲。

年轻人从毗陵出发，一个多月后来到长安，住在布政里。一次他逛东市回来，从平康里的东门进去，要到西南方拜访朋友。当他到了鸣珂巷时，看见一所住宅，门庭不很宽广，但房子却很整齐幽深。门半开着，有个年轻女子靠着一个梳双发的婢女站在那里，美貌妖媚，惊为天人。公子突然见到她，不由自主地停下马来，徘徊不忍离去。美女也转过眼睛斜盯着看他，显出很爱慕的神情。

从此，公子像若有所失似的，向人打听那位女子。朋友说："那地方是天上人间，你说的女子可能是李家的，很富有。和她往来的多是贵戚豪族，她得到的赏钱很丰厚。不花上一百万钱，很难打动她的心。"公子说："我好像与天仙有缘，即使用掉百万，又有什么可惜呢？"一天，公子穿戴整齐，带了许多随从前去。公子敲了李家的门。

有个侍女开了门。公子问说："这是谁的府上？"侍女不回答，跑进去大声叫道："前些时掉马鞭的公子来啦！"院中一女子声音惊喜地答道："你暂且叫他等一下，我要打扮好了再去见他。"公子听到后心中暗喜。侍女便把公子引到隔壁，看见一个头发花白的驼背老太婆，她就是那天仙李娃的母亲。公子上前下拜并恭敬地说："听说这里有空屋，愿意出租给人住，真是这样吗？"老太婆说："只怕它简陋狭窄，不能让您满意。怎么敢谈出租呢？"说完就邀请公子到客厅里去，客厅很华丽。

李娃出来，眼睛明亮、手腕雪白，走起路来美极了，妙极了。公子惊讶得起身，不敢抬头看她，感觉自己很低很低，低到了尘埃里。李娃一举一动、一颦一笑都艳美动人。待寒暄后重新就座，李娃为公子沏茶斟酒，那器皿真的很洁净。

不知不觉中，太阳已落山了，鼓声响了四下。

老太太问他住得远不远。公子说："在延平门外，挺远的。"他说谎话是希望因路远而被留下。老太太却说："更鼓已敲过了，您应当赶快回去，不要违犯夜禁令。"公子有点依依不舍。李娃看见便说："您不嫌这里冷僻简陋的话，既然正打算租来住，先歇一宿有什么关系呢！"公子多次用眼睛去看老太太。老太太说："好吧！好吧！"公子便叫僮仆拿出两匹细绢，充当住宿费。

李娃笑着阻挡说："宾主间的礼节，不应该这样。今晚的费用，愿由我们穷苦人家出，请你一起吃些粗茶淡饭，其他的就等以后再说吧。"她坚决推辞，始终不答应收下细绢。

在西边厅堂就餐，堂内殿帐床榻，光彩夺目；妆奁枕被，也都奢华漂亮，点上蜡烛，端上菜肴，山珍海味，十分丰盛。饭后，老太太起身走了。公子和李娃谈话这才亲热随便起来，逗趣调笑，尽情极欢。公子说："前些时候我偶然走过你家门，正好遇见你在门边。打那以后心里常思念你，即使睡觉吃饭从未有片刻忘记过。"李娃回答说："我心里也是的。"

公子说："今天到这里来，不单是租房子，而是希望实现平生的愿望，如果能爱恋你，就是死了也愿意，但不知道我的运气如何呢？"话未说完，老太太来了，问他们在谈什么，公子就直率地告诉了她。老太太笑着说："男欢女爱，人之常情。两相情愿，我这当妈的怎会不乐意。我这小女实在腌臢，怎么够得侍候在您身边呢？"公子立即走上两步，拜谢她说："我甘愿献身做奴仆来报答您。"老太于是认他做女婿，他们又畅饮了一番才散。等到天亮，公子把他的行李全部搬来，就住在李家了。

从此他匿迹藏身，不再和亲友通消息，每天和倡伎优伶一流人物聚会，吃喝玩乐。袋里的钱用完了，他便卖掉马匹车辆，后来又卖了家僮。过了一年多，钱财仆人马匹全都没有了。慢慢地老太太对他越来越冷淡，李娃对他的感情却越来越深厚。

有一天，李娃对公子说："我和你相爱已一年，还没有怀孕。常听说那竹林神庙，很灵验，我打算去进献祭品向神灵祈求，可以吗？"公子非常高兴，把衣服押在当铺里，准备了牛、羊、猪三牲和祭酒，和李娃一起去竹林祠祷告。他们在那里住了两宿才回去。公子骑驴跟在李娃的车子后面，到了宣阳里北门，李娃对他说："从这里向东转到一个小巷里，是我姨妈家，我们去歇一下，并看看她，可以吗？"公子哪有不答应的道理。他们向前走不到百步的路，果然看见一个可通车马的大门。往里张望，见宅内很宽敞。李娃的婢女从车后叫住公子说："到了。"公子就下了驴，刚好有一个人出来，问道："谁呀？"回答说："是李娃。"那人就进去禀告。一会儿，有一个老妇人从里面出来，年纪约四十岁，一见公子就问道："我外甥女来了吗？"李娃走下车来，老妇人迎上来说："为什么长期没有来呢？"她俩非常亲热。李娃介绍公子拜见了她。

见过之后，就一起走进西乾门的偏院里。院中有山亭，竹树青翠，地塘水榭幽雅。公子对李娃说："姨妈私宅真漂亮！"李娃含笑不答，用其他的话支吾过去了。一会儿献上茶点水果。过了一顿饭的光景，有个人骑着快马，满身大汗飞驰而至，对李娃说："你妈妈得了急病，病很重，几乎都不认识人了。你最好马上回去。"李娃对姨妈说："我心里乱极了。我骑马先回去，然后让马车回来，你就和郎君一起来。"公子打算跟她去。她姨妈和婢女说了几句话后，就挥手叫公子等在门外，说："老太婆快要死了，你应该和我商量一下办理丧事，怎么能就跟着回去呢？"公子只得留下，一起计算丧礼和斋戒祭祀的费用。天色晚了，马车仍没送来，姨妈说："到现在还没有回信，怎么回事呢？你赶快去看看她们，我接着就赶来。"公子就走了。到了李氏老宅，见门窗紧紧地锁着，还用泥封起来了。

公子大惊，问她的邻居。邻居说："李家本来就是租这里的房子的，租期已满了。房东收回了房子。老太太已搬家，而且已有两天了。"公子问："搬到哪里去了？"答："不清楚。"公子打算赶回宣阳里，去问她的姨妈，但时间已经太晚了，估计路程怕已赶不到了。他只好脱下衣服，当了换顿饭吃，租了床住了一夜。公子又气又恨，一夜没合过眼。天刚亮，他便骑着驴子上路。到了李娃姨妈的门口，连连敲门，有一顿饭的工夫也没有人应声。公子大喊了好几声，有一个做官模样的人慢慢出来，公子急忙问他："姨妈在吗？"答道："什么姨妈？"公子说："昨天傍晚在这里，为什么她躲起来了？这是谁家的房子？"那人答道："这是崔尚书的住宅。昨天有个人租了这个庭院，说是等候她远道而来的表亲。还没有到晚上就走了。"公子惊恐迷惑，差点晕过去，但又不知所措，只得回去寻找布政里的旧宅。

住宅主人怜悯他，拿来饭菜给他吃。公子又怨又恨，三天不曾进食，得了重病，十多天后病情更加严重。住宅主人怕他一病不起，就把他搬到了办丧事的店铺里去。他奄奄一息地过了一天又一天，整个铺子的人都同情、可怜他，他们轮流喂他吃东西。后来公子病情略微好转了一些，靠着拐杖能站起来了。从此丧事店铺每天让他干些事，管管灵账，得些工酬以维持自己的生活。几个月后，他渐渐地康复了。每当听到唱挽歌，就自叹生不如死，呜咽流泪，控制不住自己的悲伤。为了解脱烦恼，他就学唱挽歌。公子本是个聪敏的人，不多久，挽歌就唱得很是不错了。整个长安城也无人可与他相比。起初，这里的两家办丧事的店铺，互相争夺高低。东面店铺里的车轿都特别华丽，没有能比得上的，只有挽歌唱得差。东面店铺主人知道公子挽歌唱得精妙绝伦，就凑集了两万钱来雇用了他，还请了一个老前辈秘密地教公子新的唱法。

外边人不知道这件事。过了一段时间，这两家店铺的主人相约说："我们各自在承天门街展示出办丧事的用具，比试高低。输者罚钱五万，用来备酒食请客，好吗？"双方都答应了。于是约人立下文契，签名画押作保，然后开展用具。中国人自古喜欢看热闹，这天，男女老少聚了好几万人，甚至惊动了官府。

两家丧铺从早晨开始展出，直到中午，依次摆出车、轿、仪仗之类的器物，西面店铺都不能取胜。主人觉得面子过不去，便在场子南角搭了个高台。有个长胡子的人，抱着个大铃走来，簇拥在他身边的有好几人。于是他胡须一抖眉毛一扬，握住手腕，点着头，登上高台，唱起了《白马》这首挽歌。这是他的拿手好歌，环顾左右，旁若无人。博得了大家齐声赞扬，认为是天王独尊，天下无二。

过了一会儿，东面丧铺的主人在场子北角上也设了个台子，有个戴黑头巾的少年，身边跟着五六个人，手拿长柄羽毛扇走上台来，这就是公子。他整整衣服，动作慢悠悠的，清了一下喉咙便开始发声，一副悲不自胜的样子。他唱的是《薤露》的挽歌，发声清朗，声音震颤林木。挽歌还没唱完，听歌的人已经哀叹悲伤掩面哭泣了。西面店铺的主人反而被众人讥笑，越发惭愧难当。他偷偷地把输的钱留给对家，便溜走了。四周观众惊讶地瞪着眼睛望着公子，他完全出乎人们的意料。

事有凑巧。在这之前，天子刚下诏书，命令外地的长官每年来京城一次，称之为"入计"。公子的父亲也在京城，他和同僚们换了便装悄悄也去观看热闹。有个老仆，就是公子奶娘的丈夫，看到公子的举止言谈，想去认他却又不敢，也就伤心地流下泪来。公子的父亲感到惊奇而问他。老仆便禀告说："唱歌人的相貌，酷似老爷的亡子。"荣阳公说："我儿子因为多带了钱财被强盗谋害，怎么会到这里呢？"说完，也流下了眼泪。等他们回去后，仆人找了个机会又赶回那里，向丧铺伙计打听："刚才唱歌的是谁？唱得这样的好！"都说："某某人的儿子。"探问他的名字，公子之名已经改过了。

仆人不相信，偷偷走近了仔细看公子。公子看见仆人立刻变了脸色，转身想藏进人群中去。仆人抓住他的衣袖说："您不是公子吗？"说完两人抱头痛哭。老仆便用车把他载了回去。到了住处，父亲骂他道："堕落到了这般地步，污辱了我的家门！你还有什么脸来见我？"父亲不但没有安慰他，反而把他领到一个无人的地方用马鞭抽打，公子受不了昏死了过去，父亲以为他死了，就自己走了。

公子被人带走时，公子的师傅便让和他关系好的人暗中跟着。这时，他回来把公子的遭遇告诉了大家，大家都为此而伤心。师傅让两个人拿芦席去埋葬他的尸体。他们赶到那里时，觉得公子心口仍有点热气，忙把他扶起来，过了一会儿，公子真缓过气来了。伙计们便把他抬了回去。用芦苇管子灌汤水喂他喝，一夜才苏醒。一个多月后，他的手脚仍不能像平常那样动。被鞭打的地方都溃烂了，脏得很，伙计们又都开始讨厌他，一天晚上，他们把他丢在了路边。过路人都可怜他，常常丢些吃剩的食物给他，他才得以充饥。一百天后，公子方能拄着拐杖站起来。他穿的棉袄上有上百个补丁，破烂得像挂着的鹌鹑。手里拿着一个破罐，来来去去在里巷间，靠讨饭过日子。

从秋天到冬天，夜晚钻进厕所、地窖中，白天就在市场、店铺里无目的地瞎转。一天下了大雪，公子被寒冷和饥饿逼迫，冒雪出去，乞讨的声音非常凄惨，凡听到的人无不凄怆痛心的。雪下得很大，人家的大门大都不开。公子到了安邑里东门，沿着里墙向北走，过了七八家，有一户大门恰好开着左半边。公子连声疾呼："饿煞啦！冻煞啦！"声音凄切，令人不忍心听。

这正是李娃住的地方。李娃在房中听到，对婢女说："这一定是公子。我听出他的声音了。"说完赶快跑了出来。只见公子骨瘦如柴，满身疥疮，已经不像人样了。李娃心里很撼动，对他说："您是郑郎吗？"公子呆了，口里一句话也说不出来，只是点点头。李娃上前抱住他的颈脖，用绣花短袄裹挟着他回到西厢房，失声痛哭道："使你落到今天这个地步，是我的罪过啊！"她哭昏过去，良久方又醒过来。老太婆大惊，奔跑过来，说："怎么啦！"李娃说："这是公子。"

老太婆忙说："这个傻瓜。怎么让他到这里来？"李娃回头瞟了她一眼说："不能这样。他是好人家的子弟。想当初他驾着华丽的大车，带着装满财宝的行李，来到我的屋里，不到一年钱就花光了。我们设下诡计，抛弃并赶走了他，简直不像是人做的事。公子如今沦落到这个地步，世上的人都知道是为了我。公子的亲戚满朝廷都是，有朝一日当权的亲戚查清缘由，灾祸就会降到我们头上了。何况欺天负人，鬼神也不保佑，不要白找祸殃吧。我做您女儿，至今有十年了。算起您为我花的钱来，已不止千金。现在您六十多了，我愿用您今后十年吃穿的费用来赎身，我要和他另找住处。但也会早晚来问安侍候您，您一定得答应。"

老太婆看出李娃的主意已不可改变，只得答应了。李娃给了老太婆赎金之后，还剩下百金。她就在北边角隔四五家处租了一个空院子。替公子洗了澡，做了衣服。做了汤粥，润通肠道；再用酥奶润润他的内脏。十多天后，才开始给公子吃些山珍海味。头巾鞋袜，都取贵重的给他穿戴，没过几个月，公子肌肤丰满了些，过了一年，康复得像当年一样了。又过些时候，李娃对公子说："你的身体已经康复了，志气已经旺盛了。你应该深思静虑，默想从前的学业，可以重新复习吗？"公子想了想，说："只记得十分之一了。"李娃叫驾车出门，公子骑马跟在后面。到旗亭南偏门卖书的店铺，她让公子选择好一些书买下。李娃叫公子抛弃杂念一心学习，不分黑夜白天，孜孜不倦。李娃经常陪伴公子坐在一旁，直到深夜才睡。

每当看到他疲倦了，就劝他练习诗文来调剂。过了两年，公子的学业大有成就，天下的典籍，没有一种没读过。公子对李娃说："可以应考了。"李娃说："不行。还应该准备得更充分一些。"又过了一年，公子一举考上了甲科，声名远扬。即使是当时的名人看到他的文章，也无不肃然起敬。李娃说："你现在还不能骄傲，不能放松，更不能多与他人交往，要一鼓作气。"公子越发勤奋刻苦。那一年，正赶上科举考试的大比之年，皇上诏令四方的才子应考，公子报考直言极谏科，名列第一，授予成都府参军的职位，一举成名天下知，宾客新朋如云。

公子将要去上任，李娃对他说："如今恢复了你本来的面目，我不再有负你了。我愿以我的余年，回去赡养老妈妈。你应当和高门大族的小姐结婚，让她主持家政。在你们的姻族中或姻族外结亲，都不要糟蹋自己。努力自珍自爱，我从此就离开了。"公子哭道："你如果抛下我，我就自尽。"李娃坚决推辞不从，公子苦苦请求。李娃说："我送你渡过江，到达剑门后，就让我回来。"公子只好答应。经过一个多月的路程，到了剑门。他们还没来得及接着走便接到了朝廷的诏书，原来是公子的父亲从常州奉诏入朝，任命为成都尹，兼剑南采访使。

公子想等父亲来后同行。过了十几天，荣阳公到达。公子就递上名帖，在传递文书的驿站中拜见了父亲。父亲不敢认他，但看到名帖上祖父三代的官职名讳，才大吃一惊，让他登上台阶，抚摸着他的后背痛哭了好久，才说："我们父子和好如初吧。"问他事情的缘由，公子详细叙述了事情的始末。荣阳公非常惊奇，问李娃在哪里？公子回答说："她送我到了这里，我正打算让她回去。"

父亲说："不行。这是个奇女子，你应该娶她。这事听我的。"第一天，他让车马和公子先去成都，让李娃在剑门，单租一幢房子让她住下。第二天，让媒人来说了媒，六道大礼全部备齐，然后来迎接她。李娃正式嫁给了公子，非常懂规矩。她遵守妇道，治家严格有条理，很受公婆喜爱。又过了几年，公子的父母都亡故了，她依礼守孝也很尽心。竟然有灵芝生长在她守孝的草庐边，一个花穗开了三朵花，还有几十只白燕子，在她的屋脊上筑了巢。皇帝感到惊奇，给予了很高的赏赐。守孝期满，公子连连升迁。

李娃后来被皇帝老儿封为汧国夫人。他们生了四个儿子，都做了大官，最低的也做到太原尹。他们夫妇两个人的故事，被称为传奇。

传奇谱 03
美钞上的"不死鸟"传奇

这是一个爱情的传奇，这是一个"不死鸟"的传奇，这是一个金融的传奇，这是一个无法解释的传奇，这是一个精神的传奇，这是一个操盘手必须知道的传奇。

1. 第一次决斗

200多年前，有两个田纳西州年轻人进行决斗。

一个年轻人叫查尔斯·迪金森，他是决斗高手，此前他已经干掉了26个不识时务的家伙，他有足够的资本藐视下一个倒霉蛋。

与高手对决的，是安德鲁·杰克逊，又高又瘦，枪术并不精良。

高手先开枪，你猜谁赢？提示一下，当然是"不死鸟"杰克逊赢。

裁判刚说出决斗开始，高手立刻枪响，杰克逊胸部剧烈颤动，但他依然站立！

杰克逊举枪，射击，未响，再次举枪，射击，这回响了，目瞪口呆的迪金森上半身中弹，应声倒地——当夜去见马克思了。

其实，高手首先击出的那一枪并没有打偏，把杰克逊的两根肋骨给打断了，子弹离心脏仅仅两三英寸。医生惊叹杰克逊为何站立不倒，这位决斗的赢家说："即使他把子弹射进我的大脑，我也要坚持站着直到把他打死为止！"

2. 为什么决斗

杰克逊是一个爱尔兰穷移民的后裔，是一个浪荡子。喜欢赌马，有时也亲自赛马。那时没有股市，没法骑股市中的大黑马，只有骑赛真马了。

喜欢赌博炒股的人，90%的都好色，赌博技术好、炒股技术好的人都喜欢素质比较高的美女，赌博技术不好、炒股技术不好的人则喜欢第一个接近的女人。

杰克逊赌博水平不咋的。他看中了房东太太的女儿雷切尔，一个黑头发、整天叼着烟斗的女人——那时雷切尔已是位已婚的女人。她与丈夫的离婚手续还没办妥呢。得等到雷切尔先离婚，再与杰克逊举行婚礼。

那个决斗高手好管闲事，说雷切尔是一个不忠的荡妇。为了捍卫妻子的名誉，杰克逊与他进行了决斗，结果上帝站在了爱情这边，爱情的力量真的是很伟大？

3. 不死鸟

如果只是获得一次决斗的胜利，那算不得不死鸟的。为了妻子的荣誉，杰克逊一共进行过 103 次决斗！全赢！真是有狗屎运，用其他的理由根本解释不通。

在 1812 年美英战争中，他被田纳西州州长任命为志愿军少将——仗打得漂亮。

在第二次对英战争中，杰克逊与士兵同甘共苦，他英勇善战、坚韧不拔，被部下取了"老山核桃"的绰号。在新奥尔良战役中，他率兵大败英军，振奋全国，47 岁的他在民众心目中成了民族英雄。

不知道是因为美国人似乎生来就有自由宽容的天性，还是杰克逊的运气实在是好，后来竟然成了总统，而且是美国历史上第一位平民出身的总统。

1835 年 1 月 30 日，这位平民总统离开国会大厦时遇刺，刺客朝他开了第一枪，尽管发火帽正常地爆炸了，但火药没有点燃，杰克逊猛地冲向前去，用手杖击打刺客；准备很充分的刺客拔出第二把手枪又开了一枪，这是更近距离的平射，神奇的是，这一枪依然没有打响。

行刺事件发生后，经过对刺客两把手枪的检查，发现它们完全能正常使用，只是两把枪接连没有打响的概率，大约在 12.5 万次中只有一次。

4. 永远活在美钞上

神奇的杰克逊并非只是一介武夫，我们不妨穿越百年时空，来听听杰克逊的一句名言，就不难明白杰克逊思想的内涵与深度："在任何一个公正的政府治理下，社会中的差别都将始终存在；但才能、教育或财产的不平等决不能由人为的制度所造成。"正是这位平民总统，荡涤了贵族等级的风气，让自由、民主、平等进一步充溢了那一片新大陆。

杰克逊在任内，维护了联邦统一，推进了民主政治，敲碎了银行垄断，偿清了庞大国债，这一切证明了美国人选择这个好斗且好运的家伙并没有错。

杰克逊和雷切尔没有自己亲生的儿子，只有一个养子；可是养子因为经营不善，遭到一个又一个的经济灾难，弄得全身上下负债累累，害得从总统位上退下来的老爸为了帮他还债而贫病交加、苦不堪言。老杰克逊曾给朋友的信中悲怆地说："贫困正在逼视着我们。"生性清高、不肯接受任何捐赠的他，有一回接到一位朋友的来信，告诉他可以借钱给他，使得这位退休的前总统老泪纵横。

103 次决斗击不倒的杰克逊，最后终于被贫病击倒——1845 年 6 月 8 日，他在家中辞别了人世，享年 78 岁。

如今在 20 元的美钞上，无论新版旧版，都是安德鲁·杰克逊的头像，这么一位退休后弄得贫穷潦倒的总统，就这样活在无数的美钞上——那是马脸一般长长的脸，一头浓发在以火焰般的姿态燃烧着。

如果你有一张 20 美元的美钞，你会想起这个传奇的故事吗？

传奇谱 ④
趁年轻，将"坏事"干够

这个故事，我非常想讲给中国首善陈光标，怎样才算是真的"玩酷"？

1. 第一件"坏事"

1912 年，布士莱在一所大学读书，他爱上了班里的一位女同学。他看到她的第一眼就爱上了她，那年布士莱 18 岁。

他在心里默默地对自己说，好好爱她，好好珍惜她的出现，"我是为她而存在的，我要为她的幸福而奋斗。如果我不能让她幸福，我的爱字就永远说不出口"。

他努力学习，期望用自己的知识换来财富，让他的爱人幸福。他曾经在一棵树下种下她的名字，也曾经在一个黑夜在一条小路上写下 999 个"我爱你"，还曾经在她的抽屉里放过一点钱。

2. 第二件"坏事"

转眼要大学毕业了，她出落得越发美丽了，布士莱也越发珍爱她了。

眼影她应该用兰蔻的吧，她的莲藕一样的手腕戴 Boucheront 会十分优雅，她的外套应该穿香奈儿的，她的红唇喝库克香槟很合适，百达翡丽的腕表很适合她，娇兰香水很能显示她的华贵和惊艳。她应该在年轻美丽时拥有一辆自己的车。我该给她买一辆什么轿车呢，是奔驰还是劳斯莱斯？布士莱掰着手指头认真地盘算着未来的生活。

突然间，他的心抽紧了一下，他的心疼了，钱啊，我什么时候才能够挣到这些钱？在经过了无数天的思考之后，他决定放弃这段感情。

3. 第三件"坏事"

离校的前一天，布士莱卖了身上所有的东西：手表、收音机、自行车、刚刚买的一件新上衣、姐姐织的围巾。他打听好了，市里有一个叫 Dire 的餐厅最豪华，去那里吃饭只需 3000 加元就行。他把钱仔细地数了数，天啊，还差 20 加元，怎么办？他可是没有一件多余的东西可以卖了。如果在平时他可以借同学的钱，但现在就要毕业了，他哪好意思向同学张口。他着急地走来走去，不知道如何是好。

我身上还有什么？我身上还有什么？他一遍遍地念叨着，一边转着圈瞅着地板。忽然，他的眼睛亮了，他看到了身上的棉裤，这是他刚买不久的棉裤，还是新的，也许能换几个钱。

他跑到了楼下，楼下住着他的学弟学妹。他敲开一扇门，问有没有人需要一条棉裤，他急需钱，他的学弟对他露出奇怪的表情。直到他敲到第 7 扇门时，他当出了他的棉裤，一共当了 30 加元。

那天，布士莱终于带着他喜欢的女生去 Dire 吃了分手晚餐。

Dire 餐厅温馨美丽，那天的晚餐十分美好，他的她十分高兴，布士莱也十分高兴。

布士莱约会是穿着一条单裤去的，那天夜里的温度是零下 27℃。

付了账，他手里还剩下 10 加元。

"嗨，等一下。"看着走了十几米远的她，布士莱喊了她一声，他转身跑回到饭店，又用 10 加元给她买了一个蛋挞。

"你的早点。"他说。布士莱就这样离开了他心爱的女人。他穿着一条单裤在零下 27℃的街上走，他想忘记她。

4. 第四件"坏事"

但爱终于没能让他忘记。当他终于明白他不能忘记她后，他更加发愤努力。

又过了4年，布士莱因为炒股成功成了千万富翁。

5. 第五件"坏事"

他把他的爱人娶回了家。

6. 第六件"坏事"

他赎回了裤子。

7. 第七件"坏事"

又盖了一所小学。

8. 第八件"坏事"

在讨论校旗的时候，他力争把他当年当出去的棉裤当作校旗。

"我办学校的目的，是告诉从这里走出的男人如何爱女人，骑士精神要从娃娃抓起。"他说，"所以，我坚持用那条棉裤做校旗。男人们看到它就会知道，你还有多少东西没有献给你爱的女人，也提醒我们，你离真正的爱有多远。"

9. 第九件"坏事"

哈尼小学在加拿大魁北克省哈尼镇。这座学校有在校生200多人，小学是镇里最美丽的建筑，比镇政府漂亮得多，学校很大，有点走不到边的感觉。校园绿树掩映，走进学校如走进水彩画中。可是你猛一抬头，就会看见学校大楼前的旗杆上飘着一个黑黑长长的东西，哈，还有两条腿！这是一条棉裤，它是哈尼小学的校旗。

10. 第十件"坏事"

这个故事告诉所有男人，一个男人心中是否有一个深爱的女人，将决定他的人生能量，以及人生能走到的高度，是否能从平凡中演绎传奇。没有爱，就没有传奇。

传奇谱 **05**
你愿意自己决定死法吗

所有人的最终结局都是一样的，人生的精彩在于过程。

英国作家保罗·约翰逊在他的《知识分子》一书里为男人海明威开过一份事故清单，他在这份清单中这样记载道：

孩童时期，海明威跌过一跤，一根木棍穿进他的嘴里，把扁桃体刺破了。另一次，鱼钩戳进了海明威的后背，他差点儿把自己变成了一条活蹦乱跳的鱼。

稍稍大一点儿后，足球场和拳击台是海明威频繁受伤的两个重要地方，他根本无法看住自己，因此比别的孩子更容易受到伤害。

1918 年，成年的海明威第一次经历枪林弹雨，有好几次，滑膛枪的子弹和他擦肩而过，差点儿没把他变成一具尸体；从战场上返回的海明威并没有老老实实地写他的战场亲历记，而是到处宣泄他的精力，以至于一个玻璃陈列柜又弄破了他的拳头。

1920 年，海明威莫名其妙地在碎玻璃上行走，因此而割伤了脚；也是这一年，他因为试图越过船上系绳子的铁环重重地摔倒，造成内出血。

1922 年，海明威被热水炉严重烫伤，几乎把自己烫熟。

1925 年，海明威一只脚的韧带被撕裂，要不是处理及时，也许他会瘸着腿度过余生。

1927 年，海明威那只好眼睛的瞳孔被他的儿子戳伤，这样的结局多少有一点儿宿命感。

1928 年春天，海明威第一次因为喝酒而发生重大意外。他回到家后，把天窗上的绳索错当作盥洗室里的链子，一阵猛拽，结果整个沉重的玻璃框架砸到他头上，他患了脑震荡，缝了九针。

1929 年，海明威在一次事故中腹股沟肌肉撕伤。

1930 年，海明威加速了自己受伤的频率：食指被拳击吊袋碰伤、因马匹脱缰而摔成重伤、因汽车车祸弄伤了胳膊。

1935 年，一次醉酒之后出海，海明威想把鱼叉投向一条大鲨鱼，结果鲨鱼安然无恙，鱼叉投向了他自己的腿。

1938 年，海明威猛踢一扇锁着的大门，致使大脚趾受伤，这让他在很长一段时间内行动不便；同年，一面镜子划破了他的脚，他因此而好几天不能骑着光背的烈马在海滩上狂奔；仍然是那一年，他那只坏眼的瞳孔在另外一次事故中遭到了更严重的损害。

1944 年，海明威脑震荡两次，同时报废了两辆车，一次是在灯火管制的时候，他的汽车重重地撞上了一个水箱，另一次是他从摩托车上摔进一条水沟。

1945 年，海明威坚持要代替司机开车，把玛丽送到芝加哥机场。车子打滑撞上了土堤，他被撞断了三根肋骨，伤了一个膝盖，前额撞出了凹痕，玛丽则撞破挡风玻璃飞了出去。

1949 年，海明威竟然出格到要去戏弄一头发恼的狮子，结果被那头狮子抓得皮开肉绽。

1950 年，海明威在自己的船上摔倒，头部和腿部严重划伤，一根动脉被割断，并且第五次得了脑震荡。

1953 年，看样子已经改邪归正的海明威变本加厉，从汽车上摔下来，扭伤了肩膀；同年冬天在非洲，他经历了一连串的意外事故，差点儿没把自己永远留在非洲：他醉醺醺地去扑灭灌木林火，结果被严重烧伤；两次飞行事故，颅骨开裂，两节脊椎粉碎，严重内伤，肝脏、脾和肾损伤，肩膀和胳膊脱位，括约肌丧失活动能力；被汽油烧伤，并且再一次脑震荡。

1958 年，在攀越一个栅栏时，海明威撕裂了韧带，扭伤了足踝。

1959 年，他再一次遭遇车祸……

我们知道男人海明威生命中最为著名的伤害是在 1961 年 7 月 2 日发生的，那是他遭遇到的最后一次伤害：他在他那支最心爱的英式双管猎枪中装上了两发由著名军火厂家提供的性能良好的漂亮霰弹，然后用它们把自己的整个脑袋炸飞了。

你有什么看法？你能为自己开一份什么样的清单？我认为，一个男人的人生必须包括：球类运动与竞赛，一个人的旅游，刻骨铭心地爱一个女人，为一个女人做一件值得的事情，赢得财富、自由……自己决定死法？

传奇谱 **06**
在天堂和地狱间徘徊

老虎基金的兴亡史，也许会给我们提醒些什么？

1. 明星经纪人

老虎基金的创始人朱利安·罗伯逊于 25 岁在 Kidder Peadbody 公司担任股票经纪人，他以精选价值型股票闻名于华尔街，被称为"明星经纪人"。

2. 创立对冲基金

罗伯逊于 1980 年创办了老虎管理公司，罗伯逊凭自己的 200 万美元和别人投资的 600 万美元起家。

3. 曾经的骄人业绩

老虎管理公司旗下的对冲基金在 1993 年攻击英镑、里拉成功，大赚一把。公司名声大噪，投资人纷纷上门投资，老虎基金公司管理的资金迅速膨胀，成为美国最为显赫的对冲基金。

此后，老虎基金管理公司的业绩节节攀升，在股、汇市投资双双告捷的带动下，1998 年的夏天，管理的资产已达到 210 多亿美元，罗伯逊本人赚到了约 15 亿美元，公司总资产达到 230 亿美元的高峰，一度成为美国最大的对冲基金。

从成立到 1998 年，老虎基金以年均盈利 25% 的业绩，列全球排名第二。其中，1996 年基金单位回报为 50%，1997 年为 72%，在对冲基金业里，老虎基金创造了极少有人能与之匹敌的业绩。

4. 下坡路

进入 1998 年下半年，老虎基金开始交上厄运，在俄罗斯金融危机后，日元对美元的汇价跌至 147∶1，罗伯逊预计该比价将跌至 150 日元以下，因此，他命令旗下的老虎基金、美洲豹基金大量卖空日元，但日元却在日本经济没有任何好转的情况下，在两个月内急升到 115 日元，罗伯逊损失惨重，仅在 10 月 7 日一天，老虎管理公司就亏损 20 亿美元，而 10 月，其总共损失 34 亿美元，再加上 9 月的损失，老虎管理公司在日元的投机上丧失了近

50 亿美元。

祸不单行，1999 年，罗伯逊在股市上的投资也告失败，重仓股票美国航空集团和废料管理公司的股价却持续下跌。

5. 清盘

从 12 月开始，近 20 亿美元的短期资金从美洲豹基金撤出，到 1999 年 10 月，总共有 50 亿美元的资金从老虎基金管理公司撤走，投资者的撤资使基金经理无法专注于长期投资，将会影响长期投资者的信心。因此，1999 年 10 月 6 日，罗伯逊要求从 2000 年 3 月 31 日开始，"老虎""美洲狮""美洲豹"三只基金的赎回期改为半年一次，但到 2000 年 3 月 31 日，罗伯逊却宣布将结束旗下六只对冲基金的全部业务！

罗伯逊是不得不如此，因为，老虎管理公司只剩下 65 亿美元的资产，除去撤走的 76.5 亿美元，老虎管理公司从顶峰的 230 亿美元亏损 85 亿美元，而且只用了 18 个月。罗伯逊宣布老虎管理公司倒闭的同时，决定在两个月内对公司 65 亿美元的资产进行清盘，其中 80%归还投资者，自己剩余的 15 亿美元将继续投资。

6. 教训

老虎公司倒闭虽然与时运不佳有关，但更深层的原因在于罗伯逊固执的经营理念和独断专行的管理作风。正是因为多年来取得的巨大成功，使得罗伯逊笃信自己的投资理念，那就是重点投资于那些属于传统经济行业的"价值股"，对那些公司没有盈利但价格飞涨的高科技股避而远之。但遗憾的是，有一段时间，老虎公司投资的大多数"价值股"惨跌，如老虎公司持有近 25%股份的美国航空公司的股价从 1998 年 4 月的每股 80 美元曾跌到了 25 美元。

在管理方面，罗伯逊几乎事事要干预，而且只相信自己的投资战略。如在美国航空公司的股票开始下跌后，罗伯逊不仅没有及时抽身而退，反而继续增加投资，以致最后无法脱身。因此，老虎公司的一些最优秀的管理人员相继离开，另立门户。

亨尼西集团首席策略师查尔斯·格拉丹特认为，规模过大也是老虎公司存在的问题之一。他认为，当对冲基金的规模不断扩大，尤其是资产额超过 100 亿美元后，对冲基金的功能会逐步退化。

7. 固执的通病

对冲投资实业不顺，罗伯逊并不服输。他在接受记者采访时表示："我不会投降，我也不会停止投资。"他依然认为他的投资战略是正确的。

而对冲基金分析家巴里·科尔文评论说："有一句格言说，不要与市场对抗，朱利安这么做了，结果他输了。"

8. 老花评论

读者朋友，不管你原先的投资成绩顺还是不顺，你是愿意坚持自己战胜市场，还是愿意认识市场、顺应市场？

传奇谱07
一个魔鬼交易员的故事

这是一个青年股神尼克·利森，和世界首家"商业银行"——巴林银行的股市。

什么是股神？就是中暑的股市神经病。

1. 世界首家"商业银行"

1763 年，弗朗西斯·巴林爵士在伦敦创建了巴林银行，它是世界首家"商业银行"，既为客户提供资金和有关建议，自己也做买卖。当然它也得像其他商人一样承担买卖股票、土地或咖啡的风险，由于经营灵活变通、富于创新，巴林银行很快就在国际金融领域获得了巨大的成功。其业务范围也相当广泛，无论是到刚果提炼铜矿、澳大利亚贩运羊毛，还是开掘巴拿马运河，巴林银行都可以为之提供贷款，但巴林银行有别于普通的商业银行，它不开发普通客户存款业务，故其资金来源比较有限，只能靠自身的力量来谋求生存和发展。

在 1803 年，刚刚诞生的美国从法国手中购买南部的路易斯安纳州时，所有资金就出自巴林银行。尽管当时巴林银行有一个强劲的竞争对手，一家犹太人开办的罗斯切尔特银行，但巴林银行还是各国政府、各大公司和许多客户的首选银行。1886 年，巴林银行发行"吉尼士"证券，购买者手持申请表如潮水一样涌进银行，后来不得不动用警力来维持，很多人排上几个小时后，买下少量股票，然后伺机抛出。等到第二天抛出时，股票价格已涨了1倍。

20世纪初，巴林银行荣幸地获得了一个特殊客户——英国皇室。由于巴林银行的卓越贡献，巴林家族先后获得了五个世袭的爵位。这可算得上一个世界纪录，从而奠定巴林银行显赫地位的基础。

2. 灾星出现

利森于1989年7月10日正式到巴林银行工作。

这之前，他是摩根·斯坦利银行清算部的一名职员，进入巴林银行后，他很快争取到了到印尼分部工作的机会。由于他富有耐心和毅力，善于逻辑推理，能很快地解决以前未能解决的许多问题，使工作有了起色。因此，他被视为期货与期权结算方面的专家，伦敦总部对利森在印尼的工作相当满意，并允许可以在海外给他安排一个合适的职务。1992年，巴林总部决定派他到新加坡分行成立期货与期权交易部门，并出任总经理。

3. 错误账户

无论做什么交易，错误都在所难免。但关键是看你怎样处理这些错误。在期货交易中更是如此。有人会将"买进"手势误为"卖出"手势；有人会在错误的价位购进合同；有人可能不够谨慎；有人可能本该购买6月期货却买进了3月期货等。一旦失误，就会给银行造成损失，在出现这些错误之后，银行必须迅速妥善处理，如果错误无法挽回，唯一可行的办法，就是将该项错误转入电脑中一个被称为"错误账户"的账户中，然后向银行总部报告。

利森于1992年在新加坡任期货交易员时，巴林银行原本有一个账号为"99905"的"错误账号"，专门处理交易过程中因疏忽所造成的错误。这原是一个金融体系运作过程中正常的错误账户。1992年夏天，伦敦总部全面负责清算工作的哥顿·鲍塞给利森打了一个电话，要求利森另设立一个"错误账户"，记录较小的错误，并自行在新加坡处理，以免麻烦伦敦的工作，于是利森马上找来了负责办公室清算的利塞尔，向她咨询是否可以另立一个档案，很快，利塞尔就在电脑里键入了一些命令，问他需要什么账号，在中国文化里"8"是一个非常吉利的数字，因此利森以此作为他的吉祥数字，由于账号必须是五位数，这样账号为"88888"的"错误账户"便诞生了。

几周之后，伦敦总部又打来电话，总部配置了新的电脑，要求新加坡分行还是按老规矩行事，所有的错误记录仍由"99905"账户直接向伦敦报告。"88888"错误账户刚刚建立就被搁置不用了，但它却成为一个真正的"错误账户"存于电脑之中。而且总部这时已经注意到新加坡分行出现的错误很多，但利森都巧妙地搪塞而过。"88888"这个被人忽略的账户，提供了利森日后制造假账的机会，如果当时取消这一账户，则巴林的历史可能会重写。

4. 小错酿大错

1992 年 7 月 17 日，利森手下一名加入巴林仅一星期的美女交易员犯了一个错误：当客户（富士银行）要求买进 20 口日经指数期货合约时，此交易员误认为卖出 20 口，这个错误在利森当天晚上进行清算工作时被发现。欲纠正此项错误，须买回 40 口合约，表示至当日的收盘价计算，其损失为 2 万英镑，并应报告伦敦总公司。但在种种考虑下，利森决定利用错误账户"88888"，承接了 40 口日经指数期货空头合约，以掩盖这个失误。然而，如此一来，利森所进行的交易便成了"业主交易"，使巴林银行的这个账户暴露为风险头寸。数天之后，更由于日经指数上升 200 点，此空头部位的损失便由 2 万英镑增为 6 万英镑了（注：利森当时年薪还不到 5 万英镑）。此时利森更不敢将此失误向上呈报。

另一个与此同出一辙的错误是利森的好友及委托执行人乔治犯的。乔治与妻子离婚了，整日沉浸在痛苦之中，并开始自暴自弃，乔治是利森最好的朋友。由于情绪不佳，利森示意乔治卖出的 100 份 9 月的期货全被他执行成买进，价值高达 800 万英镑，而且好几份交易的凭证根本没有填写。

如果乔治的错误泄露出去，利森不得不告别他已很如意的生活，将乔治出现的几次错误记入"88888"账号对利森来说是举手之劳。但至少有三个问题困扰着他：一是如何弥补这些错误；二是将错误记入"88888"账号后如何躲过伦敦总部月底的内部审计；三是 SIMEX 每天都要他们追加保证金，他们会计算出新加坡分行每天赔进多少。"88888"账户也会被显示在 SIMEX 大屏幕上。为了弥补手下员工的失误，利森将自己赚的佣金转入账户，但其前提当然是这些失误不能太大，所引起的损失金额也不是太大，但乔治造成的错误确实太大了。

为了赚回足够的钱来补偿所有损失，利森承担着越来越大的风险，他当时从事大量跨式头寸交易，因为当时日经指数稳定，利森从此交易中赚取期权权利金。若运气不好，日经指数变动剧烈，此交易将给巴林银行招致极大的损失。

5. 上天不眷顾

利森在一段时日内做得还极顺手。到 1993 年 7 月，他已将"88888"账户亏损的 600 万英镑转为略有盈余，当时他的年薪为 5 万英镑，年终奖金则将近 10 万英镑。

如果利森就此打住，那么，巴林银行的历史也会改变。

按说此时利森完全有理由关掉它了，但他没有这样做，由于彼时日本政府多次实施经济刺激措施，甚至公开宣告日本经济已经"走出谷底"，利森于 1994 年大量买进日经 225 指数期货合约和看涨期权，同时又在对日本债券和短期利率期货市场进行价值约 200 亿美元的空头交易。

可是，这个自以为聪明的家伙遇到了无法预料的事件——1995 年 1 月 17 日，日本阪神爆发 7.3 级大地震，利森手中的金融衍生品的价值走势与他之前的预计完全相反。2 月 27 日，"88888"账户上累计损失超过 8.6 亿英镑。

6. 毁灭

巴林银行最终申请破产，后以 1 英镑的象征性价格卖给了荷兰国际集团。

7. 魔鬼交易员

利森锒铛入狱，先是在德国监狱服刑 9 个月（因为事件败露后他曾逃往德国），然后转到新加坡监狱继续服刑 3 年零 7 个月。

尽管利森出狱后完成的《我是如何搞垮巴林银行的》一书被拍成电影《魔鬼交易员》后广为人知，但他在监狱服刑过程中曾尝试自杀、身患癌症、与妻子离婚等连环画式的个人遭遇，却鲜有人知晓。他出狱之后，用他一位朋友的话来说，"像换了一个人似的"，他甚至去攻读了一个心理学学位。

利森曾在爱尔兰一家足球俱乐部任 CEO，后辞任。他经常穿梭于世界各地，像"巴菲特午餐会"一样，参加一些商务晚宴并发表演讲，其主要谈论的话题是金融风险管理。这些活动也是他的主要收入来源。

一次，在中国记者采访他时，他曾经以半严肃半调侃的口吻说："看来我应该去中国找份工作！"

<h1 style="text-align: center;">传奇谱 08
庞兹的骗局</h1>

以许诺他人短线暴利为诱饵，吸引他人投资，而运作人其实是"借新债，还老债"，最后大多数人必将血本无归。就是这么个古老简单的骗局游戏，在不同的时代，在世界各地一再上演。

这个游戏骗局被称为"庞兹骗局"。

1. 骗局的专利所属人

1920 年春夏，庞兹短暂的辉煌之时，他时年 38 岁。

此前这个意大利移民已经在北美大陆上游荡了 17 年，曾经捐献皮肤帮助一位护士，也曾由于伪造支票、非法移民两次入狱，但他始终没有放弃追求财富的梦想。

2. 国际回邮代金券

一天，当庞兹偶然见到一张小纸片——国际回邮代金券时，灵光一闪，他便不顾一切地抓住这个机会。

20 世纪初，为了方便跨国通信，万国邮联盟设计出国际回邮代金券。人们可以用本国货币购买代金券，随信寄出，对方则可以用此换成该国邮票，回复寄信人。由于各国货币购买力不同，各国货币与代金券的兑换比例各不相同以保证无法进行倒卖获利。起初这个设计并无漏洞，但是"一战"爆发之后，一些国家货币大幅贬值。意大利里拉与美元的比值从以前的 5∶1，贬值为 20∶1，同时里拉与代金券的兑换比例却没及时进行调整。

庞兹便从中看到了投机机会：美元可以比以前兑换更多的里拉——在旧的代金券兑换比例下——从而可以购买更多的代金券，如果把代金券运回美国，这些代金券的价值就大为增长了。

3. 自欺欺人

像很多类似骗局的主角一样，庞兹在欺骗他人的同时，也在欺骗自己。他坚定地相信自己可以通过贩卖代金券获得暴利，而对于这个商业计划现实操作时的致命缺陷，即如何将代金券变现，他选择闭口不语，决心私下慢慢再想办法。

心动不如行动。为了实现这个计划，庞兹需要大笔资金。在向银行贷款被拒之后，庞兹决定向公众集资，允诺"90 天（以后缩短为 45 天）后支付50% 的利息"。从第一个投资者如约收到利息时起，正如庞兹自己所言的，"每一个满意的客户就会变成一个自动的销售员。正是他们的销售天才，而不是我的推销，才让整个计划运转起来。我承认我把一小雪球滚下山，但是它自己就变成了一场雪崩"。

4. 人人都爱庞兹

45 天、50% 的回报，相比于银行微不足道的利息，具有致命的吸引力。然而，人人都知道，天上不会掉馅饼，这说不定是个骗局。

不过，即便是骗局，只要能够撑过 45 天就能拿到 50% 的利息，到时候可以再明智地全身而退，自己哪里会是最后一批受害者呢？

雪球就是这样滚起来的，越滚越大。

没有阅历的人最先上当受骗，其中当然有一些人是幸运儿，因为没有幸运儿，就没有傻瓜。于是，许多平常看起来很聪明的人也卷入其中。

5. 泡沫刺破者

在庞兹骗局的初期，波士顿的各家报纸对此并没有什么反应，虽然它们理智地意识到其中必有蹊跷，却不敢主动发难。当时宪法第一修正案对媒体的尺度偏苛刻，将一个成功的商人称为骗子的诽谤案很有可能败诉。

然而还是有一家媒体站了出来，那就是《波士顿邮报》，试图揭穿庞兹的骗局。凭借着对庞兹骗局的报道，《波士顿邮报》后来获得了普利策金奖。

《波士顿邮报》对庞兹充满了敌意的同时，其他报纸试图保持中立的立场。当然，也有一两家报纸支持庞兹，迎合公众对庞兹的拥戴，暗地里也想看看《波士顿邮报》在这件事上栽个跟头。

相对于媒体的反应，政府的反应更为谨慎而迟缓。邮政部门已经向媒体表示庞兹的代金券计划毫无可行性，并且修补了代金券的使用漏洞。

但是公众依然蜂拥着把钱投给庞兹。地方检察官、州检察官、联邦检察官，乃至司法部长，在面对"人人都爱庞兹"时，也不得不警惕地关注民意动向，他们之间相互推诿，以至于被媒体批评为"进展缓慢"。

6. 庞兹骗局

庞兹这个人有点傻，骗术也很简单，但是上当的聪明人很多。

后来的仿效者不断在世界各地上演，而且游戏的上半部一再得逞，其后就是悲剧。人们把这种骗术称为庞兹骗局。

庞兹年轻时的愿望就是成为名人明星。他应该心满意足了，因为他毕生试图做的就是引起人们的注意。

传奇谱09
索罗斯和他背后的女人

1. 全球最成功的对冲基金经理

全球投资界最受关注的人物之一乔治·索罗斯，在他80岁之际，要关上他一手创办的量子基金的"大门"了。量子基金在上周宣布：基金决定关闭一切投资委托，"清返"全部外来客户的投资款。量子基金从此将成为私人家族基金。

封索罗斯为"最成功"的对冲基金经理不算夸张。索罗斯把在1969年创建量子基金时的10万美元变成了今天的1亿多美元，平均每年增长20%，总回报率约为102000%。

2. 永远的传奇

从来自匈牙利的一个普通犹太移民，到身家超越145亿美元成为我们这个星球最富有的人之一，索罗斯演绎了他令人炫目的投资传奇。

（1）狙击英镑，令英镑退出欧洲汇率机制，被金融界称为"令英格兰银行破产的人"，他自己进账10亿美元。

（2）对墨西哥货币比索发起攻击，使墨西哥外汇储备竟然一时告罄，墨西哥比索和股市崩溃，量子基金大获其利。

（3）对泰国、马来西亚的货币进行大规模连环做空，东南亚几成索罗斯的"提款机"。索罗斯也就此被称为"金融大鳄"。

（4）他当初将自己的基金取名"量子"，是因为他认为，证券市场就像微粒子的物理量子一样，定数不可能有，变数一定有，即投资人的心理和投资行为反过来也会影响市场价值。

3. 典型的美国梦

（1）乔治·索罗斯 1930 年生于匈牙利布达佩斯的一个犹太人家庭。1944 年，随着纳粹德国占领布达佩斯，索罗斯随全家开始了颠沛流离的逃亡生涯。

（2）他先去了瑞士的伯尔尼，尔后又去了伦敦。他曾经不名一文，只能靠打一些零工维持生计，直到 1949 年进入伦敦经济学院学习。

（3）20 多年之中，从伦敦到纽约，从默默无闻的普通交易员，到明星交易员兼高级分析师，最后创办自己的基金，成为华尔街的一支独立力量。

（4）索罗斯基本不相信现代金融学，在他看来，他的成功本身就是对现代金融学理论的嘲笑。

4. 也有遭遇败绩

（1）索罗斯也曾将触角伸向了刚刚回归中国的香港，却不曾想被香港政府和其身后挺立的中央政府打乱了算盘，这才放弃港币悻悻而归。

（2）1998 年投资俄罗斯国家电信公司 Svyazinvest 就被索罗斯认为是其投资生涯中最大的败笔。"我自己满怀希望，结果被它骗了。"

（3）总结这两次失败的原因，索罗斯认为："不怕风险，就怕不确定性。"

（4）发现自己犯了错怎么办？"抛售、退出。"索罗斯的答案简洁有力，"最简单的是，了解自己的错误，研究自己的错误，改正自己的错误。"

5. 投机名言

（1）当有机会获利时，千万不要畏缩不前。

（2）永远不要孤注一掷。

（3）承认错误是件值得骄傲的事情。犯错误并没有什么好羞耻的，只有知错不改才是耻辱。

（4）生命总是迸发于混乱的边缘，所以，在混乱的状况中生存是我最擅长的。

6. 多面手

（1）索罗斯一面在金融市场上进行着无情的杀伐，将众多无辜者碾于他的战车之下，同时，他又是一个握有巴顿和平奖的慈善家。

（2）从思维观念和积极参与的各种社会活动来看，索罗斯更像是哲学家而非金融投资家；其著作则更具有哲学特色而非单纯的投资技术指导。

（3）索罗斯坚持写投资日记。他把日记作为测试自己预言证券市场的变化能力的依据，也同样作为检验自己理论的机会。著有《金融炼金术》一书。

（4）他的本职是基金经理、操盘手、投机家。

7. 背后的女人

（1）1955年，初到美国不久的索罗斯忙于工作以求立足，他遇到了德裔姑娘安娜莉。安娜莉从不穿名牌设计师的服饰，她乐于自己烹饪。他们1961年结婚，1980年离婚。

（2）1983年，索罗斯和比他小25岁的苏珊在南安普顿举行了婚礼。学习艺术的苏珊热衷设计装修，她把家里装饰成18世纪英国古式建筑风格。2004年，这段婚姻止步。

（3）索罗斯的"黄昏恋"更富戏剧性：一个是约旦国王遗孀，一个是国际金融大鳄；一个孀居八年，一个两度离婚；他们相差21岁，却同样极富传奇色彩。

（4）努尔王太后原名丽萨·尼吉卜·哈拉比，她是普林斯顿大学招收的第一批女生之一，获得了建筑与城市规划双学位，并随在安曼工作的父亲来到约旦。1976年在一个集会上，丽萨遇到了约旦国王侯赛因。最终，她成为了侯赛因的第四位王后，名字也变为"努尔·侯赛因"，意为"约旦之光"。

与侯赛因国王21年的婚姻中，努尔是贤良的妻子，母仪天下。1999年，侯赛因国王临终前，将王位传给了他第二任妻子所生的王子，努尔王后的大儿子被立为王储。努尔成为约旦人民心目中的"准王太后"。

索罗斯与努尔的初相识是在1998年，当时他们共同参加了一个反地雷运动的慈善晚会。嗅觉灵敏的狗仔队发现，努尔像去听恋人的演唱会一样，出现在索罗斯在英国牛津大学的演讲会观众席上。演说之后，他们两人一起驱车离去。2007年2月，努尔与索罗斯一起前往利比里亚。他们还一起为"利比里亚教育信托基金"筹款。

传奇谱 ⑩
计算机奇才的炒股高招

你看完这个故事后，一定会发出这样的感慨：现实往往比电影故事更精彩！

当观众对着电影《窃听风云》里的高科技内幕窃取技术血脉贲张，甚至幻想自己也能成为计算机通信专家时，现实生活中远比电影精彩的一幕已经上演——有人实现了无数股民的"终极幻想"，只要坐在自家电脑前，关于上市公司的内幕信息就会自动传送过来，且准确可靠。

2006年，一个任职于大券商的小伙子，通过高超的网络技术手段，从交易所电脑系统以及中信证券内部系统窃取上市公司信息，并进行内幕交易。为躲避监管，整个过程不仅颇费心机，且惊心动魄，堪比好莱坞大片。

故事是这样的：

1. 计算机天才

2006年，小梁和小蔡是大学同学，梁同蔡商量，想利用自己在某证券电脑部工作的便利，获取上市公司内幕信息，出此进行内幕交易。为了逃避监管，以及事发后给调查设置障碍，小梁依靠自己高超的网络技术手段，开辟了一条"窃取—传递—交易"的自动化路线。

小梁供职的券商与交易所联系紧密，他首先以送贺卡的名义向交易所工作人员发送大量电子邮件，而这些邮件中隐藏着其事先编好的木马程序，一旦工作人员点击邮件查看，小梁预设的木马程序就立即植入该人员电脑。只要开机上网，这些木马程序就会暗中读取小梁的远程控制指令。

2. 防火墙

颇有心机的是，小梁在新浪等多个网站开设了个人博客，并将自己编写的远程控制指令嵌入博客网页中。

"把远程控制指令放在网页而非个人电脑上，那么，只要能上网的地方都可以操作指令，不仅如此，还给监管部门制造了麻烦，采集证据更加迂回曲折。"

这还只是小梁设置的其中一个曲线屏障，在控制指令被读取后，已植入的木马程序将按照小梁的要求，对交易所工作人员电脑里的文件标题进行扫描，一旦搜索到"业绩预增""大幅增长""利润分配方案"等关键词，就立即将该标题加密并发送至小梁在境外网站开设的存储空间。"将接收信息的存储空间开设在境外"就是小梁为逃避监管调查而设置的第二道障碍。

3. 交通站

作为小梁的搭档，小蔡便是这些内幕信息的境内接收方。表面上看，两人互不相关，但实则关系密切。基于小梁预先在自己电脑中安装的一款名为"Faxreader"的特定软件，小蔡通过访问上述境外网站，直接接收和读取小梁窃取的加密信息。

这样，小蔡仅坐在自家电脑前，就会有上市公司的内幕信息自动传送过来，其只要根据信息的重要性、时效性等进行分析判断，就可在股市从容套利。而同样是为了逃避监管调查，小蔡买卖股票的账户并不是自己的，这为事发后的调查设置了第三道屏障。

2006年对茉织华的操作，就是两人合作的一个"经典案例"。

小蔡由上述通道提前一天获知一家上市公司业绩将大幅提升，小蔡赶紧操作，用自己控制的股票账户买入107.47万元的这家公司的股票，并于次日卖出，短短两个交易日获利3.6%。

4. 内鬼

除了从交易所窃取内幕信息，小梁同时还觊觎其任职的券商内部信息。当时，在其供职的券商的办公系统上，存储着多个部门工作人员的办公文件、电子邮件、内部报告等。作为电脑部的工作人员，小梁能轻松进入该系统，多次从电脑服务器中窃取了该券商与其他上市公司商谈的有关股权分置改革、收购、重组、整体上市等内部报告，并经过上述通道，传送给小蔡。

5. 结局

2006年正是A股市场大牛市的启动年，小梁通过高超的技术手段，前后共窃取了35条上市公司内幕信息，比《窃听风云》的上映还早了3年时间。

2007年10月，小梁犯泄露内幕信息罪，被判处有期徒刑1年，罚款5万元；小蔡犯内幕交易罪，被判刑6个月，罚款5万元。

6. 花荣评论

我认为，有这样的聪明，用在正确的地方上，其实一样可以赚钱的，没有必要"聪明反被聪明误"。

传奇谱 ⑪
最美就是夕阳红

股神的情史也是与一般人不一样的，同样有着不一样的传奇。

1. 最美是夕阳红

76 岁生日那天，巴菲特举办了自己的第二次婚礼，婚礼仅仅用了 15 分钟，新娘是与他度过 30 年共同生活的女友艾丝翠·孟克斯。巴菲特的女儿主持了这场非公开的闪电婚礼，证婚人是一位地方法官。

2. 发迹史

巴菲特 10 岁时，已能背诵美国任何一个城市的人口数字。

11 岁的时候，他购买了平生第一只股票——他以每股 38 美元的价格购买了"城市服务"公司的三股股票，很快，他的股票跌到每股 29 元，在股票涨到每股 40 元的时候，他把股票抛出。尽管后来"城市服务"的股票涨到每股 200 美元，但初涉股市还是为他带来 5 美元的纯利，更重要的是，人生中第一次股票交易奠定了他日后投资的基础——稳健和保守。

39 年的时间内，他创造了投资盈利 2595 倍，100 美元起家到获利 429 亿美元财富的投资神话，被誉为"股神"。巴菲特的一个朋友说："巴菲特几乎知道纽约证券交易所的任何一份资产负债表。"

大学毕业以后，美国刚刚经历经济危机的震动，巴菲特的家人和朋友都劝他等下一次经济萧条之后再投身股市，此前不妨在宝洁公司找一份稳定的工作。巴菲特经过慎重考虑，坚持了自己的选择。

3. 夺庄成功

苏珊年轻时代有着明媚的笑脸、圆圆的下巴和黑黑的头发。巴菲特第一眼就爱上了她。巴菲特和苏珊两家的渊源很深，苏珊的父亲是奥马哈市的官员和心理学教授，和巴菲特的父亲是旧交。更为巧合的是，苏珊在西北大学读书的时候，和巴菲特的姐姐住同一间宿舍。苏珊年少多病，曾经多次耳膜穿孔，并长期忍受风湿病的困扰。苏珊的父母对她显示出宽厚的爱和包容，这让苏珊从小就感觉到，关怀他人是一件很自然的事。她天生富有同情心，与人见面经常问候道："你还好吗？"从苏珊的嘴里说出的这句话往往意味着：你的灵魂还安宁吗？

巴菲特和苏珊两家的交往并没有为巴菲特的爱情带来多少好运。巴菲特擅长并热衷的数字游戏对苏珊来说既无趣又荒诞，每次巴菲特热情洋溢地从前门走进，渴望见到他热爱的姑娘，苏珊总是偷偷地从后门溜走，去见她心中的白马王子——密尔顿·布朗，一个联合太平洋公司邮件搬运员的儿子，早在高中时代，两人就已经开始了恋情。

那时候，巴菲特经常对苏珊说的一句话是："有一天，我会变得非常富有。"巴菲特没有说谎，若干年后，他成了全世界第二富有的人，甚至一度高居世界富豪榜首位。不过那时，这句话对处在热恋中的苏珊来说并没有多大的说服力，吸引力更等于零。无奈之下，巴菲特只好曲线救国，在苏珊的父亲身上下功夫。苏珊的父亲汤普森对这个长相平平但出奇精明的年轻人非常欣赏。

苏珊和布朗出现矛盾了。

这一切当然没有逃过细心的巴菲特的眼睛，他一直密切关注着事态的发展。把握时机是股市投机人的特长啊，巴菲特和苏珊开始频频幽会。苏珊惊奇地发现，这个男人并不像自己当初想象的那样，事实上，他有相当独特的幽默感，而且头脑清晰、判断准确，苏珊感到自己被深深地吸引了，两个人的泛泛之交很快升华到激烈的爱情。苏珊的姑妈回忆说："他们彼此疯狂地迷恋着，他们互相坐在对方的大腿上接吻，这真是太可怕了。"

4. 幸福

巴菲特这个低调而刻板的老头子在年轻时居然会有那么热烈的爱情，大多数人恐怕对此都难以置信，但这的确是事实。在巴菲特看来，苏珊具有深刻的理解力，而这正是他最需要的东西。巴菲特的童年家境富有、父母笃信宗教、家庭充满温情，但巴菲特的妈妈是个完美主义者，每当她完美的设想遭遇挫折，就会毫无征兆地爆发，巴菲特经常成为受害者，被毫无理由地痛骂。即便在巴菲特有了儿子以后，他妈妈的这一性格也没有丝毫改变，一次，巴菲特的儿子打电话给自己的祖母，却遭到长达两个小时的数落。在祖母的言语中，他成了一个一无是处的废物。放下电话，巴菲特儿子的眼中充满泪水，巴菲特只是淡淡地说："你终于知道我每天过的是怎样的生活了。"

股神童年的创伤在苏珊那里得到了抚慰，苏珊爱心满溢的心灵对巴菲特来说是疗伤的圣药。巴菲特说，苏珊就像一个出色的医生，把自己心灵的荆棘一根根摘掉。还有一次他说，他一直是个孤独的人，直到遇到苏珊才有所改变。苏珊对待巴菲特像对待一个大孩子，而巴菲特对苏珊也非常依赖，他让她付账，由她照顾孩子，除了生意，几乎任何事他都交给苏珊来打理。每当苏珊走进房间，巴菲特的脸就会一下子明亮下来，苏珊用手指梳理他的头发，为他整理衬衫和领带，坐在他的腿上，紧紧地抱着他，这时候，巴菲特是最安全、最幸福的，远离了严厉的母亲，也远离了生意场的争斗，他的眼中只有苏珊一个人。

21 岁的时候，巴菲特与苏珊结婚，两人住在一套每月 65 美元租来的三居室公寓里，房间很破败，经常有老鼠出没，这样的生活和巴菲特承诺过的"富有"简直是相差太远了。他们有了自己的女儿，但是天性节俭的巴菲特没有钱更不愿意花钱去为女儿买一张小床，只好把一个抽屉铺上褥子，把女儿放在里面。后来，他的经济情况改善了一些，但仍是不舍得花这笔钱，而是向邻居借了一张婴儿床。

贫穷并没有拆散这对夫妻，但富有却做了贫穷没有做到的事情。苏珊的好友说过："苏珊是个很有情趣的人，她是一台彩色电视，和她比起来，大多数人都是黑白电视。"不幸的是，巴菲特就是黑白电视中色彩最黯淡的一个。

巴菲特极其不注重自己的着装，他的衣服总是穿到破得不能再破的时候才换新的。当然，《华尔街时报》也拍到过巴菲特身穿价值 1500 美元名贵西装的照片，但这太罕见了。苏珊为他买的衣服他经常不穿，或者干脆退掉。有人问巴菲特，为什么一直不肯穿贵重一点的衣服，巴菲特用他特有的幽默回答："我并不是不穿，只是名贵的服装穿到我身上也就显得便宜了。"哈哈，这点与老花我的性格好像啊！苏珊喜欢丰富多彩的生活，她怂恿巴菲特参加了一个"美食俱乐部"。一群夫妇集合在一起，这个月吃瑞典牛丸，下个月吃法国油煎薄饼，但巴菲特每次来到俱乐部，总是乐呵呵地要一份汉堡包，这是他百吃不厌的食物。

5. 怪怪的关系

慢慢地，苏珊对这样的生活失去了耐心，她不想继续做一名全职太太，每天照顾丈夫的饮食起居，而没有自己的生活、自己的爱好追求。她想到了年轻时就喜欢做的事——唱歌。苏珊认识巴菲特的时候，就经常在餐厅里唱歌，现在，她想重新找回自己当初的梦想。1975年左右，苏珊开始尝试在私人聚会的时候演唱，很快就在正式的夜总会登台亮相，她穿着亮闪闪的衣服，看上去曲线玲珑、性感迷人，大获成功。巴菲特这次百密一疏，没有意识到潜在的危险，而是热心地鼓励："亲爱的，尽量去做让你高兴的事情吧。"但他万万没有想到，这是他婚姻危机的开端。这时候，巴菲特早已实现了自己当初的诺言，苏珊拥有的巴菲特公司的股票价值30亿美元，这让她更有能力去追求当初的梦想，一劳永逸地逃离没有关爱的婚姻生活。结婚25年以后，45岁的苏珊决定自己搬到旧金山单住，她向巴菲特保证说，她将继续照顾他，这并不是法律意义上的分居，他们仍旧是夫妻。

苏珊在5000公里外关怀着巴菲特，有时候，他们也同度假。但慢慢地，苏珊越来越发现独居的好处，于是，一个大胆的想法出现了，为巴菲特找一位全职主妇。毕竟，她不能让自己法律上的丈夫每天以花生和爆米花为生。她介绍奥马哈的几个女人去接近巴菲特，邀请他看电影或者为他做一顿晚餐，孟克斯就是这些女人中的一个。

当时，孟克斯只是苏珊在演出时认识的一家夜总会的女招待，但她以一手出色的煲汤手艺赢得了巴菲特的心。最后，她搬进了巴菲特的老房子，两人开始了同居生活，巴菲特又能穿着熨得整整齐齐的衣服出席那些重要场合了。孟克斯和苏珊一直保持着良好的朋友关系。每逢节日，她们会联名为朋友们馈赠礼物，落款依次是"巴菲特、苏珊和孟克斯"。苏珊和孟克斯有着良好的分工：孟克斯负责巴菲特每日的饮食起居，苏珊则保留着在巴菲特公司的董事席位，并陪同他参加一些重要的外事活动。巴菲特朋友早已习惯了这样的情景：巴菲特在晚会的主席台上发表讲话，台下并肩坐着他的妻子和他的同居女友。巴菲特的女儿也欣然接受了父亲的这位生活伴侣。

刚认识巴菲特的时候，孟克斯只有30岁，是"法国酒吧"的一名普通服务员，相貌平平、朴实无华，这位来自立陶宛的移民和亿万富豪巴菲特有着天壤之别，但这样不可思议的事情真的发生了，她很快开始和巴菲特同居。孟克斯的到来为巴菲特的生活带来了阳光和安宁。现在，巴菲特又能体面地出现在董事会或者镜头前了。如果说苏珊安抚了巴菲特的心灵，那么可以说孟克斯安抚了巴菲特的肠胃。一直以来，巴菲特热爱的都是热狗、汉堡包、冰激凌、爆米花等高热量高脂肪的食物，每当晚餐过后，他都会吃一块厚厚的香草冰激凌，涂上很多巧克力和麦乳精。孟克斯说，巴菲特的血管里流淌的不是血，而是可乐，先是百事可乐，然后是可口可乐，一种樱桃可乐更是他的最爱，他每天至少喝 5 瓶樱桃可乐，即便在早餐时也不例外。巴菲特说，只有这样，才能满足他每天 2800 大卡的必需热量，让他不至于在未来 25 年内早早饿死。现在，孟克斯在冰箱里塞满可乐，把家收拾得井井有条。巴菲特说："早晨，在离家前往办公室的时候，我真想跳一场踢踏舞。"对 70 余岁高龄的巴菲特来说，这并不是措辞上的夸张。

6. 不变的承诺

新娘孟克斯在婚礼上兴致很高，毕竟，这是她 60 年人生中第一次登上婚姻的殿堂。巴菲特的女儿在接受《纽约时报》访问时对父亲的选择表示由衷的欣慰："我们真的很感谢她，她爱我父亲，一直照顾他，即使他一文不名，孟克斯还是会跟他在一起。"

他事先在奥马哈市一家珠宝店为孟克斯买了一枚钻戒。55 年前，他也是在这家珠宝店为前妻苏珊购买了结婚钻戒。对巴菲特来说，生意和生活已经紧密地联系在一起，不可分割，即便是对待婚姻，他也保持着一贯的理性、保守和老派。

与苏珊相比，孟克斯显得默默无闻。这个巴菲特晚年最重要的女人极少出现在镁光灯下，却 30 年如一日地默默支持着心爱的男人。"无论贫贱还是富贵，只有死亡能让我们分开。"婚礼上的誓词虽然说得略晚，但却早已是孟克斯心中不变的承诺。

传奇谱 ⑫
一个空姐在股灾中发财的故事

金蒂是个漂亮的姑娘，是个既聪明又漂亮的姑娘。她喜欢游泳，更喜欢旅游，一年大概要出国上百次吧。

或许你会问："太扯了吧！一年才 365 天，那她岂不是三四天就出国一趟呀？"而且每次去的国家还不一定相同。这有可能吗？

有可能，因为金蒂是空中小姐，看空姐的故事你会不会比看纯股评文章要爽一些？

空姐，股民，与现在的股市有关系吗？

也是有的，因为现在的股市正在闹股灾。而金蒂正是在东南亚金融危机期间出名的。

那是 10 年前，难忘的 1998 年，看来带 8 的年份不是什么好年份。东南亚爆发金融危机，泰国股市暴跌，多少财富顷刻间灰飞烟灭。

人确实是不同的，多数人在危机面前看到的就是危机，而少数人则是在危机面前看到了战机，金蒂就是在危机中坐在客机上看到了战机。

在泰国股市跌得最狠的时候，金蒂正随乘务组飞到了曼谷。在其他的空姐蜂拥到商场买便宜货的时候，金蒂却来到了证券公司交易厅。

股票真便宜呀，股价还一动一动的，怪好玩的！在别的投资者脸发绿的时候，金蒂红着脸把自己事先准备好的大多数积蓄换成了股票。原来这个小姑娘是个股市赌徒，要说明的是她平常可不乱赌的。她的爸爸是炒股老手，告诉她遇到股灾可以赌一把，赌赢了，一把就比前半生赚的钱还多，赌输了依然上班。

由于买股票和期指单，金蒂误了回程航班。

虽然金蒂事先估计到了买股票可能会误了航班，因此特意交代了一个平时要好的姐妹承担了她的工作。尽管如此，机长依然震怒，通知她一上班就来办公室接受处理。

然而，金蒂上班后的第一件事情就是递交了辞职报告。因为，她赌赢了。她买完股票后，股市强烈反弹，她一把赚的钱比此前半辈子赚的还要多。

如今，金蒂在世界几个风景如画的城市拥有自己的私宅兼操盘室，过着无忧无虑的投机生活！她还准备在世界金融危机再次来临时，再大发一把股灾财！

传奇谱 ⑬
一个"富二代"的股市传奇

资本市场的神奇力量是常人难以估量的，它能使一个人被彻底地毁灭，也能造就一个实业难以出现的奇迹。

1. "小超人"

李泽楷是一个"富二代"，他的爸爸李嘉诚曾是世界华人首富。

这个"富二代"真正为世人广泛瞩目，并同父亲比肩而立，是从1999年开始的。当年5月中旬，李泽楷购入得信佳集团的股票，改名盈动数码上市。当天，股票狂升23倍，李泽楷的个人财富也由15亿港元升至100亿港元以上。之后一路攀升，短短几个月内盈动的市值暴升至2200多亿港元，成为香港市值第六大的企业，被称为中国香港经济界的一个奇迹。

有人说，李泽楷一天的收益相当于其父一生的努力。更有人戏言：李泽楷一天赚了他老子一辈子挣的钱！

从得信佳到盈动数码，李泽楷完成了迄今为止亚洲最大的企业并购案，成功地收购了香港电讯。购并后的公司成为一家市值超过700亿美元的宽频互联网集团，市值超过了长和系，成为仅次于中国电信及汇丰银行的全港第三大市值公司。

然而，这仅仅是个开始，李泽楷在心中有着更高的追求：创建全球最大的宽频国际互联网业务，他要力争走在科技时代的最前面，勇做时代的弄潮儿。

李泽楷毕业于斯坦福大学电脑系，因此特别关心科技的发展。李泽楷说："早在大学念电脑工程系时，就已经对科技行业产生兴趣。"

创立卫星电视并将其出售，可以说是李泽楷在其创业历程中做出的第一次非常漂亮的"亮相"，技惊四座。

1991 年，中国香港政府发放卫星电视牌照，李泽楷向父亲借了 5 亿港币，成功投得香港首个卫星电视。1991 年 5 月，卫星电视开播，在两年的时间里，就覆盖了将近 50 个国家或地区，拥有 5300 万个家庭用户，广告客户包括万国宝通、大通、百富勤、国泰航空等著名商业伙伴，李泽楷靠自己的努力建起了一个卫视王国。

就在卫星电视初具规模、事业蒸蒸日上之际，人称"小超人"的李泽楷又有超人之举，将自己全力创建的卫视出售。

1993 年 5 月，在加拿大的一艘游艇上，李泽楷仅由一位私人顾问陪同，进行了一场出人意料的谈判，他将卫视 64% 的股份售与有意开拓中国市场的传媒大王、新闻集团主席默多克。这一转手，李泽楷净赚 4 亿美元。靠出售卫视股份获得的收益，李泽楷做出新的决策，借壳在新加坡上市，创建盈科拓展。一直想走出父亲光环的李泽楷，从此开始自立门户。

1998 年 6 月，李泽楷正式向中国香港政府提出"数码港"计划。1999年 3 月，李泽楷取得"数码港"项目的发展权，这成了他事业腾飞的起点。李泽楷指出，数码港可吸引跨国企业来港，不仅可以将先进的资讯科技引进香港，还可以汇聚人才，促进租户之间的技术转移。由于邻近香港中区及香港大学，数码港可促进商界与其他高等学府的联系，有助于推动软件和资讯服务的研究和发展。

"高科技是个高风险和涉及巨额投资的领域，高科技公司需要不断寻求进步，发展新项目，适应资讯时代的变化，才能在市场上立足。从长远而言，我相信高科技公司之间会建立伙伴关系或收购合并，或组成战略联盟，利用自己的技术及市场知识，发展一些彼此有共同志向和经营利益的项目。"这是李泽楷对高科技行业的见解，也是盈动投资策略的写照。

虽然李泽楷现在置身商界，但他还是策略及国际研究中心、世界经济论坛、国际电讯联盟顾问团、哈佛大学国际发展中心国际顾问委员会的成员。凭借以上的身份，加上其独特的背景，李泽楷和科技界精英建立了沟通的渠道。这对他正确判断经济发展的趋势，开拓自己的事业，其益处是不说自明的。

2. 榜样

李泽楷曾私下透露他最崇拜的科技人物是微软主席盖茨，"我很欣赏盖茨白手起家的创业精神，他19岁便创立微软公司，凭着独特的眼光和商业头脑，成为资讯界最具影响力的人物，微软的产品已成为现代生活不可缺少的一部分"。

其实，除了盖茨之外，中国台湾出生的雅虎主席杨致远也是"小超人"欣赏的科技界精英。李泽楷说："雅虎的成功例子，说明一家小型的科技公司，日后也可发展为科技界巨人。我觉得创业精神和强烈的事业心，是他们获得成功的关键因素。"他相信，随着信息时代的来临，香港将会陆续出现像雅虎这样的公司，他们的成功，必会给香港的发展带来好处。

李泽楷回到中国香港后，至今历经的创业路程虽然短暂，却给人们留下了深刻的印象。其中发人深省的是，通过创业实践，一代新人李泽楷创出了自己的经营新理念：提出网络概念，推动股价飙升，收购老牌公司，完成虚拟资产实体化。

具体说来，首先是通过提出高科技概念，公司转型为高科技公司，股票随即成为网络概念股。在甚嚣尘上的"新经济"鼓吹、支撑下，网络股价飙升，公司规模膨化，虚拟财富剧增。

相当多的网络公司至此就止步不前了，这正是它们致命的失误。李泽楷没有到此止步，他继续利用盈动的虚拟资产和财富效应，对具有实质资产和盈利能力的老牌公司成功实施了收购，从而完成了虚拟资产实体化最为关键的一步。李泽楷在得到"数码港"的资讯园区开发权后，采取借壳上市的办法，创立盈科数码动力，以及其后的收购香港电讯，其中所采取的一系列经营战略，就是他这一经营新理念的很好体现。

3. 股市奇迹

被李泽楷选中用来上演股市神话的道具"得信佳"是一家不甚出名的上市企业。被借壳的"得信佳"公司，在消息没有确定前，股价已由0.04~0.06元反弹到0.6元，这个升幅已经相当的惊人。但是在正式公布借壳恢复挂牌的当天，得信佳股价15分钟之内从0.136元猛升至3.22元，升幅达到了惊人的23.6倍，立刻成为一家市值千亿港币的企业，相当于李嘉诚长江实业市值的2/3。虽然"得信佳"在当天收盘时的股价回落到1.83元，不过升值仍有 13.4 倍，创下香港股市的单日升幅纪录。得信佳市值由 40 多亿元升至 600 亿元，一天增加了 500 多亿元，成为全港第 11 大的上市公司。

整个借壳计划已酝酿一月有余。在百富勤总经理梁伯韬的协助下，李泽楷以香港数码港发展权无偿注入及总值 24.6 亿港元的地产项目为代价，换取得信佳 75% 股权并握有一批可换股债券。同时，得信佳向市场发售 57.59 亿股新股。借壳完成后，得信佳更名为"盈科数码动力有限公司"。

1999 年 12 月 23 日，对于盈动股东无疑是一个难忘的日子。该股票前晚在美国场外交易所市价突然急升逾 1 倍，至 2.75 美元（约 21.31 港元），加上市场传出盈动与美国微软正研究互换股份，并将在美国科技股重镇纳斯达克市场上市，在种种利好传言刺激下，盈动激升 4.55 元，至 15.6 元报收。在当日港股 165.9 亿元的成交额中，该股竟占了 1/3，成为唯一的市场焦点。盈动数码市值也由前日的 920 亿元，一跃上升至 1299 亿元，一日之内急涨 379 亿元，排名也跃至第八，已逼近其父李嘉诚创立的长江实业。

由李泽楷控制的香港盈科数码动力（简称盈动）公司，从 2010 年 10 月底下探 5 元低位到 2011 年 1 月 3 日突破 20 元高位。在短短的一个半月内，盈动数码完成了 4 倍的升幅，更创下单日逾 40% 的升幅，其市场表现令股民备受鼓舞，成为香港证券史上一个不灭的神话。

盈动公司是除日本以外亚洲最大的投资互联网公司，李泽楷本人则希望在数年内超越全亚洲最大的互联网投资商孙正义控制的日本软库，成为亚洲科技股新霸主。现时软库的市值约为 5000 多亿港元。

建立盈动王国之后，李泽楷积极入股近 30 家互联网及相关的公司股份，以壮大盈动的资产。其中包括：与英特尔合作成立合营公司 PCC，盈动占 60% 股权；与 CMGI 联盟并互换股份；联合日本光通信入股金力国际 20% 股份。此外，还有通过成立的 CWV 入股东方魅力、时富等。

4. 两李较量

李泽楷最令人震撼的壮举就是以小博大，与新加坡内阁资政李光耀次子李显扬争购香港电讯。这场举世瞩目的大较量，被媒体形容为华人社会两大"李姓"家族实力的较量。

那时，市场传出英国大东电报局有意出让所持有的香港电讯 54% 的股份，并正在与李显扬领导的新加坡电讯商讨出售事宜，双方拟定于当年春节后公布合并方案。不过这项合并未得到市场人士的祝福，舆论认为两大电讯合并有利于新加坡电讯打入香港，进而进军拥有 12 亿人口的中国大市场。但合并对香港电讯不利，这不但因为新加坡本身市场狭小，更因为新加坡电讯为新加坡政府所有，涉及管制自由问题。

就在人们以为香港电讯已成为新加坡电讯囊中之物之时，2 月 21 日盈科数码动力突然宣布，已委托华宝德威及中银国际两家投资银行协助评估收购香港电讯的可行方案。李泽楷的突然杀出，令香港电讯峰回路转。按照方案，李泽楷为此次争购将付出 350 亿美元的代价。

新加坡收购香港电讯，关乎香港荣辱。一时间，李泽楷被视为香港的"英雄"，其以小博大收购香港电讯也被视为收购案的典范之作。经过两周的明争暗斗，有"小超人"之称的李泽楷领导的盈科数码动力终于击败李显扬领导的新加坡电讯，成功收购香港电讯。至此这场涉资 3000 亿港元的亚洲最大电讯收购案落下了帷幕。

盈动击败新加坡电讯，成功收购香港电讯，可说是把李泽楷的事业推向新高峰。

成功收购香港电讯后，李泽楷旗下的盈科拓展（新加坡挂牌），及盈动与电讯合组成的新公司，市值达到 5800 亿元，媲美父亲李嘉诚名下的长实及和黄。连同李氏家族名下主要上市企业，总市值已经晋身天文数字。

盈动主席李泽楷虽是长和系主席"超人"李嘉诚之子，可说是含着金钥匙出生的富家子弟，但纵观李泽楷所走过的创业历程，他能够短期致富，超越多位以高科技起家的超级富豪，所依赖的却是他自己的努力，他心中的理财新理念。

李嘉诚当年以塑料花生意起家，靠的完全是自己的生意头脑、吃苦耐劳的个人品德以及数十年的苦心经营。李泽楷自 1993 年创立盈科至今，不过短短 7 年时间。尤其是成功取得数码港起，在短短的一年时间里，公司市值暴增至 2000 多亿港元。在这期间，李泽楷还投资了 30 多家互联网公司，如果每家互联网公司将来都能像 Tom.tom 那样包装上市，将会创出难以想象的景象。李泽楷在短短的几年创业历程中，所演绎出的上述那样一套漂亮的现代经营理念，可以说是年青一代所崇尚的浪漫主义对老一辈信奉的现实主义的革命。

身为香港首富李嘉诚的二公子，被商界的朋友称为"小超人"，其压力可想而知，在李泽楷的人生之路上，他一直试图走出父亲的光环，创出一条自己的成功之路。

5. "富二代"

为了陪伴哥哥，李泽楷13岁时就离开父母前往美国，从小养成了独立自主的性格。他不是长子，没有继承父业的地位，更激发了自强不息的信念。

在美国读书时，日常家务无人代劳，一切都自己动手做。他还经常在晚上到麦当劳打工，去高尔夫球场做球童。沉重的球棒袋损伤了他的右肩肌腱，至今还经常疼痛。据说，李泽楷现在最不愿见到的就是父亲每天必打高尔夫球。

返回香港不久，李泽楷就从家中搬出来住了，独自在太古城居住。现在他仍坚持自己洗衣服、做家务。平时出入也总是独来独往，甚至不要司机，更不聘保镖。在名车云集的香港，他每天代步的坐骑不是老板钟爱的"奔驰"或"总统"，而只是一般公务人员乘坐的普通丰田车。

李泽楷为人低调，在美国读书时，同学中甚至很少有人知道他是一位富家子弟。他的同学回忆说："他并不希望自己与众不同，我们能够成为好朋友，是因为他一点也不像富家子弟。"

工作后，李泽楷对待同事也很随和。在节假日到来时，盈科公司的职员特别喜欢由李泽楷亲自选定节日礼品。1999年的圣诞节，李泽楷为下属选择的礼品是：一个背囊、一个保温杯、一支笔、一只手表、一个盈动滑鼠垫。

股市加油站

1. 不遵医嘱

一个股民被股市气成了植物人。医生诊断后说：刺激他一下，告诉他，他的股票三个涨停板，兴许会好。股民妻子想：三个涨停刚解套，干脆说五个涨停，让他高兴得痛快。哪知股民一听挺身而起，大笑气绝而亡。医生非常生气：不遵医嘱，擅自加大剂量，后果自负！

2. 最贵月饼

2002 年中秋节，券商营业部给大户发月饼，我代两个大户股友领了并电话通知他们来拿，一个说有事不能来让我自由处理，另一个来拿月饼时随手买了 30 万股股票。后来，我去那个拿月饼的大户家里参加圣诞 Party，在他家里的家庭展览室又看到了那盒月饼，旁边有一个纸牌写着：价格 50 万元！你知道为什么吗？

3. 神奇的板蓝根

公司一台电脑开不了机，几个大神拆开主机捣鼓半天无效。

我路过，手里端着刚冲好的板蓝根。旁边人一挤我，杯洒了，正好浇在机箱里。赶紧擦干，扇风——这时奇迹出现了，屏幕亮了，电脑康复了——祖国医药真神奇！

关键语：

《红楼梦》告诉我们：凡是真心相爱的，最后都拆散了。《西游记》告诉我们：凡是有后台的妖怪，都修成正果了；凡是没后台的妖怪，都被猴子一棒子打死了。

虚掩的门 01
怎样让人生更有意思

现代社会，人生被定义成"为了梦想和兴趣，展开的一场真情秀"。毫无疑问，绝大多数人都想在自己的人生中秀得精彩，活得有趣！而精彩和有趣的主要评价因素是智慧、自由、健康、品德、声誉、财富、幽默、成就。

个体的人生是短暂的，人类的智慧是永恒的！一个个体是否能够领悟适应时代的人类智慧和技能是非常重要的，这是成功的捷径，也是现代文明和和谐社会的需要。也就是说，有限的人生是有永恒的精彩路途，下面是老花的一些人生感悟和股海觉悟，希望大家能觉得有点意思！

老花的感悟主要分为三个部分：人生觉悟、股海技能、机会和梦想！

一、人生觉悟

1. 资源开拓

现代社会是资源社会，而社会上最重要的资源就是人。您是否拥有足够的有效人际资源，是您发展并获得成功的最重要因素。现代社会，人的交际沟通能力和识人能力是最为重要的。

能力水平没有绝对的标准，只有相对的比较。

2. 梧桐树

现代文明是多元化的，人们的友谊是需要共同的志趣和平等的层次来维持的，一件事情的成就也是需要双赢作为前提的。因此，您越拥有有效资源，就越容易获得更多的资源。

常规的有效资源是个人技能、自由财富、传播媒体、人格魅力！

3. 主流与个性

如果一个人能活 80 年。0~20 岁是懵懂与学习的时间，21~40 岁是爱情与奋斗的时间，41~60 岁是享受与行善的时间，61~80 岁是童话和探险的时间。

吃得苦中苦，方为人上人。努力奋斗的时候，必须是策略是主流的，战术是个性的。

4. 优良的习惯是保佑你的上帝

人拥有知识是非常重要的。但是决定一个人行为的因素，不是知识，而是习惯！好习惯是保佑你成功的上帝，坏习惯是导致你失败的魔鬼！

人生最重要的习惯是：复杂的事情简单做，简单的事情认真做，认真的事情重复做，重复的事情创造性做。

5. 目标和动力

人在阶段事务性的努力过程中，是否有切合实际的目标与计划是非常重要的。守正攻奇，年轻时应多闯多试多积累，年轻没有失败；成年时应借势借力借助资源，老谋深算。

人最大的动力是自觉的兴趣与无压力的 PK 竞争！细节决定成败！

二、股海技能

1. 顺势而为

由于市盈率的存在，虚拟的股市比客观的现实具有市盈率倍数的放大效应，也就是说股市的小成功即是现实的大成功，股市中的小失败即是现实的大失败。

这样，我们的行为必须符合概率的大数性，即顺势而为。股市中的势就是指数的价量关系，这个价量关系必须是结合自己能力的具体数值化。

2. 题材是第一生产力

顺势而为主要指的是大盘，而个股选择的第一要素是题材。基本面和技术面因素也非常重要，但要排在题材的后面，或者是一种常规性的题材，最重要的题材应是非常规的。

题材的获得需要信息的习惯性积累与真高手的交流互助，同时保持思维的逻辑和理智，不能凭空无硬性原则地幻想，不能忽略大盘炒个股。

3. 盲点套利

股市是风险投资市场，股价的波动多数情况下是没有规律的。在风险中追寻无风险，在无规律中追求确定性，即是盲点套利。

盲点套利的核心在于分析价格与时间的确定性，形成常规性的"弱势拿明利，强势获暴利"的习惯，"牢记风险，追求稳利，不忘暴利"不动摇，达到"有知者无畏"的境界！

4. 复利是世界第八大奇迹

在股市中处理心理因素远比处理专业技术因素难度要大得多！"恐惧与贪婪"在关键时刻是多数人无法克服，但是不克服又确实不行的，这就是"1赢2平7亏"的最重要原因！

克服"恐惧与贪婪"的利器是理智，股市中理智依据的是对客观的统计性认识，以及让自己的追求和满意度落后于正循环的客观统计，这已经能够保证你创造传奇了。

因为，复利是世界第八大奇迹！

5. 发动机有问题吗?

股市其实是简单的，但是人心很复杂！我们这里指的"人心很复杂"主要有两点：第一点是大家正在用的大众性的股市投资方法是错误的；第二点是许多人有股癌，比如说"看盘瘾""红眼病""心律过齐""持股瘾""永动机症""手痒病"等。

不把坏毛病去掉，好方法、好习惯永无出头之日！如果发动机有问题，那么一切都白搭！消费者也不可能进阶为投资者！

三、机会和梦想

我们不能忘了，人类就是这么可悲：他人的经验，不管多么有益，多么沉痛，对平庸者都不起作用：只有鞭子抽来了，抽到了自己身上，才会知道疼。股市中的人就是这样愚蠢，就是这样无穷无尽地重复着别人曾经无数次犯过的错误。

我们同样要清醒地意识到：正确的方法能够保证投资者保持稳定持续复利的赢，但在某个短时期它表现得不完美；而错误的方法能够保证投资者沦为失败者，但在某个短时期赌博中也能赢几次，甚至因为运气的因素还让人感到兴奋，但是久赌必输。

人生，股市，爱情，其实都是相通的。"只要我们能够梦想到的，我们就能实现！"这是在美国肯尼迪宇航中心西大门上的宣言，也应该是刻在每个"90后"大学生心中的铭志。

为了生活的精彩、家庭的幸福、社会的进步，请大家把自己的潜能多贡献出来一些吧！

最后，送给大家"五千万"精神财富：千万要健康，千万要有梦想，千万要学会积累，千万要有好习惯，千万要豁达向上！

希望大家用这"五千万"资本赢得快乐有意思的人生！

虚掩的门02
优秀操盘手是怎样炼成的

长久以来，在纷繁的股市秘闻中，优秀操盘手的故事是最引人入胜的，也是最令人心潮澎湃的。甚至在一些年轻人的眼中，操盘精英就如一群来无影、去无踪、翻云覆雨的现代金钱侠客。

由于职业特殊、人数稀少的原因，绝大多数投资者和媒体对职业操盘手的了解多限于传说秘闻的这个层次，甚至一些存有偏见的人认为操盘手就是股市庄家的化身，索罗斯是他们这个群体的典型代表！

然而，这些都是不客观的。下面我就以我自己接触的国内最优秀的股市操盘手，给大家描述一下这个群体的真实面目吧。

一、六分胆识

1. 健康的自励英雄观

社会精英与普通人的最大差别在于：是不是时刻有一个切合实际的阶段的努力目标，这个目标正是人类智慧迸发的最大动力。

2. 深厚的人脉网络

现代社会是资源社会，在人们为各种目标奋斗的过程中，最大的资源是有效的人脉资源。在本轮大牛市中，盈利最多的人不是技术最优异的人，而是资源最丰富的人。

3. 丰富的多维阅历

在中国股市中，只有纯散户经历、纯分析师经历，或者纯基金经理经历的人，不可能成为高手，只有那些有多种角度、多种环境经历的人才可能成为高手。

4. 现代的综合装备

现代社会已经进入快鱼吃慢鱼、先进武器打败落后武器的时代。如果你使用的分析方法、实战软件，获取信息的渠道是大众思维的，你不会是高手，只会是运气的奴隶。

5. 敏感的职业观察力

当然天赋也是很重要的，最重要的天赋是侦探素质，如果你没有特工邦德先生见多识广的经历，又没有福尔摩斯的逻辑思维，那你的技术能力提高的空间还很大。

6. 乐观的生活情趣

人生是需要决战的，这是英雄的必经之路；但是人生又不能时刻在决战，血肉之躯是没有这个本钱的，最优秀的人都是很会"吃、喝、玩、乐、游、趣"的。

二、三分能力

1. 盲点套利

你听说过这个理论吗？如果没听说，就先想方设法听听吧！会改变命运的！其中最重要的部分是无风险套利和固定收益的知识。

2. 热点主题投资

每个时间段有每个时间段的主题，这是投机的关键。顺势者昌，逆势者亡。

3. 防范风险

历史证明，A 股中成功的投资者的共性就是规避了每一次大风险、大跌势。

三、一分运气

100 万个投资者中只能涌现一个优秀的操盘手，优秀的操盘手需要一定的天赋，是练出来的，是杀出来的，不是学出来的，但是学习也很重要。

一个优秀的年轻人能想到最浪漫的事，就是像一个英雄一样去炒股，然后，周游世界，挥金如土度过余生。

这才是一个真正的套利者该过的生活！

虚掩的门 03
普通人常见心理问题解析

学习心理学的最大益处是，人们不仅了解该领域的研究成果，还能学会如何进行批判性思考。

一、盈利股出手快，被套股死拿着的原因

假设现在你在赌城下注，你遇到了一个发大财的选择机会：

（1）确定可以获得 10 万美元的机会。

（2）虽然有可以获得 15 万美元的机会，但是机会只有 20% 的概率。

如果是你，你会怎样选择？

这个实验是行为经济学家卡尼曼实际操作的实验。在这种情况下，大多数人会选择更保险、更明确的能获得 10 万美元的第一种情况。

但是在与此相反的情况下，人们更喜欢选择风险系数大的情况：

（1）一定要交出 10 万美元。

（2）虽然会失去 15 万美元，但是因为只有 20% 的概率，不用交一分钱。

这说明：

人们在有利可图的时候，更会选择获得稳定收益；但是当吃亏的时候，为了避免吃亏，更愿意去赌小概率的事情。心理学家称这种对损失的反应更敏感的现象为"厌恶损失"。

通常，人们面临同样大小的利益和损失，来自损失的压力比来自利益的幸福感高出约 2 倍。能充分反映这种心理的典型案例就是炒股票。

股价上扬的时候，我们更愿意选择稳定收益，马上卖出手中的股票，满足于小小的利益。相反，股价下滑的时候，盼望股票再次上涨，放弃稳定，选择风险。人们受到这种倾向的影响，会产生把遭受的损失降低到最小的心理，但最终却容易遭受更大的损失。股市里就有急于出手涨势股，死抓跌势股的心理。我们要认识到这个心理，防止它成为你投资成功的心理障碍。

二、晕轮效应

晕轮效应又称"光环效应"，晕轮效应指人们对他人的认知判断首先是根据个人的好恶得出的，然后再从这个判断推论出认知对象的其他品质的现象。

晕轮效应是指在人际相互作用过程中形成的一种夸大的社会现象，正如日、月的光辉，在云雾的作用下扩大到四周，形成一种光环作用。常表现在一个人对另一个人的最初印象决定了他的总体看法，而看不准对方的真实品质，有时候晕轮效应会对人际关系产生积极作用，在股市中有些投资者对某种不熟悉的投资技术或者某只不熟悉的股票也存在这种现象。

晕轮效应的最大弊端就在于以偏概全。其特征具体表现在这样三个方面：

1. 遮掩性

有时我们抓住的事物的个别特征并不反映事物的本质，可我们却仍习惯于以个别推及一般、由部分推及整体，势必牵强附会地误推出其他特征。

2. 表面性

晕轮效应往往产生于自己对某个人的了解还不深入，也就是还处于感觉、知觉的阶段，因而容易受感觉的表面性、局部性和知觉的选择性的影响，从而对于某人的认识仅仅专注于一些外在特征上。

3. 弥散性

对一个人的整体态度，还会连带影响到跟这个人的具体特征有关的事物上。成语中的"爱屋及乌""厌恶和尚，恨及袈裟"就是晕轮效应弥散的体现。

在股市中，主力机构经常用热点题材制造晕轮效应，炒作某些个股或者板块，我们既要顺应主力的习惯进行适当的投机，又要避免循环证实陷入迷途。

三、心理障碍

通常所说的"心理障碍"有一个比较一般的定义，指没有能力按社会认为适宜的方式行动，以致其行为后果对本人或社会是不适应的。

在股市中，心理障碍几乎人人都可能遇到，如股票被套、行情踏空造成的情绪波动、失调，一段时间内不良心境造成的后悔、焦躁、不接受不同观点，甚至行为异常、性格偏离等。

如果投机者产生心理障碍，非常容易出现恶性循环。由坏的投资结果产生坏的情绪，进而产生坏的行为，如报复交易、侥幸交易、一厢情愿交易、不接受正确的信息。

避免和解除心理障碍是投机者增强自己投机能力的最简捷、最有效的手段。

在股市中避免心理障碍的常见办法是，顺势投机，注重选股的确定性，分批控制仓位。

解除心理障碍的常见方法是，在行为犹豫不决时立即选择可接受的结果，在错误已经发生时应立即终止错误的扩大化。

还有一种股市中常见的心理障碍，就是看到机会，因为追求完美而完全丧失机会。改善这种情况的办法是，第一笔先小幅建仓，然后金字塔加大仓位；或者是采用多品种操作增大概率的思维。

还有一种增强心理的方法，就是每个阶段的盈利指标定得低一些，追求复利。不要指望过分地高要求投资结果，不能用有压力的钱进行投资。

虚掩的门 ④
做个像悟空那样的职业股民

（1）如果你爱他，送他去股市，那里是天堂！如果你恨他，送他去股市，那里是地狱！到底是进天堂，还是下地狱，取决于股民的技术和方法。

（2）中暑者，发昏也。人们最容易中暑的事情有：第一是爱情，第二是股市，一旦中暑，都是阳光大道偏不走，地狱无门自去投。

（3）一项高难度的技术的熟练掌握，需要天赋和后天努力的结合。这里的天赋是指基础素质，这里的后天努力是指不差于工作上的努力（大多数人差得远）。

（4）炒股其实挺难的，股谚说，"1赢2平7亏"。老花股海阅历相对较长，见到的是一批批的机构和大户倒下去了，站起来的人却要少得多。

（5）炒股其实不难，因为入市门槛很低，绝大多数股民足够傻，大庄家的坐庄操纵规律很明显，只要你不中暑，比工作、比经营实业容易得多，获利也多得多。

（6）股市中成功的标准是巴菲特，平均年盈利率为18%。只要是明显高于你能够从事的其他行业的收益，当然是要用持续稳定可靠的方法获得的，但不能是依靠运气赌赢的。

（7）巴菲特股市的年平均盈利率为18%，已经是全球首屈一指的股王了，是世界首富（有时是第二富）了，这不很能说明问题吗？

（8）巴菲特的成功关键是稳定持续与资金规模，并且扬长避短。价值投资与长线也是巴菲特的投资风格，但这只是他成功次要的原因。

（9）正确的投资方法能够保证你最后获得其他行业不可比拟的暴利，但是它不是完美的，在局部阶段也会不如意。

（10）错误的投资方法能够保证你今生最惨重的一次打击发生在股市中，但是有时因为运气的原因，局部阶段也能吃几回红烧肉。

（11）正确的投资方法应该是简单易行的、顺势而为的、价时明确的、择股也择时的、大数原则的、因地制宜的、扬长避短的、盲点思维的、中庸持久的、多向思维的方法。

（12）正确的投资方法忌讳复杂滞涩的、装神弄鬼的、没有硬性条件的、空洞幻想的、适应人性弱点的、羊群效应的、依靠感觉赌博的、孤注一掷的、极端绝对的方法。

（13）正确的方法是自成体系的习惯，是对现时和未来结果的认可；不是对他人看法的临时民主集中，不是对高手的修正，不是一厢情愿，不是简单的免费午餐。

（14）内因是关键，外因是补充。决定人行为的因素是习惯，不是知识和提示。已经养成的坏习惯不根除，好习惯永无出头之日。

（15）股市中能力与运气并存。能力是可控的必然性因素，运气是不可控的偶然性因素，要清楚自己的能力和市场的运气，输赢靠能力，黑马靠运气。

（16）知己知彼，百战不殆。你对市场了解吗？比如交易制度、市场的价值、市场的交易成本、其他类型的投资者、箩筐套鸟的游戏，以及你自己的优缺点、强弱势？

（17）你能够有效地抑制自己的贪婪和恐惧吗？自己的心跳跟着股市分时 K 线同步波动吗？是永动机？用自己的能力与整个市场上的最好运气去比吗？

（18）有知者无畏，控制好仓位是调节好心态的唯一灵药，在内行的眼中没有踏空的概念，没有跑输大盘的概念，没有当逆市英雄的概念。追求这些想法的都是外行。

（19）股市中的内行里手往往都是悲观主义者，内敛谦虚的，注意确定性的，应对思维的，会生活的，性格宽容幽默的。

（20）股市中的失败者往往都是幻想主义者，极端嚣张的，一根筋的，无端预测的，全部人生陷入股市的，以自我为中心的，易怒的，大脑进水神经紊乱的。

（21）股市是虚拟经济，与实体经济不一样，如果你非得用实体经济的知识分析股市，那么你是外星人，股市喜欢羞辱外星人。

（22）股市是一个少数人赢的战场，如果你只懂证券从业人员考试中的课本知识，那么恭喜你，你刚好具备了成为消费者的知识。

（23）许多散户错误地认为，主力、机构、大户、专家、从业人员是万能的，他们的投资成果很令人羡慕。千万别羡慕迷信哥，其实哥亏得更多！

（24）大家经常看到的国家媒体分析师其实是外行、假内行、失败者、财经算命先生。遇到基础素质不够的还好，最可怕的是那些逻辑思维还比较强的外行，颇有骗人骗己的欺骗性。

（25）真正能够不依靠运气依靠能力持续盈利的人是很少的，他们也不是对股市的任何阶段、对股市的任何事物都明白，只明白其中的很少一部分，其实这已足够了。

（26）许多股民最常见的职业病是报喜不报忧，千里走单骑记得很清楚，走麦城记不住。明明是菜鸟消费级别的，伤痕累累，心和嘴还很硬，敢在熊叔面前舞大刀。

（27）股市盈利包括获利和避险两个部分，不会空仓就不会赢钱。会买的是徒弟，会卖的是师傅，会空仓的是掌门，会做空的是索罗斯。

（28）有的股民是常满仓。不是巴菲特却想干巴菲特的事，不是杂技演员却想玩空中飞人，小车不倒只管推，一直推到熊叔的沟里去。卖一只股票紧接着就要买另一只股票。

（29）长线投资者的最常见持股方式是：赚钱不卖，赚大钱不卖，平本不卖，小亏不卖，大亏卖掉了。也难怪，常在岸边走，难免不落水，谁能抗得过辣椒水呢？抗不过的。

（30）最近有一个股友问老花，小飞复权后价格是好几千块，如果做长线赚惨了。这是不懂股史，当初的小飞价格就不低，配股复权不赚钱。

（31）有人说，炒股为什么不最低点买最高点卖？谁都想这么做啊，关键是做不到。其实更好的方法是，花2元钱中500万元。

（32）经常有人说，我当初看好某股，某股现在翻了多少倍，以显示自己的能力。没用，纸上谈兵与真刀真枪干不一样的。

（33）事后的诸葛亮好当，事前的司马懿可不好干。有的股友你就是事先告诉他1+2等于3，把3写对也不是件很容易的事。

（34）炒股需要心态平和，娱乐精神是必需的。有压力的钱，急于扳本的钱，热锅上蚂蚁的钱很难赢，而且容易大输。

（35）有的人自己深思熟虑买的股票不涨，给别人随便推荐的个股却涨得很好。这是因为好股票是有缺陷的，没有缺陷的股票好不到哪里去。

（36）有的人跑得比黑马还快，黑马还没跑，他先跑了！其实没什么，这也是老花常犯的错误，输赢靠能力，黑马靠运气。

（37）情场失意，赌场得意。股民每当失恋时，被异性拒绝（24盏灯全灭）时，两口子打架时，赶快选股啊！重仓某股时，不能同异性说我爱你，那只股票会听见的。

（38）发生重要的失误往往会是对称的，被重套之后常常会失去下一次重大机会，狠狠踏空的人往往又会被套在重要头部。

（39）股票是有股性的。股性有活的，有死的；有顺势的，有逆势的；有越买越涨的，有越买越跌的；有越卖越跌的，有越卖越涨的。不熟悉股性，会很烦人的。

（40）所有与心理因素有关的金钱游戏，都具有杀大放小的特征。看好不敢买的时机和品种都是不错的，看好又敢重仓干的时候马上要出笑话了。

（41）股市多数时间、多数事物是不可预测的，但是某些短线时刻的惯性是可测的，某些方向性的趋势是可测的，某些品种的底线是可测的。

（42）在股市中发大财需要的是许多小利润加上一个大利润，你的主力资金等到并抓住一个几年一遇的最佳机会很重要，同时不能有一次大失败。

虚掩的门 05
"职业杀手"的六个利器

很多投资者都梦想成为股市中的"职业杀手"，但是一直不知道怎样才能成为职业杀手。职业杀手的素质要求是：具备良好的基础素质、完备的专业知识、丰富的职业经历。职业杀手的常用技术是：第一盲点套利；第二热点投机；第三空仓等待。下面我就把六项被职业杀手视为经典生存的利器做个详细解释。

1. 基础素质

"职业杀手"要求的基础素质主要有信息反应速度快、逻辑推理能力强、多维应变思路广泛。这项素质有部分是你投资股市前已经形成，一般情况下，在股市中，中年人的基础能力强过其他年纪的，女性强过男性，理工科学历强过文科学历，走南闯北的胜过井底之蛙。但是没有经历过刻意自我训练的人，素质都不够要求，最常见的训练有韧性提高、对抗反应迅捷、多维敏感度强。

2. 专业知识

专业知识主要有法规制度、管理部门的决策倾向、主要博弈对手的状态。这方面最关键的因素是：认识环境，适应环境，利用环境。同时要不断地更新知识与学习他人的长处。比如说创业板的出现、ETF基金的交易制度变化到底给市场带来什么机会和风险。

3. 职业经历

股市的知识运用有着非常强的时机性和对抗性，"职业杀手"必须对市场各方面的因素了解熟悉，最好是有过实际经验，没有连续8年的独立交易经验，难以积累足够的专业厚重。军人的能力是杀出来的，不是练出来的，但是有目的练习是你杀出来的前提。

4. 盲点套利

东方人的最高智慧就是盲点套利，中国股市更是这样。盲点套利的核心要素有三：第一是低风险或者风险可控；第二是利润明显且有期限；第三是盲点能够转为热点。这三个要素连接的关键因素是双轨价格与利益效率，事实证明这项技术是投机者发生质变的首要智慧。如果不熟悉盲点套利技术，投机技术上升的空间就依然很大。

5. 强市波段

强市波段是在大盘处于强势"博傻"阶段时对盲点套利的最好补充，在大盘处于超强市波段时"博傻"也是一种比较聪明的做法，不过需要注意的是，这种做法不是全天候的，过多地滥用会与其他的大众技术分析和大众基本分析一样，在股市中是取死之道。超级短线的三个应用要点是关注连续大成交量、关注主力意愿动向、关注最新热点题材。

6. 弱市空仓

沪深股市的股价运动规律有三：

第一规律是讲大盘的：绝望中新生，迟疑中上涨，欢乐中死亡，希望中下跌。

第二规律是讲个股的：长江后浪推前浪，前浪死在沙滩上。

第三规律是讲心态的：短线变中线，中线变长线，长线变贡献。

股价涨跌是有规律的，总体脉络是从欢乐到死亡，从后浪到沙滩，从短线到贡献。因此你必须在欢乐的时候、后浪的时候、短线的时候及时退出空仓等待。在沪深股市不会空仓就不会赢钱，不会空仓的下场就是死亡、沙滩、贡献。

虚掩的门 06
沪深股市常用实战定理精选

股市实战技术的学习是一项枯燥的活动，很多人希望能够存在一些简单的原理，投资者通过熟记和理解这些原理，使自己的投资技术不断地提高。下面就把职业机构总结的沪深股市必须要了解的定理原则做些介绍，供读者借鉴和参考。

一、投资基础素质定理

在实战中投资者应该具备的关键素质有五项：

（1）思维情绪正常理性，没有压力干扰。不能让股友、上级、股东、亏损、希望等因素使得你的操作受到修正，许多正确的事情稍做修正就会发生质的变化。

（2）逻辑推理能力强，本能性反应快。每个阶段既要有候选的必然性机会，也要有成熟的适应自己的盈利模式，还要有应变的资金和筹码。

（3）足够的耐心，能够排除偶然性诱惑。把资金和精力集中在自己能够把握的机会上，没有足够的大盘成交量，没有必然性机会一定要等待，沪深股市亏钱比赚钱容易。

（4）操作应该果断，坚持数量化的应变原则。不能有依赖性倾向，这种依赖性包括主力和非量化消息，宁肯放弃机会也不能赌。

（5）有冒险精神，这种冒险是有硬性依据的。对于必然性机会、危险性有限的机会、主动性机会，在遇到对于自己有利的时机时不能放过，要敢于重仓出击。

二、行情性质判断定理

判断行情持续时间和持仓时间的方法有：

（1）连续大成交量是大行情，连续超跌是小行情，除此之外是赌行情。

（2）短线行情炒消息，中线行情炒题材，长线行情炒业绩。

（3）技术套利跟主力，盲点套利找必然，价值投资靠股利。

（4）大盘大量做龙头，大盘常量做规律股，大盘微量做超跌。

（5）隐性题材长久行情，分歧题材短行情，地球人都知道的题材没行情。

三、收益机会判断定理

沪深股市中最常见的机会分为：

（1）大盘成交量比较强势时，多注意成交量最大、换手率最高的初步多头个股。

（2）大盘成交量弱势时，多注意指数严重超跌的时候（PSY 低于 16），股价最低的不会退市的严重超跌股。

（3）定位偏低的最新融资股和再次融资股可以根据量价关系和活跃股性长时间注意，特别是这些股票处于具有逆反逻辑表现和有利权限的时候。

（4）强势机构操纵股价。在沪深股市，一切因素，包括技术分析、基本面分析、题材分析、利益心理分析等所有因素，都要结合强势主动性机构的状态和倾向。

四、信息时效判断定理

在沪深股市分析信息时要注意以下几点：

（1）要注意信息的时效性。沪深股市的信息除了即时反应外，还常常有超前反应和滞后反应的现象，对于滞后反应的消息可以作为选股依据。

（2）要注意信息的深度性。有些信息对于个股的股价具有连续性，比如说某个利好可能使个股出现多个涨停。在单边市中，股价能够使得消息的作用出现单边修正。

（3）要注意信息的逆反性。对于信息具有强烈逆反性的股票一定要更加注意，这类股票多数情况下容易成为极端股票，大黑马和大白熊都出自这个行列。

（4）要注意信息的联动性。有时一个信息能够起到连带效应和链动效应，这种连带效应和链动效应对于我们短线套利非常有帮助。

（5）要注意消息的主力性。如果消息是主力刻意制造的，那么这个消息代表着主力近期的一个重大趋势决定，要么是拉升开始，要么是出货开始。

五、避免常见错误原则

（1）在大盘跌势中逆势持有筹码，这个筹码的发展方向对你不利，你又没有可靠的后续手段与主动措施扭转颓势的时候，应该设立止损价位。

（2）不要在大涨后过分追高买进，不要在大跌后情绪败坏式地低位杀跌，在犹豫不决的时候遵循50%的折中原则。

（3）选择股票重要，选择时机更重要。选择股票应该避免有明显缺陷的品种，应该避免侥幸心理；选择时机的时候应该留有余地，最好是采取分批修正的方法。

（4）所有的操作步骤一定要遵循：先判断大盘，后判断个股，再判断时机；先判断风险，后判断收益，再判断操作性。

虚掩的门 07
证券市场中发横财的契机

在人们股票交易的生涯中，有这么一种情况，你未费多大的力气，就可以获得令人瞠目的利润。发横财除了需要有极好的运气外，也还得有良好的心态、心理、经验准备。在出现横财的时候，不少交易者由于缺乏经验和心理准备，不但没有增加他们的盈利，相反却立即兑现退出，让掉了后面更大的利润。向大家介绍一些在股市中发横财的经验，希望读者在以后的经历中如果遇到发横财的机会时，比较稳妥适当地抓住它。

一、横财最常产生在极端性的逆转之中

当一个品种出现了万劫不复的下跌走势，成为人见人怕的屎壳郎股，股价必然处于相对上与绝对上都很低的位置。事实上，上市公司的基本面并不是像股价跌得那么可怕，这就为横财的发生奠定了基础。需注意的是，这种股票在大多数情况下确实就是屎壳郎股，谁沾上谁倒霉。这类屎壳郎股票有时会出现意外的消息面变化，通常有利空结束和基本面题材两种，而且股价伴随着价涨量增拉出坚决的大阳，屎壳郎马上就要变成金青蛙了。这种逆转必须是事先盯牢或者身在其中的投资者才能把握，一旦涨停再追就晚了。因此有经验的职业投资者在大盘处于低位选股的时候，总要把一些屎壳郎股也放在自选榜上，一面无心地观察跟踪，一面用小资金埋伏等待，小赌怡情。

二、横财产生于主力有重大得失之中

还有一种情况，就是股价的涨跌与大主力，或者与上市公司大股东有关联的主力有着直接利益，这种股票容易出现非常大的升幅。这种横财机会经常与上市公司的再融资、资产重组、二级市场操作失误有关。因此，一旦某只股票是因为你不了解的原因而上涨的，需要更加注意，一定要快速地把这种原因搞清楚，最简单的方法就是策略性地询问上市公司。

三、横财产生于低市值重大梦幻之中

充满发财的梦想与狂热是股票市场的本性，正是这样的、那样的泡沫出现才使得股票市场得以存在，这与市场成熟不成熟无关。当一个重大的社会题材出现的时候，比如说网络经济、新核心技术等，对应的股票容易出现不可思议的升幅，特别是其中的小市值的股票。与低价股一样，小市值的股票要么股价呆滞，要么就是大黑马，全世界股市的股票都是这样。另外小市值的股票出现大涨的另一个常见理由是与买壳卖壳相关联的资产重组，这则是牛市中创造黑马的一种重要手段，李泽楷就是用这种手段疯赚几百亿元。

四、最后的叮嘱

为了得到横财利润，或得到意外朝你走来的盈利，你首先得有一些小的游戏计划，不是那种正统机械化的东西，而是一个看似不合乎实际却有根基基础的应变计划。特别是在大盘处于超乎人们想象的大跌之后，有这种发横财的念头是正常的，也是职业杀手必须有的。相反，"三无概念"投资者群体却处于恐惧之中，后果必然是变为"四无概念"，甚至是"五无概念"，最后连本钱和老婆也没有了。

在中国证券市场，"职业杀手"的看家本领有几个：一个是常规的稳定获利；另一个就是发横财；还有一个就是不出现大失误。本书所有的技术都是围绕这三点展开的，投资者一定要强化这个思维，只有这样才能成为赢家。

虚掩的门 08
连拉大阳线个股的涨前征兆

炒股票最痛快的事情就是买进一只股票，随后该股连拉大阳大涨，那种痛快劲无法形容，此时男人的自信会超过赵本山，女人的幸福可比章子怡。有无一两套短线绝招，是你能否在股市中生存的前提。下面是一些"职业杀手"身经百战，万金炼成的短线分析技术，供读者参考与借鉴。

一、存在契机导致上涨

有些股票存在着一些上涨的契机，这个契机是证券市场中常见事件，比如说战略投资者持股上市、原大额冻结股上市、公布报表的前期、股权转让公告、公司重组更名、摘星脱帽、重要节日和假期前、有融资目的的上涨。伴随这些契机的股票上涨，常常是主力的刻意行为，因此"弹药"准备得会比较充足，操盘手奉命拉升不用讲究技术。这类股票在上涨的前夕常常已经开始走强，最常见的图形形态是独立走势横向振荡，主力控制的痕迹比较明显，前期有一定的收集迹象，有时发动前有短暂的对敲和振荡，发动的时候大单连续勇猛，第一个大阳线多数涨幅超过7%。

二、出乎意料强势上涨

有些股票的上涨出乎一般投资者的预料，比如该股是百天动也不动的冷门股，或者是前期市场都看坏的板块，甚至前期公布了一些坏消息。这类股票一旦涨起来更狠，不叫的狗一旦咬起来与狼一样的厉害。这类股票常常是低价股或者小盘股，在前一次大盘的高点有放量行为或者长时间处于低位横盘，事先没有明显的放量，但是能量潮指标理想，盘中有时有压盘和尾市打股价的行为，上涨前会因为大盘原因有一次大阴线，或者有一次独立的挖坑。第一根阳线常常是跳高上涨，甚至在大盘跌的时候开始上涨。

三、有大题材配合上涨

也有一些股票既有独立的主力推动，也有许多后来的机构轮番推动，导致该股连续大涨。这类股票则需要有明显的热点题材，这个题材具有市盈率高的效果或者比较震动市场，比如重大社会事件，重大政策直接受惠，个股题材独特。这类股票常常是闪电战，以一个空前的成交量直接推向涨停，甚至直接开向涨停，涨停的封单巨大。有时有大盘重大利好公布，领头涨停的个股也常常有这种特征。

四、严重超跌反击上涨

职业机构重仓控盘的股在超跌后出现的绝地大反弹，被称为"绝地苍狼"。最不能放过的这种机会有两种，第一种是高位控盘股因为资金链断裂原因出现连续跌停，成为市场价格最低的股票，但基本面没有退市的风险。在低位股票会被另外一家非职业机构托管，为了提升市值，该主力会做一次努力，外行干活是比较图速度的，涨得狠就不奇怪了。还有一种是市场大主力重仓的品种，但是由于市场下跌原因导致重套，只要主力有筹集后续资金的能力，该股早晚一定会出现一次让人掉口水的连续猛涨，与第一种不同的是，这种机会比较讲究大盘契机。

五、主力风格猛烈上涨

沪深股市的机构操盘手风格多样，有的温和，有的猛烈；有的属裙带关系，有的靠自己本事吃饭；有的喝酒，有的烟酒不沾。有一些实力较强的机构操作的股票振荡幅度非常大，跌得狠，涨得也狠。因此我们对那些阶段著名的活跃股票和主力要熟悉，这些股票几乎在每轮行情中都会有不错的表现，而且常常成为领头股与明星股。这个技术是一般散户常常忽视的，但是这种意识一定要有，否则许多问题你一辈子也搞不懂。

六、螺旋桨股强势上涨

职业机构常常把那些因为主力控盘而导致的 K 线图呈现小实体多上下影线的股票称为螺旋桨股票。这类股票如果没有明显的下跌趋势，则多数时间以横盘为主，有时会出现连续拉大阳的走势，这种走势的一种是配合送股除权或者其他利好强力拉升，另外一种是出货前的最后一次拉升。在强势市场中，螺旋桨股票常在大盘盘整时候表现较好；在弱势市场中，螺旋桨股票常在股价受到打击后强力恢复股价。

虚掩的门 09
在社会上混的经验集锦

一、中国人成功路径

①获得社会认可的资质；②脚踏实地地做好本职工作；③看清楚强势易变领域；④积蓄培养自己的可交换资本；⑤依附已经成功的强势群体；⑥提升资源等待机会；⑦机会来临时奋力一搏；⑧自己享受生活用钱工作；⑨帮助周围人防范坏人；⑩早点死，并把钱花掉。

二、心理上的蜗居

现代人比较多地为物质上的蜗居而担忧、而奋斗，但为心理上的蜗居而担心的并不多，其实，心理上的蜗居对人的心态、工作理念乃至身体状况等影响更大，狭隘的心胸不仅约束人的发展视野，还让人终日郁郁寡欢而影响身体。

三、时机的控制艺术

早半步可得风光之先，晚半步不冒无谓风险。但不能早一步或晚一步，早一步会成为被枪打的出头鸟，晚一步就是别人牵牛你拔桩，早一步花未开，晚一步瓜已烂。半步就不同了，早半步嫩蕊初放，晚半步瓜熟蒂落。股海路漫漫，赚钱没捷径，宜碎步慎行。

四、少见多怪的原因

有一只小鸡破壳而出的时候，有一只乌龟经过，从此以后小鸡就背着蛋壳过了一生。

五、幸福男人八大要素

①一个任劳任怨不离不弃的老婆；②一个思想深刻思维敏捷聪慧大度的红颜知己；③两三个年轻漂亮靓丽活泼善解人意的女性朋友；④五六个相知相投肝胆相照、关键时刻能倾力相助的朋友兄弟；⑤一份能让自己彰显才能傲然于世的事业；⑥一笔能在一线城市恣意消费享受的资金；⑦孩子知书识礼自强自立；⑧自己文武双全略懂心灵医术。

六、一半物语

女人：一半是天仙，一半是老虎；男人：一半是绅士，一半是流氓；爱情：一半是欣喜，一半是沮丧；家庭：一半是依恋，一半是厌倦；工作：一半是能力，一半是马屁；人生：一半是梦想，一半是现实；股市：一半是做多，一半是做空。

七、股友二三事

①先告诉你三七二十八，然后让你认可四则混合运算结果；②很诚挚地问你为什么 1+1=2，我还真回答不出来；③1＋2＝3，他给写成 4，老师划个×，他说是你的答案不对；④梦说股市，把运气当作绝技，把老花说得肚子疼；⑤被俘后问怎么办？没法办，也可凉拌。

八、股事大道至简

大概率的成功原则是"复杂的事情简单做"。易经、波浪理论、禅学都是高深理论，不是凡人能够轻易学会的，也许几百年才能出一个高手。不是说易经、波浪理论、禅学不好，而是太难学通。股市够复杂了，再把股市和易经、波浪理论、禅学混成一块，会把我这样的平凡人弄晕的，所以不赞成炒股方法复杂化。

九、习惯与习惯积累的力量

播下行为的种子，你就会收割习惯；播下习惯的种子，你就会收割性格；播下性格的种子，你就会收割一种技巧性的本能，以及一种大差不差的命运。工作、生活、股市中都是这样的。

十、成功的真正定义

①成功的三要素：健康的身体，健康的道德情操，健康的经济状况。②成功的推进器：语言文字，独立思想，数学逻辑，历史和地理。③成功的潜能：自由人，外来人，人生贵人。④成功的动力：兴趣，异性，偶像。⑤成功的途径：顺势，专业，交谊，合作。这也是人的基础素质内容。

十一、成功股民的"五千万"资本

①千万要有一条多空的思维控制线；②千万要了解股市的真实客观情况；③千万要明白题材和主力才是第一生产力；④千万别盲信自己没付出就会有免费的午餐；⑤千万难买的技术=六分心态+三分职业+一分运气。有了这"五千万"，再有一些本金，你才是投资者；否则你是赌徒或消费者。

十二、股市中的有知者无畏

①股市中有知者无畏主要是指：知道确定性时间，知道确定性价格；②最好是两者都知道，最起码要知道一个；③这个知道必须是硬性的，不能是胡思乱想的；④如果不一定完全确定，但也需要足够大概率的，这个概率必须有强大背景的博弈思维；⑤不确定时按照坏的可能处理。

十三、投机的网状思维

①看待事物应该是多角度的，强势角度优先；②事物发展的多种可能性都要有所考虑，进可攻退可守；③股市投机不追求极端，而追求稳妥的大概率；④当有几种可能性存在时，选择那种可以接受的并能固定的结果。

十四、宽容、尊严

如果生命中没有大海，我们如何学会包容？那狭窄的以自我为中心的思维，不仅分割了世界，也分裂了自己；不仅抑制着别人，也扭曲着自己。如果生命中没有高山，我们如何体认尊严？尊严不是随波逐流，也不是狂妄自大；尊严是有内涵的力量，甚至沉默着，任凭风吹，纹丝不动。

十五、男女有别

①男，三分天注定，七分靠打拼；女，三分天注定，七分靠打扮。②男，华山一条路，杀出来；女，两条大路通罗马，曲线救国也可以。③男，本能是现实；女，本能是幻想。④男，女人是人生中的装饰画；女，男人是舞台上飘荡的音乐。⑤男，炒股喜欢重仓压一只；女，炒股喜欢多买几只。

十六、熊心壮志

第一个希望是，在空军伞兵师铺天盖地抓俘虏时，在敌人的俘虏营中没有看见你那可怜憔悴的身影；第二个希望是，在红军大部队攻城拔寨的队伍中，看见你那矫健勇猛的身影。

十七、读《王阳明传》有感

世间往往有大困惑，尔后才有大觉悟；因此，不怕有感于其前，只怕无语于其后。灵魂总会在穿越一片黑暗后才能到达彼岸，那是异于平庸生命的灵性新境界。人生应是一次冒险新奇的旅程，没有平实顽强的抗争、漂泊、革命、悲壮、见识、神扬，那是不是有点浪费自己的生命力呢。

十八、功夫在诗外

人的思维和智慧是一体的、贯通的。如果想在专业上认识深刻，达到一定的造诣，必须先在基础智慧、素质上达到一定的高度，犹如"功夫在诗外"。人的基础素质最重要的部分是：正义感，底线原则，骑士精神，网状思维，逻辑演绎能力，毅力，换位思考，普适气场，乐观态度。

十九、精神财富清单

①《肖申克的救赎》（电影）；②《赌博默示录》（电影）；③《扶桑花女孩》（电影）；④《无期徒刑》（小说）；⑤《麦琪的礼物》（小说）；⑥《罗马假日》（电影）；⑦《007 系列》（电影）；⑧《偷天陷阱》（电影）；⑨《男人间的较量》（小说）；⑩《百万英镑》（电影）；⑪《绿里奇迹》（电影）；⑫《半截英雄》（小说）。

二十、人生技术排行榜

①精英术；②识人术；③娱人术；④热门术；⑤盲点术；⑥漂移术；⑦增值术；⑧竞习术；⑨惯毅术。也有另外一种解释，即汉唐九诀：鸣、智、勇、技、奇、情、盟、毅、乐。

二十一、不能犯的错误

南怀瑾：人有三个基本错误是不能犯的，一是德薄而位尊，二是智小而谋大，三是力小而任重。花荣：股民有三个基本错误是不能犯的，一是逆势而为，二是胡思乱想，三是死猪不怕开水烫。

二十二、鸡同鸭讲

有一次跟一个股友聊股票，我们都把对方气到了。我跟他讲顺势而为，他跟我聊逆势抓涨停怎么操作，我跟他说什么样的量能、K 线是危险信号，他跟我说危险信号出来之后还有第五浪。我跟他说波浪理论是玄学，他说我侮辱他的研究成果。最后他把我电话给挂了。

二十三、让财富成为优秀的副产品

所谓投资，就是发现并遵从内在财富的法则，积累你的内在财富，适当的时候，打开你的精神财富的水龙头，你的物质财富将汩汩流出源源不断，并成就你的卓越和你的生命！

二十四、大将军情结

晚上翻 K 线图，容易让人产生一种思考战事，唯我独尊的幻觉。牛熊混杂，需迅速判断；赤壁烧不烧，生辰纲劫不劫，东海神针偷不偷？万物皆备于我。每个人心中都藏有一个雪夜袭蔡州、大破天门阵的大将军。

虚掩的门⑩
寻找股市中的"大愚蠢"

投资者一旦进入股市，如果没有经历高手的直接指点，只凭自学摸索提高自己的水平，其技术成长往往会经历四个阶段：无头苍蝇阶段、单维技术阶段、局部绝招阶段、基本分析阶段。虽然这四个阶段的侧重思路不同，但是每个阶段都有其致命的"大愚蠢"，而"大愚蠢"必然会导致投资者输多赢少、久赌必输的局面。

职业投资者认为，不管处于哪种阶段的投资者，都必须直接把你的精力用于学习"盈利模式"的智慧，并进而进入这个盈利模式阶段，这是股市投资技术的唯一大智慧。凡缺乏博弈性的任何方法，包括人们熟悉的那些固执的技术分析和僵化的基本分析都是"大愚蠢"的经典表现。要想成为胜利者，我们必须先驱除自己脑海中的"大愚蠢"，然后才能树立起本能性的大智慧。

一、无头苍蝇阶段

任何一项具有技术性的领域，凡是新的外行人刚刚进入，无不是处于无头苍蝇阶段。无头苍蝇的最典型表现是：

（1）盲目相信无用信息：这是最没有免疫力的时候，一张白纸最容易受到那些垃圾信息的污染，如电视中的股市评论、报刊中过时的信息、周围股友的情绪等。尽管他们接受的是垃圾信息，但是由于初入市的人选择的时机往往比较好，要么是市场处于高潮的时候，要么是市场处于接近最低点的时候，此时的短线教训不会很深刻。

（2）行动快捷果敢有力：处于无头苍蝇阶段的投资者，没有技术操作的概念，基本上是两个极端的仓位现象，要么是一点点地试探，要么是重仓买进赌一把，但最后都会受到贪婪的影响快速地进入重仓阶段。因此市场要想出现长时间的牛市，必须要有大量的新散户与新机构进入市场，他们与投机性的庄家一起创造牛市。

（3）心态不稳赚小亏大：由于处于迷惘阶段，无头苍蝇在操作上是拍脑袋型的，经常是出现一些小的利润立刻落袋为安，一旦被套则死扛。但股市是有周期的，你选择在市场高潮的热点板块进行长线持股，亏大钱的下场可想而知。处于无头苍蝇阶段的投资者数量可真不少，许多人甚至没有进行过有价值的学习。

二、单维技术阶段

有一部分人，特别是一些业内的工作人员和喜好学习的人，在进入股市后有学习的冲动。但是由于目前国内没有学习实战技术的场所，绝大多数人最先接受的都是证券行业考试读本与软件提供的技术分析基础知识。

这些基本分析和技术分析只能提供最基本的入门概念，与实战的要求还是差距巨大的，用这些简单的武器进行战斗，无异于用长矛大刀与坚船利炮对抗。可怜的是，有些人由于不了解市场的本质，在这个阶段中要么不可自拔，要么彻底否定股市技术。

其实，技术分析没错，基本分析也没错，关键的是技术分析与基本分析必须是活的，必须与市场背景和股价结合起来，同时还要考虑其他投资者、题材、热点等因素。决定市场的因素有很多，基本分析与技术分析只是多维影响股价因素中的一种，而不是全部。

处于单维技术阶段的人最常见也是最致命的弱点就是不管大盘背景如何，永远想赚钱，永远要战斗，控制不住仓位。他们比无头苍蝇要好一点，就是会割肉。

三、局部绝招阶段

一些有一定投资经历也有一些慧根的投资者，他们开始进入动脑的阶段，他们会观察市场的机会和风险，也会用软件进行必要的统计。这点非常像摸着石头过河，有些人还真能摸着几块含金量较大的石头，进而成为阶段的运气型赢家，甚至成为一个阶段的高手，还有些人把一些经验总结成固定的经验教材。但是市场是不断地变化的，过去曾经成功的经验，在变化过后的市场就会失去曾有的神奇，一些所谓的高手可能没有意识到这一点，又重新陷入迷惘的状况。此时的投资者很容易出现情绪问题，贪婪和恐惧的本性又开始起作用，从而陷入追涨杀跌的怪圈。

证券市场是复杂多变的，投资者要意识到这点，并要不断地追随新的变化，在认清博弈本质的基础上，要不断地统计新的变化，只有这样才能摆脱愚蠢进入智慧阶段。要想获得证券投资的成功，除了专业技术的熟练掌握外，人的综合素质提高也很重要。

许多人进入这个阶段，凭着自身能力已经难以提高了，他们不会摆脱市场的惯性思维影响，这就必然会沦为人众中的一员。已经进入这个阶段的投资者，要想更进一步，必须接受更高水平的理论指导。关键是有很多人在这个阶段已经看不清楚哪些理论是有水平的，哪些理论是哗众取宠的。

四、简单博弈阶段

能够进入简单博弈阶段的人们已经是可造之才，这些有希望发财的人已经认清了市场的本质，也能够随机应变地应付市场的不断变化。但是市场就是这样的残酷，可造之才与理财技师还是有差别的。

很多投资者还是避免不了失败的厄运，一些高手能够当一个好的研究人员、一个好的顾问，但是成不了一个优秀的战士。其最主要的原因有两点：

第一点是耐心，机会变成胜果是需要概率重复与时间等待的，尽管这个速度已经比其他行业要快得多，但是人们的耐心抵挡不住贪婪与恐惧，那种分析预测正确，事实没有把握的情况也是高手中常见的。

第二点是细节，有一些关键性的判断还需要细节的掌握，因为证券市场的变化有时间性和众多的竞争者，有时大家比拼的不是对错，大家也许都对，也许都错，但是你要比别人在关键时刻多对一点点，少错一点点，这就是多维博弈。

五、盈利模式阶段

能够进入这个阶段的高手寥寥无几，因为高手的形成不但需要沙里淘金，还需要天赋、毅力与运气。许多原本能够进入高手阶层的投资者在成长过程中，心灵上遭受的创伤已经使他们的信心受到极大的打击，没有信心的人即使是块好材料也将一事无成。也有的人在即将变成高手的时候，他已经没有资金子弹了，身怀绝技无人识的处境也是可悲的，没有真刀真枪的实战积累，即使已经是高手，经过一个阶段的懈怠，武功也会自然消失于平庸之中。

高手比普通投资者高的地方，主要体现在三点：

第一点是心态方面。他们一旦看准了一些关键因素，能够有信心地坚持，不为其他非明确机会所动。

第二点是盈利模式。他们能够根据阶段市场特征快速地建立盈利模式，但是这种盈利模式不一定是百发百中的，但也要是有极高的概率，这样赢利需要重复，不能被某一次失败影响操作。

第三点是细节的把握。这点则是成为高手中的高手的关键，是需要天赋与灵性的。

虚掩的门 ⑪
职业股民笔试题及答案

一、职业股民笔试题

第 1 题：指数大跌时应：1. 空仓；2. 满仓飘红。

第 2 题：中国股市应：1. 投机；2. 投资。

第 3 题：决定人行为的是：1. 习惯；2. 知识。

第 4 题：股价波动的直接因素是什么？

第 5 题：股票分析的最重要因素是什么？

第 6 题：股市是否可预测？

第 7 题：炒股能力体现在哪几个方面？

第 8 题：业内人士的投资结果强于普通股民吗？

第 9 题：失败者最常见的原因是什么？

第 10 题：为什么炒股很难？

第 11 题：为什么炒股很容易？

第 12 题：职业炒手的最终追求是什么？

二、职业股民笔试题花式标准答案

第 1 题：空仓。因为要顺势而为，不赌小概率的运气。

第 2 题：投机。中国股市市盈率高，分红差，融资任务重，背景有特色，不能投资。

第 3 题：习惯。坏习惯不根除，不可救药；好习惯的养成，需要时间磨炼。

第 4 题：买卖供求关系（量价逻辑关系）。

第 5 题：量能的大小，时间和价格的确定性组合。

第 6 题：有些因素不可预测，有些因素可预测。

第 7 题：心态控制、职业技术博弈、运气概率控制。

第 8 题：不一定，1 赢 2 平 7 亏适用于一切群体。

第 9 题：无知者无畏，逆市持股，赌瘾发作，扳本心理，情绪化，心理障碍，修正主义，选择性记忆，麻木状态，怨天尤人。

第 10 题：股市中长时间的结果是 1 赢 2 平 7 亏，自己的能力不足以是那 10%。

第 11 题：股市里都是傻瓜，稍微聪明一点（顺势而为）就能赚大钱。

第 12 题：有知者无畏，修身，赚钱，助友，玩天下。（四好生活：炒得好，吃得好，睡得好，玩得好）

答对了吗？这是相对的花式标准答案。

虚掩的门 ⑫
炒股需要熟悉的证券法规

平常人在股市中炒股最常遇见的事关证券法规的问题有：内幕交易、代客理财、非法咨询、操纵市场、业内禁止等问题。下面把相关的证券法规和需要注意的问题总结如下：

一、内幕交易

（1）《证券法》禁止内幕交易。

（2）证券内幕交易，又称内部人交易、内线交易，是指内幕人员或其他获取内幕信息的人员以获取利益或减少损失为目的，自己或建议他人或泄露内幕信息使他人利用该信息进行证券交易的活动。

（3）内幕人员主要指：上市公司、监管机关、交易所、券商、基金公司、证券咨询机构、证券中介机构知情人员，以及从这些人员得到未公开信息的普通投资者。

（4）常见内幕：基金老鼠仓，未公开的上市公司资产重组及其他影响股价的重大事件。

（5）参考法规文献：《证券法》《证券内幕交易认定指引》。

二、代客理财

（1）合法代客理财：自然人之间的委托理财只要不违反民法通则、合同法以及国家金融法规的禁止性规定，尊重当事人意思自治即应受到尊重，其委托理财合同有效。

（2）非法代客理财：自然人在同一时期内共同或分别接受社会上不特定多人委托从事受托理财业务（非法公募），特别是进行集合性受托投资管理业务的（非法集资），有证据证明当事人假借委托理财之名从事金融违法犯罪活动的（诈骗），委托理财合同无效。上海和西安的一些"民间高手"出问题，就是触犯了这条法律红线。

（3）通俗的解释是，熟人朋友亲戚之间的委托理财为合法，非熟人朋友亲戚且有招揽不特定多人的委托理财行为为非法。

（4）参考法规文献：《证券、期货纠纷》。

三、非法咨询

（1）任何人未取得证券、期货投资咨询从业资格的，或者取得证券、期货投资咨询从业资格，但是未在证券、期货投资咨询机构工作的，不得从事证券、期货投资咨询业务。业务是指获得经济收入的行为，如利用推荐股票收钱。

（2）有经营招揽行为的，推荐股票收取咨询费用的行为，是非法经营活动。如"带头大哥"就是属于这种性质，目前社会上这种现象比较多，这是非法的，也是当前执法机构重点打击的行为。许多"民间股神"出问题都是触犯了这条法律红线。

（3）普通人之间股票交流不违法，如"财经博客"只要没有收钱（证券咨询费）就是合法的。

（4）参考法规文献：《证券、期货投资咨询管理暂行办法》及其司法解释。

四、操纵市场

（1）《证券法》禁止操纵市场。

（2）操纵市场行为指：

第一，连续交易操纵。单独或者通过合谋，集中资金优势、持股优势或者利用信息优势联合或者连续买卖，操纵证券交易价格或者证券交易量。

第二，约定交易操纵。与他人串通，以事先约定的时间、价格和方式相互进行证券交易，影响证券交易价格或者证券交易量。

第三，自买自卖操纵。在自己实际控制的账户之间进行证券交易，影响证券交易价格或者证券交易量。

第四，蛊惑交易操纵。操纵市场的行为人故意编造、传播、散布虚假重大信息，误导投资者的投资决策，使市场出现预期中的变动而自己获利。

第五，抢先交易操纵。证券公司、证券咨询机构、专业中介机构及其工作人员对相关证券或其发行人、上市公司公开做出评价、预测或者投资建议，自己或建议他人抢先买卖相关证券，以便从预期的市场变动中直接或者间接获取利益的行为。

第六，虚假申报操纵。持有或者买卖证券时，进行不以成交为目的的频繁申报和撤销申报，制造虚假买卖信息，误导其他投资者，以便从期待的交易中直接或间接获取利益的行为。

第七，特定价格操纵。通过拉抬、打压或者锁定手段，致使相关证券的价格达到一定水平的行为。

第八，特定时段交易操纵。指在特定阶段，通过拉抬、打压或者锁定等手段，操纵证券价格的行为。

（3）黑嘴荐股问题：大家比较关心的是第五项，抢先交易操纵，也就是黑嘴荐股问题。受到行政处罚的武汉新兰德和北京首放就是因为利用国家特许的证券咨询执业机构地位，在多家公共媒体上推荐股票牟利，构成抢先交易操纵。

非证券执业人员在个人博客上记录自己的操盘日志是合法的。

（4）参考法规文献：《证券法》《证券市场操纵行为认定指引》。

五、业内禁止

（1）证券从业人员不能买卖股票。

（2）法人机构不能用个人账号买卖股票。

（3）持有股票达到上市公司的总股本5%需要举牌，并6个月内不能卖。

（4）行政处罚时限是两年，所列举的五项问题发生两年后，如果不再违法，行政执法机构不再追究当事人责任。

（5）参考法规文献：《证券法》《行政处罚法》。

虚掩的门 13
中国股海游戏的真正秘密

在一项游戏中，游戏规则完备与否和游戏参加者对规则的熟悉和运用能力，直接关系到该游戏的精彩性。在证券投资的"游戏"中，这个道理更加明显。

在沪深股市，对职业机构的研究和了解，无论是机构投资者还是中小投资者，其投资的专门知识、技巧和智慧与获得胜利的要求存在着相当距离。比如说许多投资者可能都没有意识到，沪深市场除了具有西方市场上的常见融资功能外，更重要的是一个"服务"性质的市场，融资重于投资，使得市场的交易由一个个"局"构成。只不过有心人在忙于"设局""布局"和"破局"，并因而成为胜利者；另一部分人，也是绝大多数人，则无知的，也无心的在"中局""陷局"和"迷局"，然后成为贡献者。

认识到沪深市场是一个大局，这个大局下面又有众多的个股小局，是在沪深股市进行证券投资的首要问题。认识程度的深浅决定你的投资命运，基本面分析、技术分析和一切分析都必须在斗局分析的前提下展开，否则没有任何意义，与贡献赌博有区别，只不过是一种不自知的赌博。斗局主要存在形式是：设局、布局、解局、析局、破局和补局；局的构成部件有：箩筐、长绳、米、鸟、人。下面我们就来讨论在沪深市场中怎样斗局，怎样进行斗局分析。

1. 设局

设局是一个大概念。每个阶段沪深市场都会有一个或者几个核心功能，市场根据这个核心功能进行布局。如 1998 年的市场设的是"资产重组"局、2001 年的市场设的是"挤泡沫"局、2005 年的市场设的是"发行大盘股"局。分析设局的主要功能是发现市场走势的主题，机构布局与投资者析局不能与之矛盾，否则是做无用功，甚至自找损失。但是可以在大局之下布一些延伸局，或者补充局。局的设置不是投资者的任务，而是裁判的任务，对于裁判只能服从，不能对抗。有时市场设局的时候会有包装和掩饰，比如说市场在保护投资者的时候要格外警惕，大家不知道看过一些"星哥"的电影没有，保护你的真实动作就是向你收保护费。对于局的包装和掩饰要特别警惕，"温水煮青蛙"不是为了让青蛙好受些，而是为了吸引锅外面的青蛙进来。

2. 布局

布局则是一个具体的概念，主要指一个机构为了实现盈利的目的，弄一个场子。这个场子的功能是"箩筐套鸟"，为了套鸟成功当然也会"撒米引鸟"。最常见的布局方式有：坐庄、融资、套利等。布局的成功与否与参与局的鸟的数量有关，特别是要多吸引一些傻鸟。因为傻鸟不知道沪深股市有笼筐，光知道啄米，更不知道破局。布局是需要成本的，布完局赚完钱，然后成功地把局撤掉称为解局；布完局赚不了钱也脱不了身，这种局称为僵局，僵局如果不能及时解开的话就会导致崩局。

3. 解局

布局容易解局难，市场上机构操盘高手都是解局高手。解局必须在布局的时候就考虑好，只有在局活的时候才容易解掉。解局需要市场氛围的配合，需要有足够的拉绳和撒米技巧。局一旦陷入僵局的状况，则会把局弄明，傻鸟也不来。而且僵局的解开需要极高的技巧或者较大的资源，很多僵局由于长时间解不开，庄家无法继续维持，被迫崩盘。

4. 析局

析局就是分析局的情况，首先是分析局是活的还是死的，活的局要分析局的活动特点与关键点；死的局要分析局有无复活的可能性，一些死局在复活中常会出现暴利；一些崩溃的局也有回光返照的机会，这种回光返照足以让你成为大赢家。

5. 破局

析局过后就是破局，破局又叫猎局。猎局是根据你的析局结果进行套利，要多吃米少碰筐。相对布局来讲，猎局更容易一些，但是如果你没有对抗的意识，盲目固执于基本面分析和技术分析，那结果不是你猎别人，而是别人猎你。

6. 补局

补局是在陷入僵局后进行补救，补救的主要方式有：摊低成本、暴涨出货、热点箱体、李代桃僵。

本部分内容没有涉及股票术语，但是在沪深市场，局的概念比股票术语更重要。

股市加油站

1. 画展

朋友："你这次画展卖出去作品了吗?"

画家："没有,不过很受鼓舞,因为有人偷走了一幅!"

2. 过年

嘉靖皇上缺钱花了,就想反腐败。想严嵩最肥啊!东厂大太监陈洪想春节前动手,嘉靖："别急啊,让人家过个好年。"年后,陈洪："皇上真英明,过个年多抄了 60 万两银子。"

3. 花狐狸

一股友："智慧的花狐狸,你帮我问一下侯司令,假如有关部门公布:下周所有股民只准买,不准卖,大盘会不会暴涨,为什么?"

花狐狸答："不用问,他肯定会说不会涨,因为他是空军司令。"

第八章　休闲炒股
PART EIGHT

关键语：
　　詹姆斯·蒙泰尔：美好生活有 13 部曲，它们是：①不要拿自己和别人作对比；②培养紧密的关系；③性；④定期运动；⑤足够的睡眠时间；⑥制定目标，追求目标；⑦找到有意义的工作；⑧加入小组；⑨不要活在过去；⑩接受常规；⑪节制；⑫常怀感恩之心；⑬去帮助别人。

休闲炒股 01
操盘手和美女的故事

老花不相信异术玄学。

但有一天，看到《麻衣神相》里说："手骨软如棉囊者，至富至贵，有帮女运！"

一对照，很准，就是这样的。于是乎，独信《麻衣神相》。

录几篇与美女有关的小笑话，笑一笑，你的股票会涨得更好的！

1. 卡布奇诺

一天，一家杂志要采访老花，采访地点约在星巴克（咖啡厅）。老花先到，等美女记者时，老花觉得不买点东西不合适，就到柜台点咖啡。

服务员问："您要点什么？"

当天老花没戴眼镜，咖啡厅灯光昏暗，老花使劲看价牌，还是看不清，就说了一句："看不清楚！"

服务员："好的，卡布奇诺！"

于是，老花就在星巴克喝到了人生中第一杯卡布奇诺……

2. 干家务

做空股指期货，挣了点钱，老花在厦门环岛路买得一处宅子住进。

一天，老花穿起"老头汗衫"，自己在家门前推草。

刚好一位美丽的太太驱宝马车经过，停下来向他招呼："兀那大个汉子！你剪一次草要多少钱？"（电视正在播电视剧《三国》）

这位其貌不扬的操盘手抬头瞟了她一眼，慢吞吞地回道："那……要看情形。这家的太太——我替她推草，她陪我睡觉。"

3. 歌厅唱歌

一次，老花到苏州出差。

朋友认为老花喜欢唱歌，就请老花到歌厅唱歌。为了助兴，还请了几位唱歌唱得好的也很漂亮的美女服务员一起 HIGH。

谁料，美女认识老花！

"呀！你不是化荣花狐狸吗？今大太高兴滴鸟！"

老花连忙否认："不，不是，我不是！"

"什么不是啊！你看你的牙，有点像说二人转的，江苏阳光咯的。"

老花一晚上很规矩，来回唱《少林，少林》。

美女非常奇怪，花大哥你一点也不花，倒有点像花和尚！你博客上那么多好听的歌不唱，为什么老唱《少林，少林》？

老花回答："用《少林，少林》压一压，要不，会犯错误啊！"

4. 双赢

老花和朋友三人一起到三亚亚龙湾度假。海滩上人群熙攘，当然不乏美女。三个男股民商量，"赌一把吧，看谁先把女孩子骗过来聊天，输家每人给赢家五千块"。

小吴信心十足地走到美女们的身边，可费了好大的口舌，三个女孩儿也不为所动，他只好垂头丧气地走回来。小徐问他："你是怎么跟她们说的？"

小吴耸耸肩，说："没什么，我就说你得了绝症，没几天了，让她们看在上帝的面子上，过来陪陪你。"

小徐一听，生气地大喊起来："你才没几天活头呢！"说着，就走了过去。

小徐摇头晃脑地和女孩们比画了半天，可她们仍然一动不动，也只得神情沮丧地回来了。小吴问："你又是怎么说的？"小徐说："我告诉她们，你是股市操盘手，陪你聊天说不定会得到意外的消息。哪知人家都不炒股！"

轮到老花了。不到一分钟，三个女孩笑着过来了。

小吴和小徐大吃一惊，急忙问："伙计，你是怎么说的？"

老花说："很简单，我答应把赌金分给她们一半。"

5. 高智商

老花年轻时在上海追求一富家美女章婷。

开始，非常艰苦，因为章婷还有两个追求者，老花长得不占优势。

婷婷是一个很聪明的女孩子。她与一般的女孩子不一样，认为男人的美，美在深度、幽默和真诚。

婷婷问三个准男友："当你们躺在棺材里的时候，你最希望别人怎么评价？"

一个小白脸说："我最希望别人说我是一个顾家、爱家，是个实干的人。"

另一个小白脸说："我希望别人说我娶了一个好妻子，浪漫，没白活。"

老花说："我最希望别人说：'瞧，他好像在动！'"

6. 路特熟

操盘手在酒会后，请求一位美女答应让他送她回家。美女家就在附近不远，可是操盘手开了一个多小时的车才把她送到家门口。她问："你好像不太认识路似的。"操盘手："不对吧，如果我对这个地方不熟悉，我怎么能够开一个多小时的车，而一次也没有经过你家的门口呢？"

休闲炒股 02
怎样的人生更精彩

不管什么样的人，人生的结局都是一样的！人生的精彩和意义的不同在于过程！人生本应该是一场盛筵，但是多数人都是一辈子的洗盘子工！

每个人的生命中都有一扇窗户，你要做的只不过是打开窗户，智慧的阳光便可以照射进来。许多人可能不知道自己有这扇窗，在黑暗中愚昧、枯

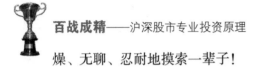

燥、无聊、忍耐地摸索一辈子！

一、人生盛筵

人生盛筵的主菜是自由、兴趣、友爱、智慧和梦想。

物质基础决定上层建筑，没有自由的人很难拥有智慧，也很难拥有生趣、博爱和立体梦想。也许，这句话一般人不容易理解。人在不同的处境、经历、角度等情况下，智慧和精神境界是不同的，有差别的。

和谐社会的主要内容包含有：公民有生存保障和权力、社会公平公正（相对）和国家机器/社会道德的正义。在和谐社会的建设过程中，财富梦的实现毫无疑问是人生盛筵的邀请函，否则就应该皈依各种各样的宗教与意识形态洗好菜盘子。

当然并不是说钱是万能的，而是说没有足够的钱是万万不能的。钱到用时方恨少，一分钱憋死英雄汉！

二、隐形的翅膀

中国目前阶段，具有千万资产的人数是有限的。也就是说绝大多数人在人生中拿到的那手牌差别不大。没有获得自由前的人生就是"拱猪"（一种牌的玩法），只不过玩牌是四个人拱，而人生是千万个人一起拱，炒股票也是这样。牵羊、拱猪、放血、收全红、加倍器、大满贯，基本上包括了人生奋斗和挣扎中的机会和运气。

中国的封建历史时间太长，老百姓很难知道自己生命中还有隐形的翅膀，并打开那扇窗，进而翱翔在自由的天空中。

人们通过研究当代人的命运变化规律，会发现普通人的隐形翅膀表现方式可能是：

1. 感应术

感应术主要是指获得周围熟人的好感，不断地扩展接触更多的人并获得好感。比如，同事、同学、同行、上级、上游、下级、下游，在你顺利的时候大家愿意锦上添花，在你困难的时候大家愿意雪中送炭。

感应术是个抽象概念，主要包括情商、善良、热情、干劲、宽容、习惯、美貌、实用技能、掌握资源、环境认识、经历胆识、借势能力、交际能力等。

感应术包含有先天因素，但以后天修炼为主。

2. 偏财运

人生财富的积累有两条路。一条是大家知道的，比较稳妥的，慢慢爬的，比如上班的工薪，或者是实业经营的利润；另一条是偏财运，有些风险但能够快速改变人生命运的，比如股市。

精彩的人生是应该与偏财运有关的！但是偏财运的获得，不是多数人认为的撞运气赌博，而是需要比干实业、上班打工付出更多的努力。现实的股市中，也应该是这样，但是好多消费者好像不是这样的。

其实，偏财运的获得就是捅一层窗户纸，把这层窗户纸捅破了，印钞室里的印钞技术是比较简单的。不过，学会印钞术的人往往也会有一些缺点，比如不愿意再干实业、不愿意上班、不愿意干家务、喜欢睡觉、好吃懒做、花钱如流水等。

因此，立志学习股市印钞术的人需要想清楚了再开始学习。

3. 帮夫秘籍

男人要想成功，只有华山一条路，从千万个穷小子的队伍中用智慧和勇气杀出来，指数期货是个不错的战场。与"超女"PK海选不同，指数期货只有几千个精英开户，直接让"张靓颖"和"李宇春"厮杀。从2010年4月16日开始的智力角斗，很快就会有几百个神话和几千个倒霉蛋出现，需要炒作生存奇迹的记者们不应该放过这些题材故事。

巾帼英雄们则有两条路，既可以像花木兰那样自己厮杀，也可以像红拂女那样发现并指挥李靖充当先锋官进行厮杀。

指数期货的开设，对于年轻貌美的未婚女性是天大的利好，股指期货交易是零和游戏，会涌现大量的成功者，中国的千万富翁数量会因此急剧暴涨。

未婚美女谈男朋友时，可以动员男朋友在指数期货交易中多加努力，一旦奋斗成功，立刻物质文明精神文明双丰收；如果不成功也没关系，换股再战。思想放得开的，也可以同时持有几只异性潜力股，举行股指期货技术爱情PK大赛，比抛绣球招亲有意思，不要忘记窗口指导，把多空、长短岔开，根据运气和概率，总会有一个赢家的，只要有一个赢，你就是赢家，就是当代的穆桂英。但要事先讲明，要愿赌服输，不能把地球搞爆炸了。要不是对自己非常自信也不能这样干，否则选杨宗保没选到，自己变成了秦香莲。

（注意，本文是搞笑文章，不能傻乎乎地当真干的！）

4. 贵族心

这里讲的贵族是精神贵族，不是指的土大地主和官僚大资本家，是指永恒的 007，永恒的詹姆斯·邦德那样的。

人生有两个境界：第一个境界是物质层面的，争取自由，解放自己；第二个境界是精神层面的，积累人生福报。

贵族心的主要表现是：宽容，助人，幽默，探险，散财，看世界，开天眼，参破红尘爱红尘。

休闲炒股 03
修炼成精的最佳手段

沪深股市中的职业操盘高手，其脑力活动的第一注意点是精研套利技术与项目，而其体力活动的第一注意点则是探险。探险与股市套利一样，是人生中最刺激的两样、永远充满了未知和好奇的活动。

没有探险经历的人不可能成为人中精，红军长征是一种探险，陈胜、吴广的大泽起事是一种探险，乔致庸的"汇通天下"也是一种探险，邓文迪拿下默多克更是一种探险，索罗斯击垮英镑则是套利界的成功探险。

有专业生存技能又喜欢探险的人，是容易修炼成精的，不管男人和女人都是这样。是否敢于探险，能显露出一个人的胸怀和气魄，而探险又是最能够快速提高人的生存能力的。

在人类的历史长河中，有 6 位神奇的探险家，他们的探险行动，也许改变了整个世界！

在今天看来，这些小故事和那些可怕的经历更像一部系列剧（其中的一些，确实被拍成了电影或电视）：无论是在波涛汹涌的大海上，还是在干旱炎热的沙漠里，这 6 位无畏的探险家，勇敢地面对一切，最终发现了地球上那些原来没有人知道的地方。

如果你认为他们没什么了不起——只不过是有人与狮子搏斗，有人吞下老鼠——那么，如果有胆量的话，你也去探险吧！

庞斯·德·利昂：发现"阳光国度"

探险成果：发现佛罗里达

时　　间：1513年……

曾经有一个传说，有一眼泉水叫作不老泉，第一个尝到不老泉的人，将得到财富、名誉和再次年轻的机会。但问题是，没有人知道这传说中的泉水到底在哪里。

西班牙探险家庞斯·德·利昂从南美洲起航，一直走到土耳其岛和圣·萨瓦多岛，也没有找到。虽然庞斯没有找到不老泉，但是，作为第一个踏上这片土地，并将它命名为"Pascua Florida"（也就是我们今天所说的佛罗里达）的欧洲人，他的确获得了财富和名誉。

马可·波罗：走进中国

探险成果：最早考察中国的欧洲人之一

时　　间：始于1271年

在中世纪，当其他小伙伴还沉迷于弹子游戏时，马可·波罗的父亲和叔叔问他：要不要同他们一起骑马从意大利旅行到中国。现在，让我们看看真正不可思议的事吧：这个热爱冒险的17岁男孩，竟然毫不犹豫地答应了！

马可说，在旅行中，他在沙漠里仿佛听到了死神的召唤。但是，当他到达庞大而辉煌的元大都（元朝首都）时，他觉得这一切都是值得的。因为一切都那么神奇：可以买东西的纸（币）、色彩艳丽的文身、像神话中独角兽一样的犀牛……

马可把这次旅行写成了一本很受欢迎的书《马可·波罗游记》。后来，就是这本书唤起了另一名意大利青年的冒险精神，他就是克里斯多弗·哥伦布。

佛迪南·麦哲伦：环球旅行

探险成果：进行了第一次环球航行

时　　间：始于1519年

在佛迪南·麦哲伦的时代，人们相信地球是圆的，但是，却没有一个人通过环球旅行来证明这个事实。于是，证明地球形状这件事，就成了麦哲伦义不容辞的责任。

可怕的暴风雨几乎使他的船队覆没。由于食品短缺，他和他的队员们不得不拿船上的老鼠充饥。3 年过去了，只有 5 艘船胜利到达终点，就是这些船带回了第一批环球航行的勇士们。

大卫·立文斯顿："闯"入非洲

探险成果： 第一次考察了中部非洲

时　　间： 1841~1873 年

对于苏格兰博士、传教士大卫·立文斯顿来说，穿越非洲的沙漠、雨林和荒山，意味着实现了他自己的梦想。他曾与狮子搏斗并差点失去一条手臂；他发现了世界上最大的瀑布之一，并以英国女王的名字将它命名为"维多利亚"。

他在寻找尼罗河源头的路上失明了。5 年后，新闻记者亨利·斯丹在一个小茅屋前找到了立文斯顿博士，并提出了著名的口号："立文斯顿博士，我想我做！"这句口号，激励了无数后来的探险家。

罗伯特·皮尔瑞：到达北极

探险成果： 最早到达北极

时　　间： 1909 年

罗伯特·皮尔瑞和他信赖的伙伴马瑟·汉森（另一个天才探险家），以及其他 4 名队员一起向北前进。前往北极的途中，他们铲除了 15 米高的冰峰，忍受着极其寒冷的天气，遭遇过漫无边际的大雾——那大雾仿佛是整个北美大草原燃烧冒出的黑烟。

当他们最终到达北极时，衣衫破烂的皮尔瑞激动万分，他挥舞着妻子亲手缝制的美国国旗，真实地感觉到自己正站在世界的顶端。

罗德·阿蒙森：到达南极

探险成果： 最早到达南极

时　　间： 1911 年

在向北极航行的途中，罗德·阿蒙森突然决定前往南极。因为他认为，比起考察已经被开发的土地，成为首先到达南极的人更"酷"。"我将在那里战胜你！"阿蒙森把这个消息传给了他的竞争者——正在前往南极途中的探险家罗伯特·斯科特。

在世界上最冷的地方，阿蒙森靠狗拖着雪橇在冰雪覆盖的荒原上滑行。事实证明，这简直是绝妙的主意。因为，斯科特选择了小马做交通工具，结果糟透了，马蹄在雪地上不停地打滑。最后，阿蒙森比斯科特早四个星期到达南极。

休闲炒股 04
京城股市大户的周末生活

随着社会的发展，在中国的大城市中出现了有闲阶级。有闲阶级最令人羡慕之处是享有自由，而只有自由的人才可能拥有智慧，智慧又是需要资源支持的。同理，资源也是需要智慧支持的。于是，在有闲阶层出现了周末派对，以及周末俱乐部的圈子。

周末俱乐部的圈子，如果想持续地形成品牌效应，或者是一种荣誉的标志，必须具备两种特质：

第一是娱乐性，因此有闲阶级的周末聚会基本上是以体育、文化、娱乐活动为主题的。

第二是资源性，现代社会最大的资源是人，因此圈子内的人的质量也是比较关键的。

周末聚会的方式是这样的：

无论是体育、舞蹈、作秀、音乐、文学还是艺术，都在提供感觉，它是人们交际与智慧的载体。在别人身上找到使自己开心的那种能力、认真讨论严肃的事业题材、与一位异性开心地谈话——所有这些都是为了增强人的灵感和能力。

尤其引人注目的就是人们良好的习惯性的素养；以及有智慧含量的演讲或其他才华展示（活动或者文体技能），当然风趣的谈话也是不可或缺的。

其实在欧洲，圈子聚会是一种文化，只不过人家叫作沙龙。

沙龙是法语 Salon 的音译，原意指客厅，曾经是近代西方文化史上的一道亮丽的风景线。

沙龙是欧洲文艺复兴的产物。此前欧洲的中世纪社会生活完全被骑士精神左右，贵族保持独立，阶级之间壁垒森严，审判通常由比武来决定。文艺复兴推崇的人文主义，使社会转向崇尚个人的价值，身世不再是评判人的标准，而财富和学识获得了地位，这就相应地改变了人生的形式，社会越来越看重人的素养和魅力，人们需要展示个人魅力的场所。于是，由 16 世纪意大利的上层社会发端，沙龙这种形式应运而生，意大利也成为沙龙最活跃的地方。

那时，从宫廷到富人的别墅，到处都能看到才华横溢的男人们围绕在聪明机智的妇女周围。这些人聚在一起，饮宴、跳舞、戴面具、谈论学术、辩论问题，文化和社交意识密不可分地交融在一起。人们这样赞美沙龙："我的耳边嘤嘤萦绕着一曲旋律、一曲欢快悦人的旋律。那里面有莫扎特的优雅和海顿的欢愉的结合，就好像是柔软的草地上一个嬉戏的孩子正在阳光下欢娱着……那就是沙龙！"

沙龙的主持人很重要，在中国有时是哈同这样的财富明星，而在欧洲常常是一个女主人。

作为融合文化与社交活动场所的沙龙，既充当了学术与艺术中心的角色，又成为引导和传播新思想、新风尚的渠道。而在沙龙里，拥有一位诸如某某公爵夫人或伯爵夫人之类的出色的女主人，往往是影响一个沙龙活动效果的重要因素。

当然，做一个成功主持沙龙的女主人很不容易，她要有地位、有名望、有金钱，还要多才多艺，口齿伶俐，更要擅长社会交际，能够联系社会名流，甚至要熟悉上层社会的阴谋诡计、钩心斗角和骄奢淫逸。标准尽管有些苛刻，但追忆沙龙活跃的 500 年历史，也有一些出类拔萃的女主人以引领一代风骚而留名青史。她们以各自的魅力展示了沙龙的风采，历史记下了她们的名字：卢克蕊齐娅、尼侬、克丽丝蒂娜、夏德莱夫人、雷迦密哀夫人……

一、迷人的卢克蕊齐娅

卢克蕊齐娅·博尔贾，是教皇罗德里戈·博尔贾的女儿。她曾经结过三次婚，第三次婚姻使她成为费拉拉的公爵夫人，而且意识到宫廷将会给她提供一个扮演领导角色的机会。她有艳丽的相貌：中等身材，姿态动人，鼻子轮廓纤细，头发金黄色，眼睛纯蓝色，柔弱洁白的脖颈显示出精力充沛，她的魅力仿佛是潇洒天成，尤其在跳舞的时候，她那十足的"淑女"形象，被称为那个时代的楷模。

于是，迷人的风度开始收获了，客人都拜倒在她的魅力面前，诗人们簇拥在她的身边，争相献上意大利文和拉丁文的诗篇以博得她的青睐，她如愿以偿地荣登沙龙皇后的位置，成为文艺复兴时期最有文化教养的贵族的宝座的继承人。时人用这样的话语肯定她："告诉我，你的圈子都是谁；我就告诉你，你是什么人。"如果人们再相信费拉拉诗人的颂词，那么，她就是文艺复兴时期最美丽的德才兼备的女性："卢克蕊齐娅·博尔贾，无论时光的快慢，永远在美丽、德行和声誉中间成长。"

二、高雅的尼侬

17世纪，欧洲经济、政治和文化的中心逐渐由地中海转向西北欧，沙龙活动的中心也随之转移到西北欧，尤以法国巴黎最为突出，尼侬·郎克洛就是进入我们视线内的当时法国著名的沙龙女主人。人们说，尼侬是当时法国最美丽的女性，更是一个多情的人。她懂得怎样以机智聪明的风情吸引男士，更善于把她的情感小舟在情爱的大海上航行得巧妙而平稳，以至于所有享受过她的感情的人始终只是她的朋友，她懂得怎样辨别情人和朋友，以及怎样把每个人分派在恰当的位置上。

尼侬家有一间宽敞的客厅，这里接待过莫里哀的喜剧班子，而谈话则在二层，房间装饰的主色是黄色，它因此以"黄色沙龙"得名。尼侬经常在这里接待她最亲密的朋友，他们兴高采烈地谈论文学和时尚，谈论哲学，当然更多的是谈论爱情。他们与当时的"自由思想"有共鸣，每个人都想方设法说点好内容，尽管夹杂着玩笑和俏皮话。这个沙龙像是一座训练良好风范的学校，绅士们可以从中提升自己的素养，有人这样评价尼侬的沙龙："宫廷里最狂妄自大的小狗也不敢在这里胡说乱动。"

三、怪僻的克丽丝蒂娜

某一天,尼侬的沙龙来了位特殊的客人:瑞典逊位女王克丽丝蒂娜。逊位女王从衣着到声调都像个男孩子,引起了巴黎人们的兴趣。她愿意与聪明的男人在一起,觉得这样更自在。她在位时总是从与学者和哲学家的谈话中找到乐趣。她可以成为她所喜爱的男人的奴隶,但她却永远不肯嫁人,因为她不能放弃她的宝贵财富——人身自由。

克丽丝蒂娜后来到了罗马,住在里阿里奥宫。她仿佛是把已经遗失了的文艺复兴时期的社交生活带了回来,使这里迅速成为罗马社交的中心。在此之前,主导罗马社会基调的是男人,妇女与社会不相干。克丽丝蒂娜沙龙的成功,使她成为作为社会领袖获得成功的第一个女人。她的沙龙的主调是无拘无束的,而她的学识渊博以及对于哲学的理解与造诣,使她总能以无忌的发言突出自己。当客人们因为严肃的话题感到疲倦的时候,音乐是他们最好的享受。即使是教皇英诺森宣布禁止这类娱乐时,克丽丝蒂娜是唯一没有被这道禁令吓倒的人,戏剧演出和音乐舞蹈在她的圈子里继续进行着。

四、好学的夏德莱夫人

历史的脚步迈到 18 世纪,沙龙在其真正意义上变成了女性的王国,沙龙所培育的不仅是社会消遣,统治阶级的全部政治和文艺生活都在它的舞台上演,女性则是它的专制女王。在法国马恩河上游的昔瑞,一所单层家居式的别墅,就是夏德莱夫人和她的情人、作家伏尔泰主宰的世界。

夏德莱夫人的丈夫是个多数时间钻在军营里的侯爵,他的尽职给了好学的夏德莱夫人被伏尔泰才华吸引的机会。于是,激情上升为爱情,伏尔泰与她被人们称作"偶像和他的女仙"。不过,如果以为他们在一起就是谈情说爱那就错了。他们避开有着太多流言蜚语的巴黎,用伏尔泰的金钱打造起昔瑞的小庄园,使这里成为他们彼此交流文化感受的天堂。他们有足够的时间,时常聚集起几个互相熟悉的挚友,不拘礼节地围桌就座,翻阅和诵读伏尔泰的作品,讨论大家感兴趣的文学话题,有的崇拜者还不时记下他们的偶像伏尔泰的神来之言。他们的沙龙荡漾着求知的涟漪,夏德莱夫人的读书不单是为了能够谈论，她还研究数学和物理学，竞争学院奖，逐字逐句地翻译牛顿的《原理》一书。后来，尽管夏德莱夫人与伏尔泰的关系有了变化，但他们的心灵始终是紧密结合在一起的。在伏尔泰的心里，她是唯一能够理解他那些严肃的研究的女人。

五、阴柔的雷迦密哀夫人

雷迦密哀夫人曾经是法国大革命恐怖岁月以后的巴黎"三大丽人"之一，她与沙龙的结缘，得益于与银行家雅克·罗斯·雷迦密哀的结合。雷迦密哀先生习惯于安乐，美丽的夫人满足了他对生活的期望，他对夫人的社交活动也多了宽容。他买下史达哀夫人房子的举动，使雷迦密哀夫人得以通过史达哀夫人与文学界有了更密切的联系，雷迦密哀夫人的沙龙也就成为"高雅世界的最辉煌、最美丽、最年轻的女王在统治着的一个社交王国"。

雷迦密哀夫人盛大的招待会安排在每个星期一举行，每逢这一天都会有一大群活跃的作家、画家、哲学家、商人、新晋升的将军和外国人前来。在这类晚会上，雷迦密哀夫人可爱的风度成为最大的吸引力，她的眼波一瞥就是一种无声的请求，她说上一句得体的话就把一个人介绍给另一个人，使谈话更有趣味地进行下去。由于她有健全的知识和毫无偏见的思想能力，一旦遇到讨论中的问题，她总能及时谈出自己独到的见解。雷迦密哀夫人还有许多款待宾客的办法，她能举办由巴黎最优秀的艺术家演奏的音乐会，而她自己跳的单人舞更给了宾客最大的快乐。当巴黎夏季的酷热使人难耐时，她又会适时地把招待会移到舒适的乡间城堡举行。

雷迦密哀夫人的一生都有着割不断的沙龙情结。生活不断给她残酷打击，1803年政府禁止她的招待会，1811年皇家向她发出不得在距巴黎40英里内逗留的敕令。但即使这样，她退休后还在一所修道院的小房间里接待着宾客。拿破仑下台以后，许多显贵重来参与她的沙龙，证明了她那绵长的吸引力。晚年的雷迦密哀夫人失明了，她弹奏闲愁的钢琴曲，悲叹那逝去的日子。

目前，在京城的股市机构大户圈子已经形成了这种周末活动，这种生活的方式会不会向上海、深圳、杭州等其他大城市推进呢？天性浪漫的年轻人会不会模仿呢？还是很有可能的。

休闲炒股 ⑤
股友喝酒的趣闻轶事

在股市不是太好的时候，大多数股友做股票的结果自然是"与大多数人做股票的结果一样"。不少人会在熊市借酒浇愁，熊市中喝酒特别容易喝醉，至于喝醉之后的样子，好多股友都没有记住，而老花是记录股史的，自然不会忘。让我们一起来看看股友们酒醉之后的千姿百态，自嘲自笑，自己给自己的股海人生带来一些快乐吧。

1. 把车还我

股市下跌，带来的是社会综合征。往往在股市跌得最狠的时候，也是公检法战线的同志容易业余加班自行展开严打的时候，城管、工商等其他戴红袖箍的同志们下班后也都很忙。

一炒股的哥们儿，老爸是高级公务员，自然不信邪，炒股炒不好，喝酒还喝不好。

一次，满嘴酒香地回家时正碰上警察在查车。就在他暗叫倒霉下车接受检查时，当然得叫那个小警察给大警察打电话，小警察接了个电话，捧着手机，指手画脚，滔滔不绝地说了起来。炒股的哥们儿一看有机可乘，就悄悄地返回车里，趁打电话的小警察不备，风风火火地把车开回了家。到了第二天，有人来敲他家的门，正是昨天的那个小警察。他的酒现在已经醒了，自然理直气壮地质问小警察："你来干什么？有什么事？"警察说："你的车我已经给你开到了门口，现在，你把警车还给我吧！"

2. 拦警车

一次吃饭，一个持有中科英华（大家可以查一下股票代码，没有特别的意思，只是娱乐一下）的哥儿们喝得有些高，但看起来还算清醒，大伙就没理他。饭局散场的时候，这哥儿们忽然冲到马路中央，伸手拦住了一辆正在巡逻的110警车，然后拉开车门，冲坐在里面的警察大声说：我知道你们这车一块一公里，可你们也用不着写这么大给我看，你们以为我是近视眼呀！

3. 生意真好

买了某饭店的股票后，哥儿们就经常去那饭店吃饭，这样可以学券商的研究员，顺便调研一下上市公司的经营情况。有个哥儿们中途去厕所（调研得很细致），回来后很神秘地告诉其他哥们儿："这家饭店的生意太好了，连厕所里都摆着两桌！股票肯定会涨。"大伙正奇怪的时候，一伙人冲了过来，揪起那哥儿们就要打。其他人当然不干了，问他们："他又没惹着你们，你们打他干什么？""打他干什么？我们吃饭吃得好好的，可这家伙跑到我们包房里撒了泡尿就走。"

4. 钞票大放送

有个喜欢在博客评论区拍板砖的老股友，他有个特传奇的爱好，一喝高了就说自己的股票涨停了，然后给人发钱，一人一百，让人打车回家。谁不要他就跟谁急，恨不得暴打人家一顿。

可一到第二天，他就特委屈地挨个跑到人家面前，摆出一副可怜相："大哥，把昨天给你的钱还给我吧，没涨停，跌停了……"

最搞笑的是，同样的给人发钱的事，一个月内居然在他身上发生了三次。

5. 扔手表

某基金公司老总，酒醉后总爱和人打赌，有一次他深夜不回，家里人去各大酒馆找他。找到他时，他正在大街上嚷嚷着要和另一基金公司老总比手表的优劣。吵到最后，他老人家把手腕上的欧米茄脱下，往街对面一扔，然后急步走过去捡起来兴奋地大叫："你看，我的手表还在走，这说明我们公司的基金抗跌，你也来试试？"

6. 四海为家

为了迎接奥运，北京的很多街上都堆有花坛，有天清晨出门，发现花坛里睡着一个哥儿们，浑身上下只有一条小裤衩。他的衬衣、裤子、领带，都叠得整整齐齐地放在旁边，上面压着他的手机，居然是关了机的。还有皮鞋，也是整整齐齐地摆着，袜子放在鞋洞里……

看来这哥儿们是把这当家了。后来一想，幸亏只跌到了2300点，这哥儿们没有裸睡的爱好，如果跌到1600点，估计更有热闹可看了。

7. 爬楼梯

有一次，北京来了网友，号称要把我们上海人灌倒在桌子底下，我们当然都不服气，于是轮番上阵。从啤酒喝到红酒，从红酒喝到黄酒，从黄酒喝到白酒，最终的结果是：那位北京的老兄本应把脚趾骨折的太太抱上楼，却稀里糊涂把一个最漂亮的上海年轻女网友硬从一楼背到七楼，再从七楼踉踉跄跄送回到一楼，被他太太一顿暴骂："你真醉了吗？选股的水平不差呀，小盘绩优重组股，七个涨停呀！"

8. 遭遇劫匪

跟一帮人喝完了酒，约了去某某家。走着走着，一个人就走丢不见了，另一个就去找他。大家先到某某家，坐下，过了一会儿走丢的那个人来了，很神气地给大家说他碰上劫匪了，让他连打带吓用砖头把劫匪给砸跑了。话刚说完，去找他的那个人也到了，气急败坏地说走丢的那丫的用砖头砸他，砸得他抱头鼠窜……

9. 我又来了

一次，几个朋友约在一家名叫鱼头王的酒店喝酒，其中的一位喜欢看老花博客的朋友喝多了之后，硬是要赶到另一家酒店去会另一批喜欢看小侯博客的酒友，大家拦他不下，只得放他去了。可没过多久，他又一脸灿烂地突然出现在我们面前，一边连声抱歉："对不起，对不起，我刚刚喝了一顿，来晚了。"说着，一屁股坐了下来，冲着服务员喊道："来啊，菜单！"

后来我们才知道，他离开我们之后，很利落地钻进了出租车上，冲着司机大声说："开路，去鱼头王！"结果，司机带他在街上溜了一圈，又把他送了回来。等他再次来到我们面前时，他已经辨认不出谁是谁来，冲着当时正在看多的老花说："侯宁大侠，侯天王，你看得太准了，不愧为中国四大恐怖天王（大家知道中国股市四大恐怖天王是谁吗？），比那个鼓吹'泡沫颂'的××（大家知道中国股市四大'泡沫颂'歌唱家是谁吗？）强多了！"

10. 算命

一次，我的一个外地的朋友到北京办事，朋友们去饭店聚了一下，由于股票跌得太多，他喝得有点高，到了酒店后，死活不肯把房间钥匙拿出来，"我不割肉，我不看账号，我也不看大盘，你们别想劝我，我这是马拉松投资法，我崇拜马家军的王军霞，我得坚持，你的《操盘手》应该让王军霞演，汤唯不行。啊，汤唯也是死也不卖的长线价值投资呀，最后奉献了，那我们再开会研究研究吧。"

没办法，我们只好去酒店前台另想办法。等我们和服务员一起回到房间门口的时候，只见他正津津有味地把自己钱包里的钞票、信用卡、名片之类的玩艺一张一张整整齐齐地摆在地上。看到我们后，他兴奋而欣喜地说："来来来，我给你们算上一卦！刚才我已经算出来了，管理层会在 2300 点救市的。"

休闲炒股 06
"通灵酒"与"中暑山庄"

大家都知道，老花不喝酒。其实，也不是完全不喝。每当股市处于关键的时候，老花都要在晚上睡觉前把自己珍藏的那瓶通灵酒（在中暑山庄"镇宅之宝"友谊商店买来的）喝上 50 毫升，在睡前把意念集中在需要关注的事情上，接着会做梦，把即将发生的事情放一遍电影。后边的事情，按既定方针办！所以有人说，老花炒股厉害！老花都要摇头笑笑，并不是谦虚。

相信不论是谁，在股指期货挂牌交易前都会喝上一杯的。有一首歌唱的是，"最天使，最好，最坏？"知道了底牌，选择"最好"就不那么困难啦！

不过，最近有一件头疼的事情：喝了三年，通灵酒快见底了。难道要"花郎才尽"，这可使不得。

于是，老花决定去中暑山庄再买一瓶通灵酒。但是现在中暑山庄怎么样？还有没有通灵酒卖？多少钱一瓶？

为了解决这个问题，周五把最后一杯通灵酒喝下之后，所有的意念集中到一个词——"中暑山庄"。

……

中暑山庄的门是用石头堆砌起来的，徽派风格的，有点神秘的感觉。门口的那条滨海的路，很是浪漫！有点像厦门的环岛路，有点像珠海的情侣路，也有点像大连的滨海路。收盘后，沿着这条路在海边逛逛，天是蓝的，海是蓝的，走累了可以在海边的咖啡厅坐一坐，找一辆自行车骑一下，心情会非常不错的。

进门后，就可以看见中暑体育馆，体育馆里的主要项目是羽毛球场、乒乓室、壁球室、台球室。奇怪，还有一个射箭馆。记得上次好奇地站在射箭馆看爱好者练习时，侍者走过来问："要不要试一试？"

试就试。连射三箭，最难射的那个靶子全中靶心。侍者没有想到："您很厉害嘛，原来练过？"

那是当然啦！练过？你知道我叫什么名字吗？

山庄的音乐厅是综合的，可以当家庭影院使用，在储藏的柜子可以随意拿出自己喜好的影碟，《落日之后》《十全九美》或是《天道》，一边喝着咖啡一边欣赏；可以办家庭面具舞会和 K 歌，一点也不比维也纳金色大厅差；也可以关上灯，闭上眼睛，静静地欣赏詹姆·斯特、保罗·默里哀的轻音乐。

操盘室？那可不能少！中暑山庄的物业管理费是 12 元/平方米，还养着一支足球队，提起足球队需要多提两句，刚刚结束的世俱杯，中暑山庄俱乐部 3：2 逆转巴萨，成功卫冕。没有操盘室，怎么能维持山庄的正常开支。

……

镇宅之宝在园里池塘边的桃树林里。这片桃树林有点像桃花岛上的桃树林，机关密布，视网膜认证，不是会员不让进，也进不去。进门口诀分别是"别用大炮打蚊子""镇宅为公、炒股为民""为人民币服务""你信不信？我是信了"。

镇宅之宝友谊商店可不是只卖通灵酒的，镇宅之宝有很多种。比如说，有一幅画的名字是《仙子图》，很是神奇。

把《仙子图》挂在家里，当你不在家里的时候，画里的仙子从墙上下来，帮你把家里收拾得很清爽。饭做得很好，尤其擅长做红菜苔、莲藕炖排骨、小酥肉汤、蹄花等。如果你要参加社会活动，会帮你把衬衣熨好放在随穿的衣橱里。也不是没有缺点，你知道她在为你做事，但你在家的时候她是在画里的，再叫没用，不下来的。

神奇的商品还有，奇文打字机，神秘外套，梦幻宝马车，一杆收台球杆，王子迷香水……

老花只对通灵酒感兴趣。好在还有，由于股指期货挂牌，酒的价格涨了，标价 3600 万元人民币一瓶，每次限售一瓶。

由于太昂贵，通灵酒其实只适用财富梦，否则容易赔本的。

老花有一个朋友，知道老花有一瓶通灵酒。他结婚前想喝一口，先知道一下婚后的幸福生活是什么样子的。于是，老花借他喝了一口。

第二天，这个朋友告诉老花，他做的梦是，看见拳王霍利菲尔德和拳王泰森在进行拳击比赛！

休闲炒股 07
奖赏自己的七种方式

人们都希望自己快乐，增加快乐的方法有很多种，其中自己奖赏自己是最实际的最常见的快乐。我认为自己奖赏自己的几种最佳方式是：

一、学成一种长久绝技

生物学上，人被分为人科人属人种，是一种高级动物。高级动物毕竟还是动物，不等于是高级生命，人类历史上仅有少部分的人可以算是具有高等心灵的高级生命，这与教育和你掌握的知识无关，高级生命乃是身、心、灵完整合一。

孙悟空与普通猴子的区别是，孙悟空学会了绝技，普通的猴子不会绝技。有被认可的绝技并能够自给自足的人被称为匠，有被认可的能够自给自足的绝技并能够帮助他人的人被称为侠，都属于高级生命。

没有自我保证生存自由的人，谈不上是具有高等心灵的高级生命，是奴的一种。

这里所指的绝技应该是那种，社会应用广泛、持久，报酬比较高，同时进入门槛也比较高，专业从事的人群比较少的领域。

二、培养一个自发兴趣

人从事工作的有效时间只占你生活中一部分，兴趣爱好不但能够让你的生活更有意思，也是一种能让你尽快地恢复工作疲劳保持较好的工作状态的方法。

三、找一个合适的情侣

人的生命，不离两件大事：饮食、男女。一个是生活的问题，一个是性的问题。所谓饮食，等于民生问题；男女属于康乐问题，人生就离不开这两件事。

既然是康乐问题，就必须解决，但又不能凑合，所以高级生命的持久主观主动意义就是解决自己的饮食，帮助别人解决饮食，解决自己的康乐问题，要花大力气，要"不管前面是地雷阵还是万丈深渊，我都将勇往直前，义无反顾，鞠躬尽瘁，死而后已"。

四、抓住一次人生机会

不管踩到狗屎是狗屎运还是什么其他的，自然是不管怎么样，人生总会给你发达或者是落魄的机会。

关键是要有所准备地抓住机会，规避那些不必要的麻烦。具有这种能力与人自身的基础素质的高低有关。

智慧开启的方法：

（1）睁眼看世界，见多识广，不坐井观天。

（2）事物没有绝对的好坏，不同的事物整体一比较就高下立分。

（3）网状思维，多角度看问题，不是只站在某一个习惯角度看问题。

（4）实事求是，看根据，看逻辑，看客观。

（5）股市投资，如果基础素质没有上升到一个高度，专业素质的上升高度也会有限。

五、幽默乐观坦诚的气质

一个人应培养"幽默、乐观、坦诚"三种特质，以使人易于且乐于接近。幽默是一种魅力，乐观是一种动力，坦诚是一种亲和力。有了这三种力，你的世界更美丽。

六、开开眼界——有趣的地方

我认为中国人，一生最应该去的几个地方：

1. 国内

北京：后海酒吧，王府饭店，年度葡萄酒俱乐部，工体，清华大学。

上海：外滩 10 号，汤臣一品花园，金茂大厦旋转餐厅，青浦奥特莱斯，田子坊。

深圳：中华民俗村，红树林，大小梅沙，荔枝湾涌，状元坊。

其他地方：厦门环岛路自行车游，林芝全境自驾游，郑东新城热气球游，月亮湖篝火晚会……

2. 国外

美国拉斯维加斯、纽约曼哈顿、夏威夷，瑞士静港国际抗衰老中心，巴黎香舍丽榭大街，威尼斯水城，瑞典沙科保市，西班牙西切斯的黄金海岸，巴厘岛……

七、与有意思的人交往

这思路起源于欧洲沙龙：跟有意思的人交往，是人生最好的娱乐。

欧洲的聪明爸爸，常会做这样的一件事情：在儿子成人的时候，领他去见一些自己认可的人，吃一顿饭，要一个签名题词……对年轻人的未来影响会很大的。

现在社会，有了微博，与有意思的人交往就更方便了。关键是，自己也要成为一个有意思的人啊！

休闲炒股 08
有意思的十个人物

一、越王勾践

（1）舔出来的成功：粪便和苦胆！

（2）厚黑学的开山鼻祖。

（3）超限战的开山鼻祖。

（4）潜规则的开山鼻祖。

（5）自勾践始，胜者王侯败者寇的世界观在中国逐渐流行。勾践受到了我国文化人世世代代的热烈赞颂。生理、心理正常的人们，没有感到一股令人作呕的粪便味吗？

二、乔治·华盛顿

（1）美国独立战争大陆军总司令。1789 年，当选为美国第一任总统，1793 年连任。

（2）在两届任期结束后，他自愿放弃权力不再续任，隐退于弗农山庄园。

（3）自从 1797 年 3 月退休后，华盛顿带着轻松的心情回到弗农山。他在那里建立了蒸馏室，并成为了或许是当时最大的威士忌蒸馏酒制造业者，到了 1798 年便生产了 11000 加仑的威士忌，获得 7500 美元的利润。

（4）华盛顿为未来的美国树立了许多的先例，他选择和平地让出总统职位给约翰·亚当斯，这个总统不超过两任的先例被看作是华盛顿对美国最重要的影响。

三、克莉奥佩特拉（埃及艳后）

（1）古埃及托勒密王朝的最后一任法老。

（2）降服罗马君主伟大的恺撒、伟大的安东尼。

（3）有人说，克莉奥佩特拉是"尼罗河畔的妖妇"，是"尼罗河的花蛇"；有人说，克莉奥佩特拉是世界上所有诗人的情妇，是世界上所有狂欢者的女主人。

四、红拂女

（1）红拂女姓张名出尘，在南北朝的战乱中，流落长安，被卖入司空杨素府中为歌妓。因手执红色拂尘，故称作红拂女。

（2）三原有一位文武兼通的才子名叫李靖，他拜访杨素，二人谈论之时，红拂女就立在旁边，她见李靖气宇非常，乃英雄侠义之士，心中暗暗倾慕，于是派门人跟踪李靖，得知他的住处，自己深夜前往。开门见山地表明自己的心意：愿意投奔李靖，伴随其闯荡天下。

（3）二人在旅途中偶遇虬髯客，红拂女的美貌也深深吸引了风尘大侠虬髯客。红拂女在客栈梳理长发之时，虬髯客为之着迷，红拂女何等聪明！她看出虬髯客非一般人物，乃主动与虬髯客打招呼，与之结为兄妹，并介绍李靖与虬髯客相识。

（4）李靖后投唐，战功卓著，被唐太宗封为大将军卫国公。著有《李太公兵法》。

五、王守仁

（1）明代最著名的思想家、哲学家、文学家和军事家。别号阳明，亦称王阳明。心学之集大成者，非但精通儒家、佛家、道家，而且能够统军征战，是中国历史上罕见的全能大儒。

（2）"四句教"是王阳明晚年对自己哲学思想的全面概括，即"无善无恶心之体，有善有恶意之动，知善知恶是良知，为善去恶是格物"四句。

（3）王阳明所追求的人生境界是，"怡神养性以游于造物"，"闲观物态皆生意，静悟天机入穴冥。道在险夷随地乐，心意鱼鸟自流形"的"真乐"或"真悟"状态。

（4）至理名言：破山中贼易，破心中贼难。知行合一。

（5）在中国数千年的历史上，阳明先生是屈指可数的几位既有"立德""立言"，又有"立功"的人，其德行、事功，至今仍受到读书人的敬仰，可见其人格魅力之巨大。

六、莫罕达斯·卡拉姆昌德·甘地

（1）他是现代印度的国父，是印度最伟大的政治领袖，也是现代民族资产阶级政治学说——甘地主义的创始人。

（2）他的生日，10月2日，被定为甘地纪念日，是印度的国家法定假日，也是国际非暴力不合作运动的纪念日。

（3）成就荣誉：通过"非暴力"的公民不合作，甘地使印度摆脱了英国的统治。

七、马丁·路德·金

（1）著名的美国民权运动领袖，诞生于美国东南部的佐治亚州的亚特兰大市。1948 年他大学毕业，担任教会的牧师。

（2）1963 年 8 月 28 日在林肯纪念堂前发表《我有一个梦想》的演说。

（3）马丁·路德·金，是将"非暴力"和"直接行动"作为社会变革方法的最为突出的倡导者之一。

（4）马丁·路德·金 1963 年成为时代周刊的年度人物，1964 年获得诺贝尔和平奖。

（5）1968 年 4 月 4 日，美国黑人民权领袖马丁·路德·金遇刺身亡，终年39 岁。

八、托马斯·阿尔瓦·爱迪生

（1）美国发明家、企业家，拥有众多重要的发明专利，被传媒授予"门洛帕克的奇才"称号的他，是世界上第一个利用大量生产原则和其工业研究实验室来生产发明物的人。他拥有 2000 余项发明，包括对世界有极大影响的留声机、电影摄影机、钨丝灯泡等。在美国，爱迪生名下拥有 1093 项专利，而他在美国、英国、法国和德国等地的专利数累计超过 1500 项。1892年创立通用电气公司。他是有史以来最伟大的发明家，迄今为止，世界上没有一个人能打破他创造的发明专利数世界纪录。

（2）有一次爱迪生看到了一只母鸡在孵蛋，他就问妈妈为什么母鸡总是成天坐在那里呢？妈妈就告诉他母鸡在孵蛋，爱迪生便想如果母鸡可以那我也一定可以，过了几天爸爸妈妈发现爱迪生一直蹲在木料房里，不知道在做什么，当家人发现爱迪生在孵蛋的时候每个人都捧腹大笑了起来。

（3）1862 年 8 月，爱迪生以大无畏的英雄气概救出了一个在火车轨道上即将遇难的男孩。孩子的父亲对此感恩戴德，但由于无钱可以酬报，愿意教他电报技术。从此，爱迪生便和这个神秘的电的新世界发生了关系，踏上了科学的征途。

（4）爱迪生一生只上过三个月的小学，他的学问是靠母亲的教导和自修得来的。他的成功，还应该归功于母亲自小对他的谅解与耐心的教导，才使原来被人认为是低能儿的爱迪生，长大后成为举世闻名的"发明大王"。

（5）爱迪生的文化程度极低，对人类的贡献却这么巨大，这里的"秘诀"是什么呢？他除了有一颗好奇的心，一种亲自试验的本能，就是他具有超乎常人的艰苦工作的无穷精力和果敢精神。

（6）当爱迪生弥留之际，医生和爱迪生的许多亲友都围坐在他的床前，眼看他的呼吸已越来越微弱，心脏终于停止了跳动。可就在医生要宣布他死亡之际，他却突然又坐了起来，说了一句很奇怪的话："真是想不到——那边竟是如此的美丽……"

九、芙蓉花神花蕊夫人

（1）公元964年，宋太祖赵匡胤发兵南击后蜀，蜀军不堪一击，后蜀主孟昶只得自缚请降，成了北宋的阶下囚。花蕊夫人也成了囚徒，陪孟昶被押解进京。

（2）宋太祖既垂涎于她的美色，又仰慕她的宫词，召她入宫，欲纳之为妃。她写诗答道："君王城上竖降旗，妾在深宫哪得知。十四万人齐解甲，宁无一个是男儿。"

（3）宋太祖弟弟宋太宗见其兄迷恋她的美色，恐因此误国，就借口她写反诗，将其杀害。在中国民间，她被奉为"芙蓉花神"。

十、约翰·奥古斯特·苏特尔

（1）苏特尔是瑞士人。1833年他从法国来到纽约，1939年他购买了新黑尔维喜阿的土地，并在此地建造仓库，挖掘水井，在无须耕犁的土地上撒种。河道水渠、磨坊工厂、商店也都纷纷兴建创办起来。苏特尔是这块土地的主人，是世界上最富裕的阔佬之一。

（2）1848年1月，锯木厂木匠约翰·萨特突然激动地跑到苏特尔家里，说他昨天挖土时发现这种奇特的金属，他相信这是金子，但其他人都嘲笑他。苏特尔把那些黄色颗粒拿去做分析试验：确实是金子！

（3）苏特尔召集知道这件事的几个人，要他们发誓在锯木厂竣工之前绝不泄露此事，然后神色严峻地骑马返回农场。他思绪起伏，从没想到金子在地里埋得这么浅，这么轻易就能拿到手，一时间他显得手足无措，而这块土地的确是他的。一夜之间他要成为世界上最富有的人了！

（4）八天之后，一个女人把这事对一个过路人说了，还给了他几颗黄金细粒。消息传开后，各城市、各海港络绎不绝地有大批人从四面八方涌来，仅从纽约一地驶来的船只就有100艘，其后又有大批大批的冒险家从德国、英国、法国蜂拥而至。他们都在苏特尔的地产上挖掘黄金，就像在自己的地里一样。他们屠宰苏特尔的奶牛，踩踏苏特尔的耕地，盗窃苏特尔的机器，一夜之间，苏特尔就穷得像个乞丐。

（5）一座城市以梦幻般的速度在这块土地上矗立起来了，它叫"旧金山"。互不相识的人彼此出售着土地和田产，而这一片土地是属于苏特尔的，并有政府签署的公文证明。

（6）一起诉讼开始了，而此案所涉及的范围之广是人类历史上闻所未闻的。1855年3月，加利福尼亚州法院判决承认苏特尔对这片土地拥有完全合法和不可侵犯的权利，一下子，苏特尔又成了世界上最富有的人。

（7）判决结果一传开，整个"黄金国"引发一场大暴动。几万人聚集起来闹事，那些财产受到威胁的人和街上的地痞流氓联合，冲进法院大楼纵火焚烧，企图对法官施加暴行，许多人又洗劫了苏特尔的家产，苏特尔的长子在匪徒逼迫下自杀，次子惨遭杀害，三儿子逃出却溺死在途中，他的妻子在长途跋涉中劳累而死。苏特尔自己也险些丧命。苏特尔的家业全没了，家人也都死了，他精神开始错乱，只有一个念头不时浮现：打官司，找回公道。

（8）之后的25年里，一个痴呆老头天天在华盛顿法院大楼周围徘徊。所有人都知道，这个衣衫褴褛的乞丐要得到几十亿美元的财产，可没有人搭理他。1880年7月17日下午，苏特尔因心脏病猝然发作，死在国会大厦的台阶上。此时，他的口袋里还装着一份申辩书，上面写着，按照法律，他应该得到"黄金国"的所有财产，应该拥有世界上最多的财富。

休闲炒股 09

谁让人羡慕嫉妒恨了

谁让人羡慕嫉妒恨了？让我们看看这个榜单吧，了解一下他们被人羡慕嫉妒恨的理由。希望你也能通过股市努力进入这个榜单啊。

上榜理由：年轻得恼人、有钱得恶心、超级有人脉、绝大多数人头发还剩很多。

上榜启示：钱不是关键，关键是如何享受生活。

姓　名	年龄（2005 年）	职　业
谢尔·盖·布林	32 岁	Google 创始人
拉里·佩奇	32 岁	Google 创始人
老虎伍兹	29 岁	高尔夫球手
保罗·艾伦	52 岁	微软创始人
马雷欧·巴塔利	45 岁	名厨
马克·博耐特	45 岁	真人秀电视制作人
安迪·格罗夫	69 岁	前任英特尔总裁
安德森·库帕	38 岁	CNN 资深记者
强·斯图尔特 42 岁电视主持人		
华理克	51 岁	全美最具影响力的基督教牧师之一
J.K.罗琳	40 岁	作家
西奥·艾卜斯坦	31 岁	美国职业棒球大联盟波士顿红袜队总经理
理查德·布兰森	55 岁	大亨
格温·斯蒂芬尼	36 岁	摇滚明星、时尚设计师
鲍勃·科斯塔斯	53 岁	著名脱口秀节目主持人
荷伯特·艾伦	65 岁	Allen & Co.主席及 CEO
菲比·菲罗	31 岁	克罗埃公司首席设计师
布拉德·格瑞	48 岁	派拉蒙公司总裁
克里斯·洛克	40 岁	喜剧演员
杰弗里·萨克斯	50 岁	哥伦比亚大学教授、经济学家
杰克·波顿	51 岁	Burton 滑雪板公司创立者及持有人
克雷格·文特尔	59 岁	美国生物学家和商人，基因学先锋
彼得·杰克逊	43 岁	《指环王》导演
乔纳森·艾韦	36 岁	苹果电脑设计师
约翰·拉萨特	48 岁	《玩具总动员》导演
博尔特·鲁坦	59 岁	著名航天器设计工程师
埃伦·玛斯克	31 岁	太空探险公司 SpaceX 总裁

美国《财富》杂志 2005 年曾评出了最让人嫉妒的 25 个人，在这份榜单上，除了企业总裁、科技新贵之外，厨师、牧师、作家、服装设计师、经济学家、电视制作人等都榜上有名（没有巴菲特，说明炒股的不值得嫉妒）。尽管这些名流的职业天差地别，但根据《财富》报道，他们有几项共同点："有钱得恶心""超级有人脉""年轻得恼人"。除了朋友、跑车、豪宅、游艇和火辣辣的约会比一般人多，他们绝大多数"头发"还剩下很多，牙也没掉一颗，这实在很难叫人不眼红。比如说，36 岁的格温·斯蒂芬尼，她是个摇滚明星，同时也是个服装设计师。她让人嫉妒的理由是：受全球乐迷爱戴的流

行歌手，集美貌与才华于一身，将兴趣与创意拓展到服装设计，推出个人品牌，在伦敦与洛杉矶都有豪宅。

在这份榜单中，位列第一和第二的是 Google 的两位创办人，谢尔·盖·布林和拉里·佩奇。1998 年，这两位斯坦福大学（注意：准备赴美留学的理科生应该注意这所学校，它不光是培养书呆子的）计算机系的学生在学校宿舍里创建了互联网搜索引擎 Google，而现在，这两位同是 46 岁的富翁除了各自拥有市值约为 230 亿美元的 3700 万股 Google 股票之外，在网络及软件世界里，他们想要什么，无不手到擒来，就像 1992 年时的篮球天神麦克尔·乔丹般神奇。他们的智力足以让硅谷中的女孩们为之眩晕。

在这个"嫉妒 25 人"的排行榜中，年龄最大的就是前任英特尔公司总裁安迪·格罗夫了，他已经 69 岁。之所以能够进入这个几乎被年轻人把持的排行榜，安迪自有他的过人之处。格罗夫在任职期间使英特尔公司成为世界上最强的公司之一，使其股票成为无数投资者必买的股票，使微处理器从复杂的 PC 内置元件成为名牌产品。在格罗夫担任首席执行官的大部分时间里，你买计算机必买内置英特尔公司芯片的计算机。他的个人生活也非常的美满幸福，比王石老兄还会玩。

把 J.K.罗琳这个下岗女工列入文体明星中好像有点牵强，不过她笔下的哈利·波特——那个瘦小的个子，乱蓬蓬的黑色头发，明亮的绿色眼睛，戴着圆形眼镜，前额上有一道细长、闪电状的伤疤的 10 岁小男孩已经成为了风靡全球的童话人物。很少有英国人能宣称比皇室有钱，但罗琳例外，她的书销量已经超过了莎士比亚，近来她还被网络书店亚马逊选为史上最畅销作家。

克里斯·洛克这个喜剧明星已经 40 岁了，让人嫉妒的不是他的幽默感，毫不费力就能让众人乐开怀固然令人羡慕，但通过大无畏地嘲弄当代演员，还可以借此大赚一票，更叫人嫉妒（原来美国也有"一个馒头引发的血案"及"一群馒头引发的血案"）。

保罗·艾伦和比尔·盖茨这一对微软创办人到底谁更让人眼红？《财富》杂志选择的是保罗·艾伦。1975 年，两人创办微软。为了公平划分股份，两位创始人靠比拼各自编写的 Basic 编译器代码数量来进行分配（可见熟练专业技术与身体健康多么的重要，读者们，多看看《百战成精》，多打羽毛球、乒乒球和爬山吧，否则炒股会输的）。最后年长的艾伦心甘情愿地得到比自己年纪轻的盖茨稍少的股份，占了 40%。艾伦是一个喜欢技术的人，所以他专注于微软新技术和新理念。盖茨则以商业为主，销售员、技术负责人、律师、商务谈判员及总裁一人全揽了，两位创始人配合默契。

虽然他从 1983 年起就退出董事会，离开微软，但目前为止，他的所有财富仍基本来自微软股票的水涨船高。十多年来，他始终在不停地抛售（这说明美国也有大小非减持，好股票也有大小非减持），但仍赶不上股票的涨势。1998 年初，艾伦卖掉了盖茨 60 万股微软股票，获现金 24.6 亿美元，这些钱大多做了投资。目前他仍持有微软 6.4% 的股份。1986 年微软股票上市时，他的股份高达 28%，1994 年还有 13.4%。无疑，微软股票是其取之不尽、用之不竭的大金库。艾伦的一举一动仍具有相当的影响。用艾伦集团的高级经理 Bill Savory 的话说，那就是有一种"艾伦效应"，一旦艾伦投资某个领域，就因为艾伦投资了，这个领域就会变得很有价值（不知道美国有没有人骂艾伦是庄托）。两个人个性不同，盖茨总是充满活力，是一个工作狂，而艾伦却是超级篮球迷和不错的吉他手，对享受人生更感兴趣（咿，这人不错）。微软不但创造了 DOS 和 Windows 的辉煌，而且创造了两个超级富翁，一个是比尔·盖茨，一个是保罗·艾伦。尽管没有盖茨富有，但是艾伦的钱已经让他几辈子都花不完了，他曾经捐资 2500 万美元，用于寻找外星生命。而且更让人眼红的是，他不用像盖茨一样为反托拉斯法、窗口软件病毒头疼。

对于这些大亨来说，钱已经不是问题，问题在于如何享受生活。在这方面，理查德·布兰森可以说是风头无量。如果说有哪名企业家要什么有什么，非布兰森莫数。这位"叛逆"富豪对什么感兴趣就放手去做，从不需考虑能不能赚钱。布兰森算得上是英国名头最响、最受推崇的企业家。他 17 岁之前便早早离开课堂结束求学（盖茨大学二年级休学，艾伦研究生没读完，所以艾伦没有盖茨有实力），之后却高歌猛进成长为亿万富豪。通过维珍这一品牌，他的业务遍及从摇滚乐到航空业的诸多领域。仿佛这些还不够成就自己"速成经理人"的地位，他竟将高海拔气球飞行和机动船比赛的最快和最远纪录也收入囊中。

值得注意的是，在每一次维珍品牌延伸时，布兰森都会身体力行地进行一次独特的作秀。他这种幽默的恶作剧，使得维珍具有很高的曝光率。他曾经只穿三角短裤和美国肥皂剧《海滩护卫队》的女主角帕美拉·安德森合拍维珍健力饮料的广告；他曾和 20 个几乎全裸的模特打着"所见即所得"的标语在伦敦街头为维珍手机做促销宣传；他开着坦克驶入纽约时代广场宣传维珍唱片连锁进军美国市场；他飞到新德里，骑着一头白象到印度国会演讲；他沿着英吉利海峡的沙滩裸跑。这种随心所欲的快乐生活是每个人所梦想的，这就是布兰森被无数人妒忌的原因。

著名的电视制作人马克·博耐特，他能叫地产大王特朗普（现已是美国总统）、家政女王玛莎·斯图尔特，还有史泰龙都乖乖听命。他手头上各种真人实境节目红不可挡，是世界上最多产的电视制作人。

在这份榜单中，排名第三的老虎伍兹甚至比 Google 的布林和佩奇还要年轻，这个高尔夫球选手只有 29 岁。2005 年本业收入 860 万美元，而 2004 年代言收入高达 8000 万美元。在 2004 年秋天，他失去了独占四年的高尔夫收入排行榜世界第一的宝座。不过他也不是全无收获，成功地将瑞典名模埃琳·诺德格伦迎娶过门，并不比一杆进洞难度低（那当然啦，这不是废话吗?）。婚礼的地点选在巴巴多斯岛上最豪华的桑迪·莱恩宾馆，伍兹将 112 间客房全部包下，且一包就是九天，共花掉 150 万美元；租用"隐私"号豪华游艇两周，花费 14 万美元；租用豪华的婚前别墅一夜，又是 3.2 万美元；重新装修的顶级"洞房"，每晚 2 万美元；还有为了防止狗仔队偷拍而包下岛上仅有的航空公司的所有飞机，以及不计其数的其他各类花销。当地媒体估计，伍兹的这个婚礼不砸下上千万美元根本拿不下来。此外，他还是女人心目中的性感偶像。"老虎伍兹令人窒息。"女人们认为，伍兹是个超级巨星，他有发达的大脑，迷人的微笑，健壮的体格，而且他从事的是全世界最性感的运动——高尔夫。

休闲炒股 ⑩
一个捕梦者的精神财富

1. 精彩的人生经历应该由下面几部电影组成

《肖申克的救赎》《赌博默示录》《偷天陷阱》《绿里奇迹》《罗马假日》

《百万英镑》。

人生的第一步是争取自由，第二步要有些超能力，第三步是善意的导演真人秀。《罗马假日》当然不能少啊，实在不行，做个《麦琪的礼物》里的人物也行啊！

每个人都是他自己命运的设计者和建筑师。

2. 人生最佳偶像

沃伦·巴菲特、史蒂芬·金、理查德·布兰森、约翰·洛克菲勒。

首先要像巴菲特那样独立自主不受环境影响地赚好多钱，然后像金那样创造动人心魄的好故事，再者像布兰森那样玩得过瘾，最后像洛克菲勒那样死得轻于鹅毛有意思。

三好公民的标准是：赚得好，睡得好，玩得好！

3. 人生通灵之宝

修身，赚钱，助人，玩天下！

复杂的事情简单做，简单的事情认真做，认真的事情重复做，重复的事情娱乐做！

决定人行为的因素是习惯，而不是知识！足够的专业重复训练是能力积累的不可或缺！

具体的事物，细节与应变决定成败！

4. 以史为镜

勾践、吕不韦、曹操、张出尘、李存勖、王守仁、袁世凯等值得研究。

中国故事、中国股市没有新鲜游戏，一直是重复的简单轮回。

5. 中国智慧

《西游记》感悟：没后台的妖怪都灰飞烟灭了，有后台的妖怪，哪怕作孽再多，也伤不了半根汗毛！

《三国演义》感悟：第一主人公不是曹操、刘备、孙权、诸葛亮，其实是司马懿。

《水浒传》感悟：最快活的生活是大相国寺里的花和尚，会武艺没人管。

《红楼梦》感悟：满纸荒唐言，一把辛酸泪，都云作者痴，谁解其中味。

6. 基础素质

先有基础素质，才能提高专业素质，然后把握人生机会。

见多识广：以史为鉴可以知兴衰，走万里路胜读万卷书。

资源积累与辐射：逻辑思维清晰、圈子交际能力与语言文字功底能力。

成事底气：外圆内方，内圣外王，侠骨柔肠。

7. 沪深股市

股市的长期结局是：1赢2平7亏！因此，合适的交易策略应是：牢记风险，追求稳利，不忘暴利！会空仓才能做掌门，不要有踏空的概念，不要有跑赢大盘的思维，赢就够了。

顺势而为，择时较易，题材是第一生产力！稳利靠有知者无畏，暴利靠复利和运气。

盲点套利，耐心炼金！华尔街没有新鲜玩意，就是涨跌循环。

8. 自强者天助

天下没有白吃的午餐，你需要人助，必须要先拥有能助别人的资源。锦上添花易，雪中送炭难！

自由不是想干什么就干什么，而是不想干什么就有能力不干什么。

遇到事情，从别人的角度考虑一下吧。不要说不可能，没有什么不可能，关键是你是否付得出条件。

不用别人的错误惩罚自己，要善于化危为机。

休闲炒股 **11**
人生不可或缺的清单

股市投资的目的是为了让人生更幸福，而不是让自己的生活中只有股票！一个完美的人生，应该包含下面12个方面：

一、学会赚钱和理财

1. 赚钱的方法

第一，凭技术赚钱，只要你尽力干了，就有钱赚。

第二，凭社会网络资源赚钱，你负责挖一口井，剩下的事就是，许多人为了他们自己的生存自觉担水，同时分给你水钱。

第三，凭光源赚钱，只要你获得光源，钱就像虫子扑向光明一样，自动飞来。

第四，其他的方法不是赚钱，而是在赚口饭吃。

2. 理财的方法

第一，固定收益。高于银行存款的固定性收益，无风险的盲点套利。

第二，投机。在最佳时间，跟着强势热点"博傻"起哄。有故事，钱多，人傻，快抢？

第三，灾难财。有机遇，有专业，有耐心，有闲情。

第四，其他的方法不是理财，是娱乐？是赌博？是消费？

二、有一个体育爱好

不喜欢体育运动的人，不是男人，不是女人，不是一个完美的人！

体育运动能改善情绪，能培养人的意志，使人正确认识自我，促进行为协调反应适度，是非常好的周末交谊活动。

人的一生都不应该停止体育运动，越是忙没时间越是需要体育运动。从运动量、趣味性、环境条件上看，羽毛球、乒乓球、爬山是比较适合大众的体育运动。

梅德韦杰夫说，羽毛球运动能够增强体质，提高目测力、精确度和反应力，帮助人们解决生活中的各项任务。羽毛球打得好的人富有决断力。

三、喜欢音乐

经常接触音乐节奏、旋律会对人体的脑波、心跳、肠胃蠕动、神经感应等产生某些作用，进而促进身心健康。音乐无形的力量远超乎个人想象，所以聆听音乐、鉴赏音乐，是现代人极为普遍的生活调剂。

有条件的人应该有一套好的音响，最好是有一间家庭音乐影院。有时候，在自己的音乐室里，把灯关上，黑暗中听一首轻音乐，那是什么滋味？你享受过吗？

当然，你能更专业一点，会唱，会玩乐器，会写曲就更好了。水平不高也没关系，喜欢就好，要有几个这方面的朋友。

四、举办派对

现代社会看一个人是否成功，不是看他有多少钱，也不是看他有多高的职务，而是看他是不是"生活领袖"。

一个人是否是生活领袖，主要看他是否是一个朋友圈的核心，他是否愿意并有能力经常组织圈子活动，他是否愿意帮助圈子内的朋友？

在上梁山前，宋江就是一个生活领袖。上梁山的人中，无论是职务财力、武功文才，宋江都不占优势，他依然成为了大头领，这就是因为宋江是生活领袖。

举办有人气的派对，是现代成功生活的一个组成部分。

五、读书、思考和总结

秀才不出门，便知天下事。可见读书、上网、归纳、思考、总结的重要性。但从整体逻辑性来看，读书依然不可或缺。

书给我们带来了遐想和乐趣，书给我们带来了智慧的源泉和精神的力量。读书能增长知识，开阔眼界；读书能明白事理，增强能力；读书能陶冶性情，德润人心，沿着书籍构成的阶梯，学做人，学做事。"开卷有益，读书好处多。"这是自古以来人们的共识，一本好书可以影响人的一生。

不得不看的书是与自己工作有关的书，最有功利性的书籍是中国历史书籍，最有趣味性的书籍是世界名著，最能开启人们智慧的书籍是国外名人传记。

我们都有自己心中的英雄或学习的榜样，这些令我们学习和模仿的楷模，也可以通过阅读各类书籍去认识。

六、奖赏自己

人生的意义，就是奖赏自己。最大的奖赏是自由，不想做什么，就不做什么，埋头睡大觉，别人也说不出什么。

当然奖赏自己的办法很多，要多些花样才行。

七、创造制作自己的作品

最常见的人生作品有：

（1）老婆（老公）、孩子、家庭、房子、公司。

（2）书籍、书画、摄影作品、手工作品、博客微博、无形资产。

（3）有故事的收藏品、纪念品、朋友礼物。

（4）家庭博物馆。

八、参与社会活动

不参加社会活动怎么融入社会，怎么构建自己的社会资源网络啊！

九、创造奇迹

不管你是否能够创造奇迹，你都要有想法，有努力啊！

十、骑士精神

骑士精神和道德是上层社会的贵族文化精神，它是以个人身份的优越感为基础的道德与人格精神，但它也积淀着西欧民族远占尚武精神的某些积极因素。

骑士精神的八大美德：谦卑，荣誉，牺牲，英勇，怜悯，诚实，精神，公正。

骑士宣言：I will be kind to the weak. I will be brave and against the strong. I will fight the all who do wrong. I will fight for those who cannot fight. I will help those who call me for help. I will harm no woman. I will help my brother knight. I will be true to my friends. I will be faithful in love.

骑士的任命：由女王或者贵妇把剑放在你的肩膀上，你念一遍骑士宣言，然后在人生中按照骑士精神的八大美德去做，你就是骑士了。

如果你不是骑士，炒股很难成功！

如果你想成为骑士，让你女朋友、老婆、女儿用一把剑放在你的肩膀上，你念一遍骑士宣言，然后在人生中按照骑士精神的八大美德去做，你就是骑士了。

十一、什么都尝试一下

人生就是一个过程，什么都应该尝试一下。没有吃过高档饭店，吃一餐；没有穿过名牌，买一件；没有喝醉过酒，醉一顿；没有炒过股指期货，炒一次；没有抓过大黑马，抓一只；没有当面指着鼻子骂过老板，等有钱了再说；没有去过天堂，早晚会去的。

网状思维的人是："多尝试与有底线不冲突，知道什么是尝试，什么是底线？"一根筋思维的人是："不是白的，就是黑的。多尝试就是无底线，有底线就不能多尝试？"很多事情，不尝试一下，什么味道是不知道的。再说，世上很多事情是："仁者见仁，智者见智。"

人生，青年时代，要多闯，不怕错；老年时代，不怕死，不后悔。

十二、让死亡也有意义

从某种角度来说，死是生的一部分。如果没有死亡，人们就不会珍惜活着的时光。

如果花从不凋谢，人们也就不会在它绽放时如此欣喜。

事物总会消亡，任何事都不能永恒。

能深刻地理解死亡的含义，对活着的人来说也是至关重要的，思考死亡，同时也就是思考生命的价值和意义。

其实，人的一生也就是在学习如何去死，因为从我们出生的那一刻起，我们就在向死亡迈进，人一生都在学习如何有价值地死去，有意义地死去。

现代社会，最时髦的事情就是学习海明威，自己决定死法，并死得有价值。

股市加油站

1. 闺意献张水部

洞房昨夜停红烛，待晓堂前拜舅姑。妆罢低声问夫婿，画眉深浅入时无。

2. 酬朱庆馀

越女新妆出镜心，自知明艳更沉吟。齐纨未足时人贵，一曲菱歌敌万金。

3. 请答题

谁知道上面两首诗写的是什么意思，什么故事啊？

最后的话

读者朋友们，您已经把《百战成精——沪深股市专业投资原理》全部读完了。我想告诉读者的是，这本书可不是您只读一遍就能够把书中的精要全部理解的。尽管您可能很自信，但在老牌的"职业杀手"眼中，您还只是一个外行。

在书的最后，需要提醒读者的是，知与行还有较大的差距。人们的行为，通常不是决定于正确的认识，而是取决于习惯。一切天性和希望都不如习惯更有力，以至于一个人尽可以诅咒、发誓、夸口、保证，到头来还是难以改变一种习惯。在证券市场中，投资者长期按照一种错误的习惯操作，久而久之，就会形成一种固有的行为模式。这种模式一旦形成，同样具有顽固的、令人难以改变的力量。学习职业投机学，必须首先把你原来固有的错误习惯改掉，然后再养成这本书倡导的投机习惯。否则，这本书您就白读了。

欢迎您继续关注：花荣的新浪博客，http://www.blog.sina.com.cn/u/1282871591；花荣的新浪微博，http://www.weibo.com/hjhh；花荣的下一本书《职业操盘手感思录》。

股友

花 荣